文化治理与中国式现代化

行政文化研究优秀论文集

祁述裕　薛刚◎主编

国家行政学院出版社
NATIONAL ACADEMY OF GOVERNANCE PRESS

·北京·

图书在版编目（CIP）数据

文化治理与中国式现代化：行政文化研究优秀论文
集／祁述裕，薛刚主编 . -- 北京：国家行政学院出版
社，2025. 1.（2025.4重印）-- ISBN 978-7-5150-2950-4

Ⅰ . G123-53

中国国家版本馆 CIP 数据核字第 2024KV5453 号

书 名	文化治理与中国式现代化：行政文化研究优秀论文集
	WENHUA ZHILI YU ZHONGGUOSHI XIANDAIHUA:
	XINGZHENG WENHUA YANJIU YOUXIU LUNWENJI
作 者	祁述裕 薛 刚 主编
责任编辑	刘韫劼
责任校对	许海利
责任印制	吴 霞
出版发行	国家行政学院出版社
	（北京市海淀区长春桥路6号 100089）
综 合 办	（010）68928887
发 行 部	（010）68928866
经 销	新华书店
印 刷	北京九州迅驰传媒文化有限公司
版 次	2025年1月北京第1版
印 次	2025年4月北京第2次印刷
开 本	170毫米×240毫米 16开
印 张	19.75
字 数	310千字
定 价	68.00元

本书如有印装质量问题，可随时调换，联系电话：（010）68929022

目 录
· CONTENTS ·

中外行政文化比较研究

代序

深化中国特色社会主义行政文化建设研究 *

  党的十九届五中全会把"国家行政体系更加完善，政府作用更好发挥，行政效率和公信力显著提升"作为"十四五"时期经济社会发展重要目标。行政管理创新发展离不开文化力量的感召和引领，行政文化是政府治理看不见的灵魂。深化中国特色社会主义行政文化建设，丰富发展中国特色社会主义行政文化的内涵，解决行政文化建设中的突出问题，发挥行政文化对政府治理实践活动的精神支持和思想引导，是新形势下坚持和完善中国特色社会主义制度、推进国家治理体系和治理能力现代化的内在要求，也是建设社会主义文化强国、提升国家文化软实力的重要抓手。

  本文围绕"十四五"时期深化中国特色社会主义行政文化建设的研究主题，以政策文件、文献资料为依据，结合调查研究，系统梳理中国特色社会主义行政文化的概念内涵、特点以及取得的成效，分析当前中国特色社会主义行政文化建设的问题，并就"十四五"时期深化中国特色社会主义行政文化建设提出对策建议。

  本文提出了当前中国特色社会主义行政文化建设的五大主要问题，即中国特色社会主义行政文化与中国共产党政党文化的关系问题、中国特色社会主义行政价值与世界共同行政价值的关系问题、从人民为中心的理念与官本位意识的并存问题、依法行政思想与人治意识并存的问题以及公开透明理念与保密意识的协调问题，并分别阐释了问题的现状、可能带来的

  * 基金项目：中国行政体制改革研究会行政改革研究基金课题"深化中国特色社会主义行政文化建设研究"（2021CSOARJJKT011）的部分成果，课题负责人祁述裕，主要执笔人薛刚、吕婉可等。

影响与问题的产生原因。结合当前中国特色社会主义行政文化建设存在的问题，提出了"十四五"时期深化中国特色社会主义行政文化建设的总体思路和对策建议。

本文对解决"十四五"时期行政文化建设中出现的新问题新挑战具有较强的借鉴意义，可为深入推动中国特色社会主义行政文化建设、推进国家治理体系和治理能力现代化提供行政文化层面的决策参考。

一、中国特色社会主义行政文化的渊源、特点及建设成效

（一）中国特色社会主义行政文化的概念

1. 行政文化

行政文化是中国特色社会主义行政文化研究的概念起点，应首先对其进行界定。

在国外学者对行政文化的研究中，库鲁维拉（Kuruvilla）认为，行政文化是内在化于人们的认知（cognitions）和观念（perceptions）中的行政系统，行政文化由两种类型的模式组成，一种是理想模式，一种是实际行动中抽象出来的行为模式。[①]贺杰慈（Hodgetts）把行政文化描述为隐性价值观（implicit values）或工作设想（working assumptions），这种价值观或设想能够浸润（infuse）、激励（inspire）、影响（colour）和约束（constrain）公共管理从业者和学生的态度和行为。[②]亨德森（Henderson）同样在行政文化的定义中引入了价值观，他将行政文化定义为一套普遍持有的价值观（values）、态度（attitudes）和信仰（beliefs），这些是公职人员（被任命而非选举产生）所认同和期望遵循的，并为实际的政府行为提供了一种"理

---

① Kuruvilla P K, "Administrative Culture in Canada: Some Perspectives," *Canadian Public Administration* 16, No.2（1973）: 284–297.

② Hodgetts J E, "Implicit Values in the Administration of Public Affairs," *Canadian Public Administration* 25, No.4（1982）: 471–483.

想类型（ideal-type）"。①

当前，国内学术界对行政文化概念的界定既有争论也有共识，争论主要集中于行政文化的界定范围，共识则体现在不管是哪种界定角度，学者大多以构成要素的方式对行政文化进行界定。

具体来看，国内学者对于行政文化的界定可以分为广义、中义和狭义。广义的行政文化概念将物质、行为制度、精神等纳入行政文化的范围，认为行政文化是文化在行政管理中表现出来的一种独特的文化样式，是一定行政组织中行政员工集体创造并公认的文化，是行政物质文化、行政制度文化和行政精神文化的有机结合。②中义的行政文化包括行政制度文化、行政行为文化和行政精神文化，周文彰认为行政文化是行政观念文化、行政制度文化、行政行为文化等这样一些基本要素的统一。③狭义的行政文化认为，"行政文化是对行政主体精神生活的描述与概括，它不描述具体的行政活动与行政行为，而是超越物质和制度层面的精神文化形态"④，因此，持这种观点的学者主要从精神层面对行政文化进行界定。麻宝斌认为行政文化是公共行政的"软件"，包括行政心理、行政意识、行政思想、行政理念、行政道德、行政规则、行政价值、行政信念、行政习惯、行政传统等，是行政体系和行政行为的深层结构，也被称作行政活动的灵魂。⑤夏书章主张行政文化就是指行政意识形态，即在行政实践活动基础上所形成的，直接反映行政活动与行政关系的各种心理现象、道德现象和精神活动状态。⑥

尽管国内学者存在三种不同范围的界定，但从已有的国内外行政文化研究成果来看，大多数国内外学者赞同从狭义的角度界定行政文化，认为行政文化主要关注精神和观念层面，是行政管理的灵魂。

---

① Henderson K M, "Characterizing American Public Administration: The Concept of Administrative Culture," *International Journal of Public Sector Management*（2004）.

② 门泉东:《行政文化改造的意义》,《理论界》1989年第6期。

③ 周文彰:《用行政文化创新推动行政体制改革》,《北京联合大学学报》（人文社会科学版）2013年第2期。

④ 颜佳华、杨志伟、杨婷:《论行政文化研究的逻辑起点与理论架构》,《河南师范大学学报》（哲学社会科学版）2009年第4期。

⑤ 麻宝斌:《中国行政文化:特征、根源与变革》,《行政论坛》2013年第5期。

⑥ 夏书章:《行政管理学》,中山大学出版社2003年版。

基于已有研究成果，本文将行政文化界定为，在长期行政实践过程中形成的，并被行政主体认同且追求的一系列行政价值理念、行政思想态度、行政心理的总和。

2. 中国特色社会主义行政文化

对于中国特色社会主义行政文化这一概念，学界有学者对此进行过研究。有学者将中国特色社会主义行政文化视为中国特色社会主义文化的重要组成部分，随着中国特色社会主义的发展以及行政管理体制改革的不断深化，行政管理的文化需要中国特色行政文化的强力支持。[①] 有学者认为，理解中国特色社会主义行政文化的内涵，需明确"中国特色"的特定含义。"中国特色"包含两个层面的含义，一是指中国的国情，二是指我国社会主义建设过程中形成的中国模式、中国道路。就是说，中国特色社会主义是结合中国国情的社会主义建设模式与发展道路。中国特色社会主义行政文化也是在中国特色社会主义的框架下，符合中国国情与社会主义发展规律的行政文化，它本身是一个学习、吸收与开放的过程，而不是一个排斥、封闭与固守的过程。[②] 程启学将中国特色社会主义行政文化界定为，在建设中国特色社会主义伟大实践中，我国政府机关及其行政人员在管理国家政务与社会事务过程中逐渐形成的科学的、健康的、规范的行为价值体系，包括社会主义行政作风、社会主义行政道德、社会主义行政精神、社会主义行政理念等。

改革开放以来，在深刻总结我国行政文化建设实践和经验的基础上，中国特色社会主义行政文化得以形成，中国特色社会主义行政文化体现着中国特色社会主义的本质特点。本文认为，中国特色社会主义行政文化是在中国共产党领导下，以人民为中心，坚持以马克思主义为指导，在中国特色社会主义理论体系指引下，被行政主体认同且追求的一系列行政价值理念、行政思想态度、行政心理的总和，它吸收了中国优秀传统行政文化，也借鉴世界优秀行政文化，同时又被社会经济发展和政治行政实践所推动，

---

① 刘思超、张志敏：《中国特色行政文化的特征与建构》，《山西大学学报》（哲学社会科学版）2008年第3期。

② 程启学：《中国特色社会主义行政文化建设研究》，博士学位论文，河北师范大学，2013年。

坚持不断创新发展，始终服务于建设中国特色社会主义伟大事业。

（二）中国特色社会主义行政文化的渊源

1. 马克思主义行政文化观

中国特色社会主义行政文化坚持以马克思主义为指导，是在马克思主义行政文化观的理论指导下孕育和发展起来的。[①] 马克思主义行政文化观主要包括马克思恩格斯行政文化观、列宁行政文化观以及马克思主义中国化的理论成果中所包含的行政文化观，中国特色社会主义行政文化是马克思主义行政文化观的丰富和发展。

首先，马克思主义行政文化观认为，"无产阶级新型的国家机器及其公职人员应该是人民的公仆，应该为公社里的人民服务"[②]。这种社会公仆思想和为人民服务理念是马克思主义行政文化观以及中国特色社会主义行政文化重要的基础性思想。其次，马克思主义行政文化观坚持人民民主行政思想。马克思、恩格斯认为人民民主是"防止国家和国家机关由社会公仆变为社会主人"的最有效方式。人民民主以"由人民掌权"为价值取向[③]，人民不仅是国家制度的实际承担者，更应成为国家制度的原则[④]，人民民主行政以人民利益最大化为基本价值取向。最后，马克思主义行政文化观秉持实事求是的价值理念，坚持具体情况具体分析，从客观实际出发研究和解决问题，理论联系实际来制定正确的公共政策。

2. 中国传统行政文化中的积极因素

文化具有历史传承性和稳定性特征。中国特色社会主义行政文化作为文化的一种类型，也必然与传统行政文化存在千丝万缕的联系。中华优秀传统文化源远流长、博大精深，蕴含着丰富的行政价值观，积淀着中华民族深厚的治国思想，如姜尚的"庶民为本"思想，周公的"敬天""保民"思想，孔孟的"德政""仁政"思想，老子的"无为""善政"思想，刘邦

---

① 程启学：《中国特色社会主义行政文化建设研究》，博士学位论文，河北师范大学，2013年。

② 傅如良：《公仆的嬗变》，社会科学文献出版社2012年版，第21页。

③ 《马克思恩格斯选集》第3卷，人民出版社1995年版，第65页。

④ 《马克思恩格斯选集》第3卷，人民出版社1995年版，第72页。

的"与民生息"思想，李世民的"民为邦本"思想，"民为贵，社稷次之，君为轻"的"民本"价值观，"为政以德，譬如北辰居其所，而众星共之"的"德治"价值观等，这些积极的传统行政思想是中国特色社会主义行政文化的重要来源，是中国特色社会主义行政文化得以不断丰富发展的思想宝库。

3. 社会主义建设时期的行政文化建设经验

新中国成立后，在马克思列宁主义指导下，党和政府根据社会主义革命时期的行政文化建设基础和对苏联行政实践的借鉴，在建设社会主义国家的过程中积累了宝贵的行政文化建设经验。首先是民主意识。政府是人民的政府，政府的宗旨是为人民服务。通过人大和政协会议，发挥行政决策过程中的人民参与。建立健全较为完善的民主监督机制，搭建人民监督渠道。反对脱离群众、脱离实际的官僚主义工作作风。其次是廉政思想。通过出台相关决议，精简政府机构及其工作人员，反对铺张浪费，倡导勤俭节约、艰苦朴素的工作作风，降低行政成本，严惩贪腐分子。这一时期，受苏联模式、计划经济体制以及"文化大革命"的影响，虽然出现了诸如个人崇拜、依法行政意识严重不足等行政文化倒退的现象，但这也为之后的行政文化建设提供了经验和教训。

4. 改革开放以来行政文化建设的实践经验

自党的十一届三中全会以来，我国改革开放已走过了40多年的历程，行政体制改革也在不断推进，建设行政文化是行政体制改革的题中应有之义。40多年来，我国在行政文化建设中积累了良好的实践经验。一是行政效能理念。改革开放以来，我国行政理念从效率至上逐渐转变为效能观，效率至上的政府理念单纯强调政府效用最大化，而行政效能观则包含了公平、正义、服务等价值内容，凸显了行政文化现代化的发展趋势。二是行政法治理念。改革开放以来，随着立法工作的不断推进，规范执法工作也得以注重。1993年政府工作报告首次提出依法行政的概念，1997年党的十五大将依法治国确定为党领导人民治理国家的基本方略。当前，随着国家治理体系和治理能力现代化的深入实践，运用行政法治理念履职执法，将政府活动全面纳入法治轨道，已成为法治政府建设的重要标志。三是服务理念。改革开放初期，由于社会供需不平衡，政府行政理念以控制为主。

随着经济社会的快速发展，供给需求逐渐平衡，在政府工作重点关注领域变化的同时，其服务理念也在逐步形成。2004年，时任国务院总理温家宝正式提出"建设服务型政府"。打破行政管制思想，从行政管制转变为服务公众，是行政文化建设的重要里程碑之一。

5.世界优秀行政文化成果

世界发达国家政府制度经历了数百年的发展，政府改革不断进行，其行政价值理念也在不断调整和发展，在长期的行政实践中形成了较为成熟的行政文化，其中包括服务意识、法治行政、公开透明、公平正义、讲求效率等观念，这些观念对于建设中国特色社会主义行政文化有着重要的借鉴意义。改革开放以来，我们以开放学习的态度，批判性分析发达国家的行政文化，学习借鉴以法治、公开、透明等为代表的世界优秀行政理念，并与我国国情和行政特点紧密结合，这为中国特色社会主义行政文化的发展和传播打下了良好的基础。

（三）中国特色社会主义行政文化的特点

1.以中国共产党政党文化为主导

中国特色社会主义是在中国共产党领导下进行的社会主义道路与目标的探索，它本身就包含着党的执政与领导地位的特殊意义。中国特色社会主义最本质的特征就是中国共产党的领导，中国特色社会主义行政文化同样是在这一特征的基础上展开的。党主导着政府的运作过程，通过政府合法地组织管理社会。中国特色社会主义行政文化不仅仅是涉及现代政府行政价值理念，更是将中国共产党的政党文化和执政理念贯穿体现在政府行政实践过程之中，将党的执政理念转化为行政文化。政府的行为是党的文化理念的反映，这就决定了中国特色社会主义行政文化呈现以中国共产党政党文化为主导的特点，政党文化的发展决定着中国特色社会主义行政文化。

2.坚持"以人民为中心"的理念目标

人民是我国政府权力的来源。我国宪法规定，中华人民共和国的一切权力属于人民。坚持"以人民为中心"是我国社会主义制度优势的重要内涵和充分体现。全心全意为人民服务不仅是中国共产党的根本宗旨，更是政府一切行政活动的根本遵循。从"全心全意为人民服务"、"三个代表"重要思想、"立党为公，执政为民"、"权为民所用，情为民所系，利为民所谋"，到"以人民为中心"的发展思想，党和政府始终以最广大人民的根本利益为最高标准，中国特色社会主义行政文化始终坚持人民中心理念目标，将人民利益放在至高无上的地位。以人民为中心，是对人民在社会发展中主体地位的凸显和对人民至上价值取向的彰显。[①] 坚持"以人民为中心"的理念目标，树立人民利益至上的行政理念，是中国特色社会主义行政文化的核心特点，影响和规范着行政人员的思想活动和实践全过程。

3. 确立依法行政理念

依法行政是切实维护广大人民群众切身利益、落实依法治国基本方略的必然要求。改革开放以来，通过对"文化大革命"中法律意识丧失的总结和反思，党和政府确立了依法行政理念，法治行政思想得以形成和发展。党的十一届三中全会公报中指出，"为了保障人民民主，必须加强社会主义法制，使民主制度化、法律化，使这种制度和法律具有稳定性、连续性和极大的权威，做到有法可依，有法必依，执法必严，违法必究"。1999年，"依法治国，建设社会主义法治国家"被正式写入宪法。从"法制"到"法治"，虽一字之差，却包含了治国理政理念的重大转变。伴随着依法治国观念的形成和发展，依法行政理念也在逐步树立和增强，逐渐向法治行政迈进。1993年，全国人大八届一次会议第一次将"依法行政"写入《政府工作报告》。1997年，党的十五大将"一切政府机关都必须依法行政"写入政治报告，依法行政理念正式形成。2004年，国务院印发《全面推进依法行政实施纲要》，依法行政理念更具体化，更具可操作性。党的十七大、十八大都将"推进依法行政"写入政治报告。2013年，习近平总书记提出全力推进"法治中国"建设，2017年党的十九大报告指出，"坚持依法治国、依法执政、依法行政共同推进，坚持法治国家、法治政府、法治社会一体建设"。"推进全面依法治国，法治政府建设是重点任务和主体工程，对法治国家、法治社会建设具有示范带动作用"，建成法治政府需要依法行

---

① 伍玉振：《以人民为中心：新时代行政文化发展的价值塑造》，《四川行政学院学报》2019年第2期。

政观念的支撑引领。《法治政府建设实施纲要（2015—2020年）》与《法治政府建设实施纲要（2021—2025年）》的相继颁布，更为巩固发展依法行政理念、深入推进依法行政、全面建设法治政府提供了纲领性指引。可以说，中国特色社会主义行政文化的建设发展历程，是依法行政理念不断树立巩固的过程。

4. 坚持民主决策和参与意识

坚持民主决策和参与意识，是中国特色社会主义行政文化的又一突出特点。改革开放以来，各级人民政府在行政实践过程中，在建设行政文化的历程中，积极主动建立起民主决策和人民参与的机制和渠道，推动民主参与意识的发展。1978年宪法规定，"国家坚持社会主义的民主原则，保障人民参加管理国家，管理各项经济事业和文化事业"。民主决策是人民当家作主的重要体现，是民主集中制的重要环节。党的十四大报告提出"要认真听取群众意见"，"加速建立一套民主的科学的决策制度"。党的十九大报告强调，扩大人民有序政治参与，保证人民依法实行民主决策。民主决策和参与意识在党和国家各项制度建设和实践中得以巩固发展。2019年，《重大行政决策程序暂行条例》颁布实施，将民主决策列为重大行政决策的四项原则之一。2021年，《中国的民主》白皮书指出，民主决策是全过程人民民主的重要一环。① 当下，中国的民主决策具有科学的制度体系保障，民主决策实现了民主与集中、民主与科学、民主程序与决策效率的统一。② 坚持民主决策和参与意识，能够使人民群众对决策方案充分表达意见和建议，使决策过程与决策结果符合民愿、尊重民意、顺应民心，有助于实现最广大人民群众的根本利益。

（四）中国特色社会主义行政文化建设取得的成效

1. 中国特色社会主义行政文化建设的实践成效

（1）对建设中国特色社会主义行政文化的重要性形成了共识。改革开放以来，我国行政体制建设一直以制度建设为重点，对于行政文化建设还

---

① 中华人民共和国国务院新闻办公室：《中国的民主》，人民出版社2021年版，第28页。
② 李锋：《如何坚持和完善民主决策制度》，《学习时报》2022年7月13日。

不够重视，行政文化研究在较长时期内一直处于边缘地位。实际上，行政文化是行政管理的"灵魂"，价值理念是行政实践的"风向标"。行政文化不仅是对过去行政实践的总结，更应成为行政改革的"指引者"和"先行者"，反映行政发展的理想和目标，其重要性不言而喻。近些年，随着中国特色社会主义行政文化建设的不断推进，如"三严三实"的提出，作风建设、政风行风建设，对领导干部理想信念的重视和引导等，都反映了行政文化的重要性逐渐得到普遍认可，社会各界对中国特色社会主义行政文化的功能、建设原则、发展方向等形成了一定共识，深入建设发展中国特色社会主义行政文化获得了更加广泛的支持。

（2）规范了行政人员的价值观和行为方式。行政文化具有导向功能，直接影响着政府机关和行政人员的行政理念、行政心理和行为准则。[①] 当前，我国社会处于转型期，行政文化呈现多元化的特点，面对各种良莠不齐的价值观念充斥行政体系内部的现实状况，中国特色社会主义行政文化一直为行政人员提供着价值与行为标准，规范着行政人员的思想理念和行为方式，引导行政人员形成正确的行政价值观，有助于使行政人员将依法行政理念、对人民负责意识、民主参与观、公开透明理念等内化于心、外化于行。

（3）与行政体制改革相互影响和促进。行政体制改革，是通过对行政管理方式、组织结构、管理方法、价值理念的变革，使行政体制适应经济社会的发展变化。行政体制改革离不开行政价值观念的更新和调整，行政体制改革最重要的是行政文化的变革，行政文化建设与行政体制改革相互影响、相互促进。行政体制改革能够推动行政文化发展。同时，行政文化能够为行政体制改革提供动力。只有不断更新调整落后的行政文化，用先进的理念指导行政体制改革，行政体制改革才能顺利推进。

（4）丰富了中国特色社会主义文化内容。行政文化是文化的组成部分，中国特色社会主义行政文化是中国特色社会主义文化的重要组成部分。随着中国特色社会主义的发展以及行政管理体制改革的不断深化，行政体制呼唤着中国特色社会主义行政文化的强力支持。同时，行政文化是行政主

---

① 黄建：《新时代行政文化建设面临的问题及解决路径》，《中州学刊》2019年第8期。

体即政府的文化，政府是公权力的代表，因此，行政文化在中国特色社会主义行政文化中具有重要的地位，中国特色社会主义行政文化的建设与发展丰富了中国特色社会主义文化的内容，并能对中国特色社会主义文化的发展起导向引领作用。

2. 中国特色社会主义行政文化研究的理论成果

（1）行政文化研究的学术成果不断丰富。截止到2022年6月1日，利用"行政文化"以及与行政文化相关的主题词（行政思想、行政精神、行政理念、行政观念）作为检索词，对中国知网（CNKI）中的期刊论文进行检索，共计得到5844篇论文，其中共有1185篇发表在北大核心期刊和CSSCI来源期刊中。同时，自2013年出版了一批研究行政文化的专著，主要有芦文龙的《行政文化导论》（2019年）、王锋的《走向服务型政府的行政精神》（2018年）、颜佳华的《行政文化新探》（2017年）、姚琦的《制度与思想》（2017年）、高小平的《先进行政文化与公共治理现代化》（2015年）、尚水利的《中国行政文化的嬗变趋势分析》（2015年）、李靖的《中西行政文化比较》（2014年）、颜克亮的《中国传统行政文化价值研究》（2013年），以及周文彰主编的《行政文化研究1》（2013年）、《行政文化研究2》（2014年）、《建设中国特色行政文化》（2014年）、《行政文化研究3》（2015年）、《行政文化研究4》（2016年）等。行政文化研究日益呈现多视角、多维度的特征，既有对行政文化的基础理论研究，也有对传统行政文化与当前转型期行政文化建设的研究，学界对行政文化的认识不断深入，不断凝聚共识，为中国特色社会主义行政文化建设提供了坚实的理论基础。

（2）行政文化研究学者和机构不断壮大。行政文化研究之所以能够不断深入拓展，离不开学者队伍的壮大和努力。在行政文化研究过程中，涌现了一大批专门或主要从事行政文化研究的学者，如周文彰、颜佳华、刘祖云、陈世香、麻宝斌、鄯爱红、张康之、葛荃、王锋、时和兴、白智立、唐检云、蔡林慧、姚琦等，他们为学界贡献了丰富的行政文化研究成果，为中国特色社会主义行政文化研究的发展起到了重要作用。2012年11月25日，中国行政体制改革研究会行政文化委员会作为研究会的第一家分支机构于北京成立，这是中国首个以行政文化命名的专业学术机构，主要从事行政文化研究工作。中国行政体制改革研究会行政文化委员会的成立，为加强我国行政文化理论和实践问题研究提供了一个重要平台。自行政文化委员会成立以来，已成功举办4届行政文化论坛，出版5本著作，围绕行政文化研究多次召开专家座谈会，为构建中国特色社会主义行政文化提供了智力支持。另外，中国行政管理学会自2003年以来已成功召开11届行政哲学研讨会，这也为中国特色社会主义行政文化的研究和建设起到了重要的推动作用。

二、当前中国特色社会主义行政文化建设存在的主要问题

党的十九届四中全会对于坚持和完善中国特色社会主义制度、推进国家治理体系和治理能力现代化的若干重大问题进行了全面研究部署。党的十九届五中全会把"国家行政体系更加完善，政府作用更好发挥，行政效率和公信力显著提升"作为"十四五"时期经济社会发展主要目标。总体来看，中国特色社会主义行政文化建设已取得了很大进展，但如何与时俱进创新发展中国特色社会主义行政文化，如何构建与新时代相适应的中国特色社会主义行政文化、实现行政文化转型，如何为世界行政文化发展贡献中国智慧和中国方案等，这些都对深化中国特色社会主义行政文化建设提出了新要求。深化中国特色社会主义行政文化建设需要准确把握当前中国特色社会主义行政文化建设中存在的主要问题，以问题为导向，推动行政文化建设。

（一）中国特色社会主义行政文化与中国共产党政党文化的关系问题

1. 中国特色社会主义行政文化与中国共产党政党文化的关系

中国特色社会主义是在中国共产党领导下进行的社会主义道路与目标的探索，中国特色社会主义最本质的特征就是中国共产党的领导，中国特色社会主义行政文化建设同样是在这一特征的基础上展开的。在党的领导下，中国特色社会主义行政文化不仅涉及现代政府行政价值理念，而且是将中国共产党的政党文化和执政理念贯穿体现在政府治理实践过程之中，

将政党文化吸收转化为行政文化。中国共产党的政党文化是中国共产党在发展过程中形成的包括理念、价值观和制度规范等的观念体系^①，集中体现着中国共产党的品质和特性。以人民为中心、实事求是等理念不仅是中国共产党的优良精神品质，也成为行政主体的价值规范。中国共产党政党文化已成为中国特色社会主义行政文化的主导和核心内容，并不断发挥着价值引领和规范导向的作用，政府行为反映着党的文化理念，政党文化的发展决定着中国特色社会主义行政文化的发展。

2. 政党文化主导中国特色社会主义行政文化可能带来的问题

（1）公务员学习贯彻政党文化精神与行政职业精神的不平衡问题。公务员作为行政的主体，有其特定的职业精神和专业精神，如依法行政精神、为公众服务的公共精神、责任意识和担当意识、专业化精神、公开理念等，这对于公务员正确地行使行政职权、履行公共职能具有重要作用。对于公务员来说，政党文化与行政职业精神相互统一，二者相辅相成，缺一不可。缺少了政党文化的行政职业精神会失去中国特色社会主义最本质的特征；仅仅倡导政党文化忽视行政专业精神便无法体现公务员的职业要求与特色，因此，二者应平衡发展，不可顾此失彼。在现实实践中，有的公务员对政党文化精神和行政职业精神的统一性认识不足，强调对政党文化精神的学习与贯彻，对行政职业精神和专业精神的重视程度相对较低，依法行政、依法公开等行政思想意识仍有待加强。

（2）公务员政治回应的不平衡问题。在我国，公务员的政治回应是指公务员能够对党的政策方针和公众的意志积极回应，在行政实践中予以落实。公务员的政治回应一方面体现为公务员要忠诚于党，坚持党的全面领导，贯彻党的大政思想方针；另一方面体现为公务员要以公众的意志为价值取向，回应公众诉求。随着党的全面领导不断加强，党的精神思想成为行政主体的主导文化，具有党员身份的公务员群体能够积极回应党组织的工作要求，贯彻执行党的方针政策，但有的公务员在积极回应党的政策方针的同时对公众诉求的回应欠佳，甚者仅向"上"回应，产生回应党组织

---

① 潘娜娜：《新时代中国共产党政党文化话语权的建构》，《深圳大学学报》（人文社会科学版）2019年第5期。

与回应公众不平衡的问题，这可能会在一定程度上影响干群关系和社会治理的有效性。

（3）公务员合法权益保护和政党文化之间的"张力"问题。公务员作为一个职业群体，有其合法合理的利益诉求，其合法权利应受到相应保护。根据《中华人民共和国公务员法》规定，公务员具有"提出申诉和控告"的权利，对涉及本人的处分、辞退等人事处理不服的，可向原处理机关申请复核，也可按照规定向同级公务员主管部门或者作出该人事处理的机关的上一级机关提出申诉。对党员群体来说，《中国共产党党员权利保障条例》规定"党员有党内申诉权，对于党组织给予本人的处理、处分或者作出的鉴定、审查结论不服的，有权按照规定程序逐级向本人所在党组织、上级党组织直至中央提出申诉"，与公务员法相比，对党员群体的权利救济缺乏细致具体的申诉制度体系。同时，政党文化强调共产党员的先进性与组织纪律性，对于公务员队伍中的广大党员群体来说，存在着公务员合法权益保护和政党文化之间的"张力"，如何更好维护和保障具有党员身份的公务员的合法权益和诉求是需要进一步研究的问题。

3. 政党文化主导中国特色社会主义行政文化的原因

（1）党的全面领导不断加强。党的十八大以来，以习近平同志为核心的党中央鲜明提出"中国特色社会主义最本质的特征是中国共产党领导，中国特色社会主义制度的最大优势是中国共产党领导，党是最高政治领导力量"。党的十九大报告强调，坚持党对一切工作的领导。习近平总书记用"党政军民学，东西南北中"形象地说明了党领导一切的具体表现，界定了党的核心领导地位，表明党的领导体现在党对国家和社会各个领域、各个方面工作的领导。[1] 长期以来，作为执政党的中国共产党的组织覆盖国家治理的各个领域，统筹领导各区域、各行业、各系统的治理活动，具有整合社会资源、动员社会力量、推动国家政权建设的重要作用。[2] 在党的全面领导不断加强的政治环境下，党对政府机构的领导作用更加显著，中国共产党的文化理念也在实践中被行政主体进一步贯彻吸收，在更大程度上成为

---

① 汪亭友：《要毫不动摇地坚持和维护党的核心领导地位》，《红旗文稿》2018年第5期。
② 盛明科、蔡振华：《中国特色党政关系建构的制度逻辑》，《政治学研究》2021年第4期。

中国特色社会主义行政文化的主导内容。

（2）党政机构统筹设置。2018年，党的十九届三中全会通过《中共中央关于深化党和国家机构改革的决定》和《深化党和国家机构改革方案》，明确指出统筹设置党政机构，党的有关机构可以同职能相近、联系紧密的其他部门统筹设置，实行合并设立或合署办公，整合优化力量和资源，发挥综合效益。这是改革开放以来的第八次也是迄今为止规模最大的一次机构改革。部分党政部门合并设立或合署办公，部分政府部门归口党的统一领导管理，在理顺党政职责关系的同时加强党对重大工作的全面领导，这为政党文化主导行政文化创造了条件，通过统筹党政机构设置，党的理念作风能够更便捷地影响着政府机构的思想文化，行政人员也会不自觉地吸纳着政党文化的内容，政党文化在党和国家机构的紧密联系中更好实现对行政文化的主导。

（3）党的优良文化传统的借鉴吸收价值。中国共产党的优良文化传统是党不断发展壮大的重要原因，是确保党始终保持先进性的重要法宝，是党的宝贵财富。[①] 中国共产党坚持群众观，为人民服务，实事求是、求真务实，理论联系实际等文化理念，对于中国特色社会主义行政文化具有极其重要的价值。行政人员学习吸收党的优良传统和良好作风，丰富完善行政文化，对其更好地为人民服务和发挥自身作用具有极大的正向促进功能。

（二）中国特色社会主义行政价值与世界共同行政价值的关系问题

1. 中国特色社会主义行政价值与世界共同行政价值的关系与认识误区

在人类的公共行政历史中，在解决社会公共事务的实践经验中，世界共同行政价值逐渐得以形成，它既是全人类对公共行政的共识性期望与追求，也是公共行政主体开展公共行政活动的价值指导。世界共同行政价值的形成历经了广泛的行政实践检验，包含民主、公开、法治、公平等价值理念，它是从全人类共同利益出发、超越行政差异、兼顾不同国家民族行政文化的价值体现，承载了人类对公共行政的共同思考。改革开放以来，

---

① 颜晓峰：《新时代需要大力弘扬中国共产党的优良传统》，《党建》2020年第12期。

在探索中国特色社会主义道路的征程中，在深刻总结我国行政实践和经验的基础上，中国特色社会主义行政价值得以形成发展。中国特色社会主义行政价值包含人民至上、民主、公平、法治的理念，是我国行政价值领域的最大公约数，始终服务于建设中国特色社会主义的伟大事业。

世界共同行政价值与中国特色社会主义行政价值是共性与个性的关系。一方面，世界共同行政价值是从各国行政价值中凝练出的具有普遍意义的价值理念。换言之，世界各国均有其特有的行政价值规范，世界各国行政价值中的共性内容形成了世界共同行政价值，这也意味着各国行政价值形成在先，世界共同行政价值凝练在后，世界共同行政价值是各国行政价值认同方面的最大公约数。中国特色社会主义行政价值既能够体现世界共同行政价值内涵，又彰显中国实际的特色理念。中国特色社会主义行政价值不断丰富发展，蕴含具有普遍意义的价值理念，能够为世界共同行政价值提供新的元素，给世界共同行政价值注入新的源头活水，进而丰富和发展世界共同行政价值的内涵，更好地发展其广泛的价值规范和引导作用。[1] 同时，通过对法治、民主、公平等世界共同行政价值的实践，能够推动世界共同行政价值形成更大范围和更大程度上的影响力，在与其他各国行政价值观的交流与互鉴中，能够达成更深入的共识，强化世界共同行政价值的基础。另一方面，中国特色社会主义行政价值也不是脱离于世界共同行政价值独立存在的，中国特色社会主义行政价值的内涵和发展需借鉴和吸纳世界共同行政价值理念，离开了对世界共同行政价值的关注与追求，就有偏离人类行政文明发展总体方向的可能。世界共同行政价值的构建主体是各国人民，因此既应重视社会主义国家的力量，也应正视资本主义国家的积极力量；既应学习发达国家，也应汲取广大发展中国家的宝贵经验。[2] 在倡导世界共同行政价值的同时，应尊重不同国家人民对价值内涵的认识和对价值实现路径的探索，鼓励各国行政价值特色百花齐放。中国特色社会主义行政价值既彰显着社会主义的中国特色，又体现着世界共同行政价值

---

① 林伯海、杨伟宾：《习近平的人类共同价值思想初探》，《当代世界与社会主义》2016年第2期。

② 桑建泉、陈锡喜：《论全人类共同价值及其对构建人类命运共同体的价值引领》，《湖北社会科学》2021年第9期。

的整体精神。总之，世界共同行政价值与中国特色社会主义行政价值的共性与个性的关系，决定了二者具有辩证性和统一性：倡导世界共同行政价值，但不能生搬硬套成为僵化的教条主义；发展中国特色社会主义行政价值，但不能故步自封成为狭隘的经验主义。

当前，在把握中国特色社会主义行政价值与世界共同行政价值的关系时，存在一种认识误区，即对中国特色社会主义行政价值强调较多，而对世界共同行政价值的倡导较少。这种认识误区有两种表现形式：一是将中国特色社会主义行政价值看作独特的文化价值，对借鉴世界共同行政价值重视不够；二是将中国特色社会主义行政价值视作世界共同行政价值本身。这两种态度均过于强调中国特色社会主义行政价值的特殊性，割裂了中国特色社会主义行政价值与世界共同行政价值的辩证关系。

2. 对中国特色社会主义行政价值与世界共同行政价值关系的认识误区可能带来的问题

（1）公职人员国际视野下降。对中国特色社会主义行政价值强调过多，对世界共同行政价值的借鉴不足，对人类行政文化成果理解不足，会使公职人员与世界各国行政主体交流减少，国际视野下降，难以保持开放理念并紧跟世界共同行政价值的更新步伐，这既不利于公职人员的个人成长，更不利于中国特色社会主义行政价值的丰富发展乃至改革开放的深入推进。

（2）影响中国特色社会主义行政价值的国际认可和传播。世界共同行政价值是人类的共同追求，符合人类共同利益。对世界共同行政价值观念借鉴不足，不仅影响中国特色社会主义行政价值的完善发展，还可能影响其国际认可与传播。积极吸纳世界共同行政价值理念，中国特色社会主义行政价值才更能获得国际认知，更具吸引力，也更加有利于其传播推广。

3. 对中国特色社会主义行政价值与世界共同行政价值的关系产生认识误区的原因

（1）对国家意识形态安全的考虑。党的十八大以来，以习近平同志为核心的党中央高度重视意识形态安全问题。习近平总书记指出，随着我国日益扩大开放、日益走近世界舞台中央，我国同世界的联系更趋紧密、相互影响更趋深刻，意识形态领域面临的形势和斗争也更加复杂。[1]当前，各种思想文化交织激荡，多种思潮风起云涌，这其中既有中外优秀文化成果相互交融的一面，也有外来错误思想袭扰主流思想文化阵地、进行意识形态渗透的一面。[2]特别是以美国为首的西方国家的官方意识形态把由西方经验诠释的"普世价值"，作为控制和侵略包括中国在内的发展中国家、确立自己霸权的工具。[3]因此，出于对国家意识形态安全的考虑，我们对外来思想文化的吸收采取更加审慎的态度。受此影响，我们对世界共同行政价值理念的了解和借鉴也更加谨慎。

（2）"强起来"背景下对自身行政价值的强调。党的十九大报告指出，"中国特色社会主义进入新时代，意味着近代以来久经磨难的中华民族迎来了从站起来、富起来到强起来的伟大飞跃，迎来了实现中华民族伟大复兴的光明前景"。这一论述深刻阐明了我国当前所处的时代特征。在"强起来"的时代背景下，我们着力于构建中国特色社会主义话语体系，突出强调"中国特色"，对于具有中国特色的行政价值的重视力度和提倡程度不断加大。同时，也说明"以海纳百川的宽阔胸怀借鉴吸收人类一切文明成果"，这二者相辅相成，但如果只强调一个方面，比如，过于对自身特色的重视和强调，有时候也难免会影响部分公职人员虚心学习全人类行政文明成果的积极性和主动性。

（3）缺乏正视自身不足和肯定世界共同行政价值的文化自信。党的十九大报告强调要坚定文化自信。我们之所以强调文化自信，在一定层面上是由于我们对自身文化的自信心仍有不足，文化自信心不足往往导致不能客观地正视自身的短处，不能客观地肯定世界文明成果和共同行政价值，缺乏借鉴吸收世界文明有益内容的行动力，甚至有可能趋于封闭和僵化。

---

[1] 习近平：《思政课是落实立德树人根本任务的关键课程》，《求是》2020年第17期。

[2] 李宗建：《党的十八大以来习近平意识形态工作新思想》，《社会主义研究》2016年第2期。

[3] 叶险明：《"共同价值"与"中国价值"关系辨析》，《哲学研究》2017年第6期。

（三）以人民为中心的理念与官本位意识的并存问题

1. 以人民为中心的理念与官本位意识并存的现状

我国是人民民主专政的社会主义国家，人民民主专政的国体决定了人民在国家中的主体地位、主人地位。同时，人民立场是中国共产党的根本政治立场，中国共产党代表的是广大人民的根本利益。以习近平同志为核心的党中央在不断结合中国特色社会主义事业发展新阶段、新情况和新特点的基础上，提出"以人民为中心"的发展思想，党的十九大总结升华了"以人民为中心"的思想体系，并将其作为习近平新时代中国特色社会主义思想的根本立场。人民在国家政治生活中享有主体地位，以人民为中心的理念体现为"发展为了人民、发展依靠人民、发展成果由人民共享"，要求将实现人民期待、满足人民需求、维护人民利益作为一切行政工作的准则，是新时代政府治理的核心价值取向和追求。

与以人民为中心的理念相对的是官本位意识。官本位是一种与现代文明相悖的封建意识，它是一种官职崇拜，是一种以官为本、官贵民轻的心理，它体现着这样一种观点，即官是衡量一切的一般等价物或参照物[①]，社会成员把为官视为最优的职业，并且以所谋官职的高低作为衡量一个人社会价值的一般尺度[②]，以遵照和践行官员的意志作为国家制度安排的核心准则。当前，党和国家倡导以人民为中心的发展理念，并建立起了以人民为中心的理念为出发点的国家制度和治理体系，但在我国公共行政许多领域，以官本位为特征的价值偏好和制度残余仍旧存在[③]。可以说，以人民为中心的理念与官本位意识并存是当前政府治理领域的突出现象之一。

2. 以人民为中心的理念与官本位意识并存现状带来的问题

（1）官民主体地位颠倒，公共权力异化。在人民当家作主的社会主义人民民主专政的制度下，公共权力来源于公民权利，人民地位至高无上，是国家的主人，官员是人民的勤务员，为人民办事。官本位意识则以官为

---

① 池如龙：《官本位产生和发展的历史根源》，《社会科学》1999年第2期。

② 齐秀生：《官本位意识的历史成因及对策》，《文史哲》2002年第2期。

③ 任中平、邰清攀：《从"官本位"到"民本位"：人治社会向法治社会转型的必然选择》，《求实》2015年第7期。

本，权力至上，导致官员把人民的主人地位与自身的公仆地位颠倒，使得有些官员一味追求官职大小，忽视民众需求而将自己视作国家和社会的主人。这种颠倒的官民主体地位认知使得行政机关的官员由社会公共权力中的服务者异化为凌驾于社会的主宰[①]，改变了公共权力的属性和宗旨，异化了公共权力的来源和本质。公共权力变为官员追求个人利益、侵蚀公众利益的工具，导致非程序的权力运作方式泛滥，破坏权力运行的规范性。[②] 官本位意识扭曲了公共权力的本质属性和实际运作，严重影响了干群关系。

（2）群众诉求难以表达，政策有效性打折扣。随着社会发展和公民素质不断提高，群众表达自身利益诉求的愿望越来越强烈。不可否认，一些领导干部为官之初满怀赤诚，勤奋敬业，为民服务，坚守为官底线，公正谨慎用权办事，但随着职务的升迁，受官本位意识的影响和物质利益的诱惑，"一朝权在手，便把令来行"，用权较为任性，甚至凌驾于组织之上，游离于法律之外。[③] 一方面，易使群众感到官贵民贱、人微言轻，表达利益诉求的意愿不断降低；另一方面，利益诉求渠道不畅或缺失，群众意见表达无门，难以反映真实诉求。在未深入了解和征求群众意见的情况下，有的领导干部或贯彻上级领导意志，或按个人意志和偏好，出台"短平快"但忽视群众诉求甚至违背常理的政策，导致政策初衷与实际效果差距较大，政策有效性大打折扣。

3. 以人民为中心的理念与官本位意识并存的原因

（1）传统官本位意识的影响。作为一种传统的行政文化，官本位意识是封建专制社会所特有的现象，它是在封建社会高度集权的权力关系中生成的，是一种以官为本、以官为上、以官为尊的思想观念，"官贵民贱""万般皆下品，唯有读书高"均是官本位意识的体现。新中国成立后，我国建立了人民代表大会制度，确立了为人民服务的"民本位"制度和理念，但由于中国社会历来注重身份取向，注重官阶、权位高低，视当官为权力、身份、地位、声望、荣耀的象征，官本位意识已内化并沉淀为一种

---

① 池如龙：《官本位产生和发展的历史根源》，《社会科学》1999年第2期。
② 马润凡：《当前我国官本位意识的危害及其治理》，《中州学刊》2014年第2期。
③ 王忠波：《正确对待和行使手中权力》，《解放军报》2022年1月18日。

文化传统①，并渗透于当世，始终残存在社会生活的方方面面，仍然在很大程度上支配着政府官员的价值偏好和行为实践。

（2）对上负责的行政体制。改革开放以来，我国在处理纵向政府间关系时采取了政治集权和经济分权的制度安排，确保了中央的发展战略和政策意图能够在地方得到良好的贯彻落实。② 政治集权意味着上级政府掌握选拔、监督、考核和奖惩官员的权力，如果官员工作不理想或违背上级指令，就会使自身仕途受到影响，因此为了官位升迁和仕途发展，地方官员会更加关注上级的意志，形成了对上负责的行政体制。对上负责的行政体制极易助长以官为尊的官本位意识，导致地方官员唯"上级"是从，服从于上级意志，而忽视广大民众的现实诉求。

（3）行政人员权力过分集中。权力过分集中的本质为掌握着过多的社会资源。政治、经济和社会资源的拥有、控制及使用支配等是官本位意识产生的内在驱动力。③ 我国行政官员的角色往往集人事权、财政权等权力于一身，行政权力的授予、决策和执行均由官员享有，官员的个人意志在决策过程中具有决定意义，在社会资源的分配过程中享有决定地位。④ 拥有如此集中的权力，官员容易自我膨胀，自认高人一等，在决策中替民作主。同时，受历史惯性的影响，政府官员仍然有着这样那样的特权，官位带来的经济政治权益有形无形地放大了官员的权力，有些官员在现实利益的诱惑下滋长了官本位意识。

（四）依法行政思想与人治意识并存的问题

1. 依法行政思想与人治意识并存的现状

2013年，习近平总书记就做好新形势下政法工作作出重要指示，提出全力推进"法治中国"建设。"推进全面依法治国"，"法治政府建设是重点

---

① 马润凡：《当前我国官本位意识的危害及其治理》，《中州学刊》2014年第2期。

② Xu Chengang, "The Fundamental Institutions of China's Reforms and Development," *Journal of Economic Literature* 49, No.4（2011）：1076–1151.

③ 马润凡：《当前我国官本位意识的危害及其治理》，《中州学刊》2014年第2期。

④ 任中平、郜清攀：《从"官本位"到"民本位"：人治社会向法治社会转型的必然选择》，《求实》2015年第7期。

任务"。在建设法治政府的背景下，依法行政思想得以大力倡导，它强调行政主体的一切行为都必须有理有据、合法合规，在法律范围内行使行政权，不得逾越法律底线。然而当前，人治色彩在行政领域依然存在，人治思想依旧或多或少地影响着政府治理实践。在有的政府官员心中，上级领导的看法高于、优于法律法规，法律法规是用于社会管理的手段，而不是用来规范政府行为的条文规定，行政法律法规失去其初衷和根本用途。这种依法行政思想与人治意识并存的现象在当前的行政实践中仍然存在。

2. 依法行政思想与人治意识并存现状带来的问题

（1）视法律为管理手段和工具。"法律是什么？最形象的说法就是准绳。用法律的准绳去衡量、规范、引导社会生活，这就是法治。"[①] 法治理念强调依法治国，任何个人或组织都要受法的统治与支配。政府作为行使公权力的主体，其行为也必须在法律所规定的范围内，并接受法律的监督。可以说，依法行政的实质是以法律来规范行政主体的行为，即依法规范公共权力的运用。现阶段，国家大力弘扬法治精神，落实全面依法治国，但有的领导干部表面将"依法行政""依法治国"的口号喊得震天响，实则将法律当作管理公众、统治人民、实现个人意志的工具和手段，没有真正领会"依法行政"的实质内涵，没有认识到以法律规范公共权力、保护公民权利才是依法行政的根本目的和出发点。在这种情况下，当公民权利受到公共权力的侵犯时，公民难以利用法律手段维护自身正当权益，甚至会因得罪领导干部而受到进一步的侵犯。另外，有的领导干部将法律视为召之即来、挥之即去的实用主义工具，当法律对自身行使权力有利时便大谈特谈法律与法治，当法律对自身不利时便将法律抛之脑后，这种行为体现了对法律的实用主义态度，缺乏对法律的敬畏与尊重，是人治思想的典型体现。

（2）"形式主义"法治。"形式主义"法治是现阶段人治行为的又一表现，其往往具有隐性特征，在内容和形式上难以分辨，但又确确实实地体现着人治色彩。"形式主义"法治的特征之一是"假"，即假"法治"，真"人治"。表面上看是法律在规范政府公共权力运作，行政人员在履职过程

---

① 《习近平关于全面依法治国论述摘编》，中央文献出版社2015年版，第8—9页。

中执行法律规定、实施法律要求，实则是依据上级领导的意志决定法律作用的大小与有无，成文的法律法规能否发挥作用、发挥作用大小取决于领导的重视与否，若领导高度重视，则法律能较好地发挥其作用，若领导不重视，法律便沦为一纸空文。[①] 行政人员表面上是在依法行政，实则不是依据"法律"，而是依据上级的"看法"，是在贯彻上级领导的指示与要求，唯领导意志是从。这种"人治"经常以推进法治的虚假面貌出现，具有极强的迷惑性与隐蔽性。"形式主义"法治的另一特征是"空"，即空喊法治口号，不行法治之事。有的领导干部喊着"法治"的口号、做着"法治"的表态，但内容空洞、虚无缥缈，在落实部署全面依法治国工作上不花心思、不做思考，只做表面文章，满足于"传达"与"领会"，不做落实做总结，将口号喊得好、材料写得好、总结做得好作为工作目标，至于如何落实法治理念、法治建设存在哪些问题、怎样建成法治政府，都成了领导干部不闻不问的问题。"形式主义"法治披着"政治正确""目的正当"的外衣，为人治行为提供掩盖。

（3）对法律程序的行政化干预。《中共中央关于全面推进依法治国若干重大问题的决定》提出，各级党政机关和领导干部要支持法院、检察院依法独立公正行使职权，任何党政机关和领导干部都不得让司法机关做违反法定职责、有碍司法公正的事情，任何司法机关都不得执行党政机关和领导干部违法干预司法活动的要求。党政部门、领导干部、司法机关内部发文件、批条子、转材料、打招呼等干预司法案件、影响司法公正、诱发司法腐败的现象均是人治思想的体现。[②] 从当前的基层实践来看，领导干部干预司法有两种情况：一种是领导干部利用其权力和职权，以言代法、以权压法，对司法人员施加压力，或利用私人关系对司法人员施加影响，使其徇私枉法，这是"因私"干预；另一种是领导干部在工作范围内，从地方发展大局、党政部门实际情况和利益出发的干预，即"因公"干预。[③] 领导干部干预法律程序，不仅体现在司法人员办案审判受到党政机关的干预，也体现在司法人员受到法院、检察院内部领导干部的干预。

① 丁士松：《论人治》，《武汉大学学报》（哲学社会科学版）2008年第4期。
② 郭锋：《建立违反法定程序干预司法的登记备案制探讨》，《法学杂志》2014年第7期。
③ 陈柏峰：《领导干部干预司法的制度预防及其挑战》，《法学》2015年第7期。

3. 依法行政思想与人治意识并存的原因

（1）人治文化传统的影响。我国封建社会以小农经济为基础，国家治理依靠专制王权，这决定了"重人治"是我国传统行政的基本准则。人治，主要指贤人治政，强调"治国靠贤臣"，主张"为政在人""权大于法"，注重发挥"贤人""精英"在治国理政中的作用，治理好国家的根本和关键是"有君子"而不是"有良法"，国家治理的效果依赖于官员的品德与操守。对于法治的看法，古代中国也强调"治国用重典"，用带有权威性、强制性的法律规范或严刑峻法治理社会。新中国成立初期，党和国家原本高度重视法制建设。然而，受惯性思维以及苏联模式的影响，自20世纪50年代后期开始，人治意识崭露头角，法律不再成为行政办事的依据，领袖人物和阶级斗争的作用被片面夸大，甚至提出"要人治不要法治"，已有的法律被随意践踏，个人和组织尤其是党的最高领导人拥有超越法律的权威，公民权利得不到有效保障。[1] 人治思想在"文化大革命"时期得到了极端发展，法制备受摧残和践踏。[2] 作为一种行政理念，在封建社会经济基础之上，人治思想有其合理性和有效性，但是在长期的行政实践中，由于缺乏法治理念和法律的规范，人治必然会造成个人崇拜、贪污腐败、专制集权等情况。受历史的长期影响，人治思想时至今日依旧深刻影响着许多行政人员的认知观念和行为习惯，古代中国将法律视为治理百姓、维护统治的管制型工具的思想传统，也在现代行政人员的观念中根深蒂固，影响其对法律的认识和理解，阻碍法治理念的落地生根。

（2）行政主体法治意识和规则意识淡薄。法治具有一贯性、长久性和公平性，法治是规则之治，规则意识是法治意识的核心。法治意识和规则意识强调，法律对任何人具有相同的效力，任何人违反法律规定，都要受到法律的制裁；任何人受到的法律制裁都是按照相同程序进行的，所受制裁的严重程度都是按照相同的标准决定的。领导干部法治意识和规则意识淡薄是其人治行为的主观原因之一。有的领导干部对政治问责严肃对待，却忽视法律的追责，在多数情况下，许多领导干部没有第一时间认识到自

---

① 俞可平：《中华人民共和国六十年政治发展的逻辑》，《马克思主义与现实》2010年第1期。

② 韩春晖：《人治与法治的历史碰撞与时代抉择》，《国家行政学院学报》2015年第3期。

身的某种行为违反法律，没有意识到自己的行为会带来法律上的责任，且由于有的领导干部应当承担的法律责任往往以政治问责而告终，他们便更加容易忽视法律责任，法治规则意识更加淡薄。

（3）对公权力监督不力。"公权力姓公，也必须为公，只要公权力存在，就必须有制约和监督，不关进笼子，公权力就会被滥用。"[①]人治现象存在的客观原因之一便是缺乏对权力的有效监督。对公权力监督不力有以下几种表现：第一，上级监督远。对各级"一把手"来说，党组织自上而下的监督具有直接性、权威性，但在现实中，有的上级党组织只注重对下级"一把手"工作情况的监督，对其思想、作风，特别是廉洁自律和依法履职的监督往往视而不见，有的监督方式单一，局限在定期汇报、书面报告等方面，缺乏规范化、常态化的监督机制。第二，同级监督软。本着"你好我好大家好"的"好人主义"心理，对领导干部的同级监督往往沦为走过场，同级纪委对监督同级领导干部存在畏难情绪，不愿得罪人、不愿伤感情；同级人大监督的主体——人大代表则往往履责意识不强，经常难以起到应有的监督作用。第三，群众监督难。政府官员在滥用公权力的过程中会有自我保护的意识与倾向，加之权力运行公开不足，人治现象不易被发现，群众难以监督。同时，群众监督难以形成合力，一旦遇阻便停滞不前，难以取得实质效果。

（五）公开透明理念与保密意识的协调问题

1. 公开透明理念与保密意识的协调现状

公开透明理念与保密意识的协调权衡是政府面临的重要内容。在政府实践中，公开理念与保密意识是硬币的两面，保密意识过重会影响信息公开制度的实效，反之亦然。[②]习近平总书记要求，用权必须透明，在阳光下运行，各级干部最好的用权方法就是推进权力运行的公开化、规范化，落实党务公开、政务公开、司法公开和各领域办事公开的制度。[③]政府信息公

---

① 习近平：《在新的起点上深化国家监察体制改革》，《求是》2019年第5期。

② 王锡锌：《政府信息公开制度十年：迈向治理导向的公开》，《中国行政管理》2018年第5期。

③ 《习近平：严以用权的十个要求》，新华网，http://www.xinhuanet.com/politics/2015-08/11/c_1116212997.htm。

开是政府治理的核心。2008年，《中华人民共和国政府信息公开条例》（以下简称《条例》）实施。2019年，《条例》进行修订后实施。《条例》明确指出，政府信息公开应坚持以公开为常态、不公开为例外，遵循公正、公平、合法、便民的原则，及时、准确地公开政府信息。历经14年，公开透明理念在政府信息公开的实践中得以生根发展，逐渐得到行政人员的广泛认同，不断深入人心。然而，一直以来，受管理思想和行政主体自利性的影响，我国政府信息公开实践有着过于浓厚的保密意识。[①] 近年来，政府保密意识有不断加重的趋势。政府在公开信息的过程中对信息进行选择性过滤，信息公开程度有所缩小，导致了保密过多、不该保而保的情况时有发生。[②]

2. 公开透明理念与保密意识协调不力带来的问题

（1）公民知情权较难实现。知情权是公民的基本权利，是主权在民理论的现实延伸。[③] 现实生活中，政府掌握着大部分的社会信息资源，在保密意识的影响下，政府将信息深藏于机关内部，或是有选择性地对外公开，公民无法及时获取所需信息，知情权得不到有效实现。

（2）政府公信力有效减弱。政府公信力是现代国家治理的重要资源，是政府合法性的重要衡量指标，也是衡量政府治理效能的关键指标，代表着政府在公众心目中的形象和地位，体现着政府取信于民的伦理导向，是政府合法性的基础要素。如若政府在施政过程中存在暗箱操作现象，公众将难以全面了解到政府运作的过程，会造成政府与公众之间的信息不对称[④]，公民无法获知想要获取的信息，进而无法参与到公共事务治理之中，久而久之，在公民知情权缺失的同时，也会使公众失去对政府的信任，让政府公信力随之下降。

（3）为政府规避风险责任提供便利。政府信息公开在一定程度上意味着政府权力与责任的公开，公开信息的部门始终面临着信息不准确、信息

---

① 王锡锌：《政府信息公开制度十年：迈向治理导向的公开》，《中国行政管理》2018年第5期。

② 刘延东：《〈政府信息公开条例〉对定密行为的调节作用》，《中国行政管理》2020年第2期。

③ 郭艳：《公开与保密：政府信息制度战略平衡研究》，《情报杂志》2018年第5期。

④ 胡晓明：《提升政府公信力的逻辑内涵与实施路径》，《人民论坛》2021年第34期。

错误、信息涉密甚至危害社会稳定与国家安全的风险。在保密意识的主导下，政府选择性地公开必需的信息，这种选择性公开为有的政府部门规避风险责任提供了便利，使其能够在一定程度上避免因信息公开所带来的责任追究与惩罚。

3. 公开透明理念与保密意识协调不力的原因

（1）根深蒂固的保密文化影响。保密文化在我国历史悠久，早在四千多年前的商、周时代，我国就出现了有文字记载的保密文化。[①]"民可使由之，不可使知之""刑不可知，则威不可测"的保密文化根深蒂固。我国1988年颁布了《中华人民共和国保守国家秘密法》，从而形成了行政机关的保密传统。[②]保密意识有其存在的合理性与必要性，但如何顺应时代发展，实现公开与保密的协调统一，促进政府信息公开，是深化中国特色社会主义行政文化建设需要思考的问题。

（2）国家安全与意识形态安全的考量。当前，世界处于百年未有之大变局，国家之间的竞争变得日益复杂多样，我国面临着政治安全、意识形态安全、信息安全等多重挑战。在复杂的国际形势下，维护国家安全、筑牢意识形态安全防线成为社会稳定与发展的基本前提，而维护信息安全是保障国家安全与意识形态稳定的重要措施。出于这样的考量，政府保密意识十分必要，毋庸置疑。但同时，信息的公开透明是社会民主与法治建设的先决条件。因此，协调好公开透明理念与保密意识是当前需要解决的重要问题。

（3）规避问责风险。政府规避风险既是政府信息公开不力带来的问题，也是信息公开不力的原因。政府信息公开可以为问责和社会监督提供武器，只有政府充分公开其信息，其他主体才能充分认识和了解政府的行为，有依据地对政府进行有效监督和问责。相对于上级政府和公众来说，本级政府掌握着更多的具体信息，本级政府与上级政府之间、本级政府与公众之间存在明显的信息不对称，政府为了避免问责的风险和追究责任的可能，总是有选择性地进行信息公开，公开那些能够公开、容易公开而又不会危害其利益的信息，但对于可能对政府及其官员不利的信息，则往往想方设

---

① 赵淑梅、张妍妍：《论保密文化对档案意识的影响》，《浙江档案》2014年第5期。

② 肖卫兵：《论衡量政府信息公开的标准》，《情报理论与实践》2005年第4期。

法规避信息公开的义务。[①]

（4）公开与保密边界尚未理顺。当前，我国已出台了一些关于政府信息公开和信息保密的法律法规条文，对信息公开与保密作出了严格规定。但法律法规中与信息公开的实施程序相关的有些条文仍然存在过于原则化、缺乏可操作性的问题。表述的模糊性使得信息公开陷入"符号化"的尴尬境地[②]，对公开与保密的边界依旧没有理顺。有的政府部门未经法定保密程序而乱保密，对无须保密的信息以涉密为由规避公开责任，仅凭口头上的"保密"要求来限制信息公开，甚至以保密为幌子和挡箭牌，有选择性地公开信息。此举将助长过度保密做法的泛滥，影响信息公开制度的生命力。[③]

三、"十四五"时期深化中国特色社会主义行政文化建设的总体思路

（一）坚持中国特色社会主义的根本方向

在新时代，深化中国特色社会主义行政文化建设，必须毫不动摇坚持中国特色社会主义的根本方向。中国特色社会主义是马克思主义与当代中国实际和时代特征相结合的产物，是根植于当代中国的科学社会主义。[④] 坚持中国特色社会主义发展方向，建设中国特色社会主义行政文化，马克思主义必然要发挥不可替代的思想保证和理论指导作用。中国共产党将马克思主义基本原理同中国具体实际相结合、同中华优秀传统文化相结合，推进马克思主义中国化时代化，形成了毛泽东思想、中国特色社会主义理论体系、习近平新时代中国特色社会主义思想，开创了中国特色社会主义发展道路，并在历史和实践中充分证明了其正确性与先进性。中国特色社会

---

① 韩志明：《行动者的策略及其影响要素——基于公民申请政府信息公开事件的分析》，《公共管理学报》2010年第4期。

② 刘淑妍：《当前政务公开智慧服务的困境及对策》，《人民论坛》2021年第14期。

③ 王锡锌：《政府信息公开语境中的"国家秘密"探讨》，《政治与法律》2009年第3期。

④ 丁俊萍：《党的领导是中国特色社会主义最本质的特征和最大优势》，《红旗文稿》2017年第1期。

主义行政文化建设要将马克思主义和中国特色社会主义理论成果作为灵魂和指引，巩固马克思主义在行政文化领域的指导地位，坚定不移沿着新时代中国特色社会主义行政文化建设道路前进。

坚持党的领导是中国特色社会主义行政文化建设的核心命题。党的十九届六中全会将坚持党的领导列为党之所以能够带领中国人民取得辉煌成就的首要经验，中国共产党领导是中国特色社会主义最本质的特征，是中国特色社会主义制度的最大优势。中国特色社会主义行政文化作为中国特色社会主义制度环境下的政府主体的文化产物，也应具备中国特色社会主义的基本特征——坚持党的领导。在中国特色社会主义行政文化建设中，坚持党的领导应首先表现为贯彻党的执政理念，使中国共产党的思想理念体现在政府的实践与活动中，并逐步转化为政府行政文化的内涵。其次，要将中国共产党的文化建设作为中国特色社会主义行政文化建设的突破口。政府及其工作人员是行政文化建设的主体力量，而中国共产党的部分党员既是党组织的成员，又是政府组织的工作人员，这种双重身份决定了中国共产党文化建设与行政文化建设的部分重合性。同时，"党是整个社会的表率，党的各级领导同志又是全党的表率"①，行政人员中的党员同志是先进分子和道德楷模，其思想文化的先进性和榜样作用能够产生带头作用，是行政文化建设的重要推动力量。因此要抓好党的文化建设工作，以中国共产党文化为旗帜引领，为行政文化建设打开突破口，找准着力点。②

以人民为中心是中国特色社会主义的根本立场，也是中国特色社会主义行政文化建设的重要原则。人民性是马克思主义最鲜明的品格，人民立场要求党和政府应始终同人民在一起，为人民利益而奋斗，这是区分马克思主义政党同其他政党的根本依据，也是区分社会主义国家同其他国家的根本判断。人民是社会生活和历史发展的主体，人民是社会主义中国的主体和主人，政府及其工作人员的公权力来源于广大人民的权利，行政文化也应表现为符合人民主体要求的先进文化。中国特色社会主义行政文化的建设发展要始终坚持人民立场，行政文化理念的丰富变迁与创新发展要以

---

① 《邓小平文选》第2卷，人民出版社1994年。

② 彭国甫、潘信林：《邓小平对行政文化建设的探索与贡献》，《毛泽东思想研究》2008年第1期。

实现人民期待、满足人民需求、维护人民利益为出发点，以为人民服务的思想理念、制度保障和行为方式将行政文化建设的人民性原则贯彻到底。

坚持以社会主义核心价值观作为推动中国特色社会主义行政文化建设的重要依据。习近平总书记指出，社会主义核心价值观是决定文化性质和方向的最深层次要素。[①] 以"富强、民主、文明、和谐，自由、平等、公正、法治，爱国、敬业、诚信、友善"为主要内容的社会主义核心价值观是马克思主义道德价值理论中国化的重要成果[②]，是中国特色社会主义发展道路在价值观念上的凝练和呈现，是推动我国经济社会发展"最持久最深沉的力量"。当前，我国社会群体思想多样、价值文化多元，公职人员内部也存在着一些与主流价值观相悖的落后甚至错误思想，这需要发挥社会主义核心价值观的纠偏凝聚作用，以社会主义核心价值观统领行政文化建设，加强行政人员对主流价值观的认同与遵循，通过教育引导、理论学习、实践养成等方式，使社会主义核心价值观内化为行政人员的精神追求，外化为行政人员的自觉行动。

（二）持续借鉴中华优秀传统行政文化和国外先进行政文化

中华优秀传统文化源远流长、博大精深，蕴含着丰富的行政思想内容，积淀着中华民族深厚的治国思想，是中国特色社会主义行政文化建设的重要资源。如姜尚的"庶民为本"思想，周公的"敬天""保民"思想，孔孟的"德政""仁政"思想，老子的"无为""善政"思想，刘邦的"与民生息"思想，李世民的"民为邦本"思想等，这些优秀的传统行政思想是中国行政文化立于世界文化不败之地的重要思想来源[③]，是中国特色社会主义行政文化"在世界文化激荡中站稳脚跟的根基"。深化中国特色社会主义行政文化建设，需要立足于中华优秀传统行政文化，深入挖掘中华优秀传统行政文化中的德政仁政思想，古为今用、推陈出新，阐发"民本""善政"

---

① 《习近平谈治国理政》，外文出版社2014年版，第163页。

② 韩振峰：《习近平关于社会主义核心价值观的十个基本思路——学习习近平总书记系列重要讲话体会之八十三》，《前线》2015年第4期。

③ 徐鸿武：《论德政仁政——中华传统行政文化之核心》，载周文彰主编《行政文化研究2》，国家行政学院出版社2014年版。

等传统行政文化的时代价值，正确处理中华优秀传统行政文化与当代中国特色社会主义先进行政文化的关系，实现对优秀传统行政文化的继承发展，使中华优秀传统文化成为涵养中国特色社会主义行政文化理念的重要源泉。

世界众多国家和民族在长期的行政实践过程中积累了深厚的各具特色的行政文化，这些行政文化成果不仅体现着世界行政文明的丰富性和多样性，更成为可供世界各国人民学习借鉴的宝贵财富，推动着公共行政和人类社会的发展进步。文明因交流而精彩，文明因互鉴而丰富。在全球化背景下，深化中国特色社会主义行政文化建设，应从中国实际出发，结合时代发展要求，以开放包容、兼收并蓄的态度对待国外不同特点的行政文化，在交流比较中取长补短；避免简单地照搬照抄，在吸收国外先进有益的行政文化因素的基础上，结合中国国情，增添中国元素，体现中国特色，从而进行有效的探索和积累。

（三）遵循行政文化特征规律，促进行政文化创新发展

坚持行政文化的公共性和自主性。行政文化的主体是执行国家公权力的政府及其工作人员，因其主体的特殊性决定了行政文化有其自身的发展特征与规律。公共性是行政权力的本质属性，是社会公众对行政主体的根本要求，也是行政文化的主要特征和所要遵循的根本规律。首先，行政权力经由公民授权或立法授权委任产生，须执行公民或国家立法机关的意志，其本身便带有公共性。[①] 其次，政府及公务员在"公共领域"中行使公共权力，执行国家公务，管理公共事务，应成为公共利益的维护者、实现者以及公平正义的维护者，保护增进公共利益。行政文化不同于其他文化，从行政主体掌握并行使公共权力的那一天起，就要求其必然要比其他组织对公共利益的实现有着更高的责任和追求，行政文化的发展也必然要比其他文化更聚焦于公共性价值。因此，行政文化发展要以公共利益至上为基本原则，以法治化、专业性、公开性、服务性为发展目标，以公共利益的"大局"为先，追求公共价值的最大化。自主性是行政文化现代化发展的另一重要规律，是实现行政文化发展成熟的关键要素之一。自主性要求行政

---

① 芦文龙：《行政文化导论》，东北财经大学出版社2019年版。

文化的发展要在遵循公共性这一根本前提的基础上，立足行政实践与行政体制本身，结合公共治理现状与需求，发挥主观能动性，对行政理念进行主动选择和创造性更新，进而提高行政实践效能，促进行政体制改革，维护实现公共价值。

促进行政文化创新发展。创新是文化的生命。习近平总书记强调，要把创新摆在国家发展全局的核心位置，不断推进理论创新、制度创新、科技创新、文化创新等各方面创新，让创新贯穿党和国家一切工作。文化创新是一个国家和民族永葆生命力和凝聚力的重要基础，是各类创新不竭的精神动力。政府作为公权力主体，其权威性地位决定了其行政文化的创新发展能够发挥独特的辐射推动作用。行政文化创新并非是脱离实践的建构，而是在行政活动与行为的基础上，把握行政文化发展规律，寻找新的突破点与生长点，可以说行政文化的创新伴随着行政行为方式、实践方式的变革，行政实践的发展促进着行政文化的创新。以整体性政府理念为例，在政府的现实运作中，按功能划分的部门主义造成了协同困难、行政成本高等现实问题，降低了公共服务效能，整体性政府理念应运而生。整体性政府强调促进政府职能部门整合、协调及跨界合作，以提升公共服务效能。可以说，整体性政府是公共行政的一场深刻自我革命，作为一种改革理念，它迅速成为一种国际性的改革潮流。由此可以看出，行政文化创新既是对已有行政体制及其弊端的反思，也是对社会发展新情况、新问题、新要求的回应。人是创新的主体，创新既是社会大众的事业，更是行政人员的使命。行政人员崇尚创新、乐于创新，行政组织才能充满活力，行政人员的创新性精神对于行政行为的实施、行政文化的更新、行政体制的发展和社会整体的进步具有重要意义。我国目前正处于转型发展的关键时期，行政人员在行政实践过程中难免会遇到许多从未出现的新情况、新问题，这需要行政人员在行政实践中要有敢于突破陈规、大胆探索未知、勇于创新创造的思想观念[1]，树立创新精神，善于发现问题、解决问题，创新服务手段和工作办法，提升工作质量，提高行政效率，增进公共利益。

---

[1] 芦文龙：《行政文化导论》，东北财经大学出版社2019年版。

（四）坚持正确的行政价值理念

理念是行动的先导，正确的价值理念是良好行动的前提。坚持正确的行政价值理念，是深化中国特色社会主义行政文化建设的重要抓手，是坚持和完善中国特色社会主义行政体制的题中应有之义，也是全面建设社会主义现代化国家、推进国家治理体系和治理能力现代化的必然要求。

一要坚持法治理念。法治政府建设是推进国家治理现代化的关键环节。习近平总书记指出："一些党员、干部仍然存在人治思想和长官意识，认为依法办事条条框框多、束缚手脚，凡事都要自己说了算，根本不知道有法律存在，大搞以言代法、以权压法。这种现象不改变，依法治国就难以真正落实。"[①] 政府及其行政人员须牢固树立法治观，维护法治权威，在宪法和法律的框架内用权履责。首先，应完善行政组织和行政程序法律制度，政府的权力和职责需要有明确的法律规定，法无授权不可为，政府权责不能由官员的意志所决定。其次，政府行使行政权力须在法律的范围内，行政行为或行政政策应依照法律规定，符合法律程序；政府行使行政权力的同时必须承担相应的责任，杜绝法律工具主义，依法治官、依法治权，避免"依"法行政变为"以"法行政。最后，行政人员应树立法律至上的理念信念，主动学法、信法、守法，当行政命令和法律法规发生冲突时，自觉捍卫法律尊严。

二要坚持服务理念。政府作为行使国家权力的公共组织，其职能之一就是提供满足公众需求的公共产品和公共服务。服务理念是政府及行政人员履行公共职责、追求公共价值的必备理念，在社会主义国家，公务员更要具有为人民服务的精神追求。在政府与市场关系层面，服务观应体现为厘清政府和市场关系，以优化政府职责体系为目的，实行政府权责清单制度，继续进行市场化改革，最大限度减少政府对市场资源的直接配置，最大限度减少政府对市场活动的直接干预，深入推进简政放权、放管结合、优化服务，下放行政审批权力，持续改善营商环境，推动有效市场和有为政府更好结合。在政府与公众关系层面，服务观要求政府以人民为中心，

---

① 习近平：《加快建设社会主义法治国家》，《求是》2015年第1期。

以社会大众为中心，回归服务职能本位，注重民生建设，切实从公众的实际需求出发，通过及时、有效、精准、贴心的方式满足公众需求，解决公众"急难愁盼"问题，提升社会大众的获得感和幸福感。

三要坚持参与理念。就公权力本质而言，政府公权力来源于公民个人权利的让渡，在我国，国家的一切权力属于人民，政府是人民的政府，政府应围绕着实现人民的根本利益和核心利益来履行一切行政职能，公民有权通过合法的渠道直接或间接地参与政府公共决策、执行和监督过程。各级政府及其工作人员要提高民主参与观，坚持全过程人民民主，扩大人民有序政治参与，推进实施《重大行政决策程序暂行条例》，保障重大行政决策过程中公民参与的实效性和专家论证的客观性，及时公布决策说明材料，综合采用多种方式听取公众意见，如座谈会、听证会、实地走访、问卷调查等，进一步拓宽畅通全体社会公众参与公共决策的渠道，完善行政决策咨询制度，广泛吸收和容纳社会公众的意见，广泛听取智库专家学者和利益攸关者的建议，确保公众的行政参与权、知情权和监督权的落实，从而提升公众的满意度和政府治理能力。对公众主体来讲，要通过舆论宣传、教育引导等方式，唤醒广大社会公众的公共精神和社会责任感，培育公众主动参与政策决策和社会治理的责任意识，创造公众参与治理的机会与平台，使公众意识到自己是社会的"主人"，实现其角色认知由"被管理者"到"管理者"的转变。

四要坚持公开理念。公开观是政府规范自身权力、转变自身职能、提升政务服务水平、建设法治政府的重要基础和保障，通过及时、准确地公开政府信息，能够促进公众的有序参与和科学监督，更加有效地回应社会关切、稳定民心、赢得民心，提升行政主体的执行力和公信力，获得更广泛的社会认同。因此，在我国，政府的行为应是公开的，活动应是透明的，政府的行为必须让人民了解并受人民监督和检验。行政主体要不断巩固信息公开观这一实现治理能力现代化的重要理念，通过公开政府信息简政放权、转变职能，以公众需求为导向，不断扩大公开范围、优化公开方式、提升公开效果，同时依托互联网等科技手段，加强互联网政府信息公开平台建设，提高政府信息公开智能化水平，助力治理效能提升。

四、"十四五"时期深化中国特色社会主义行政文化建设的对策建议

新时代新征程对深化中国特色社会主义行政文化建设提出了更高要求，"十四五"时期建设中国特色社会主义行政文化是艰巨的历史重任，这对于推进国家治理体系和治理能力现代化、实现第二个百年奋斗目标具有重大意义。围绕当前中国特色社会主义行政文化建设存在的重点问题，立足深化中国特色社会主义行政文化建设的总体思路，提出以下"十四五"时期深化中国特色社会主义行政文化建设的对策建议。

（一）坚持政党文化主导地位，尊重行政文化内在特性

1. 重视行政职业精神与行政文化内在特殊性

行政文化相对于政党文化有其内在特殊性，行政部门是国家立法机关的执行机构，是国家和公民的代理人，既受国家委托行使行政职权，又受公民委托管理公共事务并提供公共服务，这对公务员提出了更高的职业精神要求，包括法治性、专业性、服务性、责任性、公开性等行政文化特性。发展中国特色社会主义行政文化既要始终坚定坚持以中国共产党政党文化为指导，又要充分尊重行政文化的内在特性，作为公务员要做到依法办事、执行法律意志，对人民负责、公开政府信息等，遵守其法定职责。中国共产党作为中国特色社会主义事业的领导核心，要将自身的主张、方针和政策通过法定程序变为国家意识，使政府在依法履职的同时贯彻党的意志与文化，将政党文化与行政职业精神统一于提高公务员行政能力、实现国家治理现代化的实践中。

2. 保持合理政治回应，重视人民诉求

政治回应对行政机构来说不可或缺，我国政治体制的特点之一就是坚持中国共产党的全面领导，行政机构回应党的政策方针符合我国政治体制的特色和要求。公务员在政治回应中要正确理解政党文化内涵，领悟并贯彻党的解放思想、实事求是、与时俱进、求真务实的思想文化，坚持以实践而非目的为导向回应党的方针政策，把党的方针政策落到实处，做细做

实做出成效；不可只作形式上的回应，切勿重"痕"不重"绩"、留"迹"不留"心"，避免只把工作做给上级和党组织看而不做给人民看，要对人民负责，将全心全意为人民服务的中国共产党政党文化与服务社会公众的行政文化统一于回应社会需求的行政实践中。

3. 尊重公务员合法权利

公务员作为一个职业群体，有申请权利救济及表达合法合理诉求的权利和文化传统，这一权利和行政文化因素不应在政党文化的主导下被蒙蔽和遮盖，应得到应有的尊重和维护。有权利就应有救济，相较于公务员的救济机制而言，我国党内的救济机制更加缺乏[①]，对党员身份的公务员群体的权益保护有所欠缺。因此，应在党内法规及文化建设中弥补这一缺陷，将党员和公务员的申诉救济整合统一，努力构建和完善公正、实效、全面、便民、及时的救济机制，并且遵从共同的"有权利就有救济"的理念来对公务员或党员的权利实施无差别救济[②]，实现政党文化与行政文化协调统一、共同发展。

（二）吸收世界行政价值有益成果，丰富发展中国特色社会主义行政文化

1. 正确认识世界共同行政价值

世界共同行政价值不是西方社会所主导的"普世价值"，它是人类在行政实践的历史过程中，通过相互交流形成的命运共同体中的人们所普遍认同的共性行政价值，它立足于人类的行政实践，不是某一种意识形态的专属品。正如习近平总书记在庆祝中国共产党成立100周年大会上讲话时所说："我们积极学习借鉴人类文明的一切有益成果。"在世界共同行政价值的基础上，不同国家都有根据自身国情解释和践行世界共同行政价值的权利，都有在践行共同行政价值的过程中形成自身特色的自由。[③] 行政主体要增强对民主、公开、法治、服务等世界共同行政价值的了解，客观地认识共同行政价值理念的重要意义，尊重不同国家人民对价值内涵的认识和

① 韩春晖：《依法治国和依规治党有机统一研究》，《中国法学》2021年第4期。
② 韩春晖：《依法治国和依规治党有机统一研究》，《中国法学》2021年第4期。
③ 叶险明：《"共同价值"与"中国价值"关系辨析》，《哲学研究》2017年第6期。

对价值实现路径的探索，把世界共同行政价值具体地体现到现实的政府治理实践之中。

2. 树立开放和包容意识，倡导并吸收世界共同行政价值

中国特色社会主义行政价值的形成基于中国的政府治理实践经验，当然具有自身特色。但这种特色不是与世界共同行政价值无关的文化理念，中国特色社会主义行政价值的"特色"只有在世界行政价值发展的潮流中才能真正牢固地确立起来。各级政府应树立开放和包容意识，以虚心学习的态度借鉴人类行政文明有益成果。其中，要特别注意克服一种思想倾向，即把学习发达国家有益文明成果批评为崇洋媚外甚至投降主义。这种错误的思想倾向，不仅与新时代全面深化改革和推进更高水平的开放精神相违背，更阻碍了不同文明之间的交流互鉴，阻碍了人类命运共同体的构建与发展。我们拒绝的是"'教师爷'般颐指气使的说教"[1]，但不能拒绝对世界共同行政价值的学习借鉴。中国特色社会主义行政价值应既具有社会主义和源自我国行政实践的中国特色，也体现世界共同行政价值的精神，在学习先进理念和结合本国特色中实现自身发展。

3. 加强与他国行政价值交流互鉴

中国特色社会主义行政价值不仅要体现世界行政文明发展的方向，推动世界行政价值向前发展，而且要努力为世界共同行政价值增添新的价值元素、作出新的贡献，这应成为中国特色社会主义行政价值的建设目标之一。"文明没有高下、优劣之分，只有特色、地域之别，只有在交流中才能融合，在融合中才能进步。"[2]我们要倡导和积极推动不同行政价值文明之间的交流互鉴，搭建不同层次的行政文化价值交流对话平台，参与行政文化国际交流交往，通过官方对话、学术交流、海外志愿服务、民间互动等灵活多样的形式，增进我国与其他国家人民之间的行政价值互识互信，在广泛友好交流互鉴中丰富中国特色社会主义行政价值内涵，并在推动加快构建人类命运共同体和全球治理创新中为世界共同行政价值不断增添中国元

---

① 习近平：《在庆祝中国共产党成立100周年大会上的讲话》，《人民日报》2021年7月2日。

② 习近平：《在中华人民共和国恢复联合国合法席位50周年纪念会议上的讲话》，《人民日报》2021年10月26日。

素、中国概念、中国话语和中国智慧。

（三）牢固树立以人民为中心的理念，破除官本位意识

1. 清除官本位意识残余

官本位意识与"以人民为中心"的价值追求相违背，是对公民权利和人民当家作主的忽视，是对人民主体地位的不尊重。处理以人民为中心的理念与官本位意识并存的问题，首先要求行政人员转变价值取向，清除官本位意识，明确法律法规对自身职能的定位，通过对先进思想、经典论述和先进模范的学习，领悟"以人民为中心"价值理念的先进性和正确性，重构内心的理念认同，牢记人民主体地位，尊重人民选择、保障人民权利、实现人民利益，将以人民为中心的理念内化于心。要树立正确的价值评判标准，打破以官职大小为标准的价值评价准则，通过价值引导和舆论宣传等方式，鼓励公众多元化的价值选择，在全社会营造"三百六十行，行行出状元"的价值风尚。

2. 树立对下负责意识

早在2006年，习近平同志就指出，"所谓对上负责，就是对上级领导机关负责；所谓对下负责，就是对人民群众负责。对各级领导干部来说，对上负责与对下负责从来都是统一的、不可分割的，对党负责，就是对人民负责；对人民负责，就是对党负责。两者统一于对党和人民事业的高度责任之中，其本质就在于立党为公、执政为民。只有在工作中始终坚持对上负责与对下负责的一致性，才能真正尽到职、负好责"①。对下负责意识是以人民为中心的理念的体现，行政实践的初衷就是为公众利益服务，行政工作的最终目的是维护人民的利益。"对下负责"与"对上负责"是一个整体，各级政府及其工作人员应始终坚持和弘扬以人民为中心、对下负责的行政价值观，将"对下负责"与"对上负责"相统一于对人民负责，把维护群众利益放在首要位置，做到权为民所用、情为民所系、利为民所谋。坚持理论联系实际，开展调查研究以把握基层现状、解决实际问题，在贯彻上级精神的同时，结合当地实际予以执行，保障对上负责与对下负责的

---

① 哲欣：《坚持对上负责与对下负责的一致性》，《浙江日报》2006年10月26日。

统一性，杜绝本本主义，因地制宜开展工作。

3. 完善晋升考核体系

我国的一切权力属于人民，我国政府的宗旨是为人民服务，政府工作的基本原则是对人民负责。要使领导干部坚决克服以官为本、以官为贵、以官为尊的思想偏好，向人民负责，最关键的是要让人民决定权力的赋予，将政府权力的运行置于民意的制约和监督之下，从而在根本上改变领导干部的特权思想。要优化领导干部晋升考核体系，完善考核内容与方式，既注重考核社会经济发展情况，也要注重考核发展方式与发展质量，既要重视经济建设考核，又要注重考核协调发展和绿色发展，更需着重突出对维护社会和谐稳定、保障改善民生工程的实际考察。人民群众的具身认知和体验式评价既是领导干部民生政绩和公共服务精神与能力的"试金石"，也是"形象工程""政绩工程"的"照妖镜"，[①]对于公众能够切身接触感知的领域，要引入基层民主考核机制，增强官员考核群众参与度，充分反映群众感受，体现群众评价。要强化对考核结果的运用，把干部考核结果与隐性政绩作为其选拔晋升、培训教育和奖惩的重要依据。

（四）强化依法行政理念，克服人治观念

1. 推进法治文化建设，增强领导干部法治意识

在推进人治向法治转变的过程中，法治文化土壤和国民素养至关重要，制度机制只有与一定的文化习俗、国民素养相对接，才能发挥有效作用。全面推进依法治国，建设法治政府，需要在全社会大力弘扬与之相适应的法治文化，提升全社会法治意识。正如卢梭所说，"规章只不过是穹隆顶上的拱梁，唯有慢慢诞生的风尚才最后构成那个穹隆顶上的不可动摇的拱心石"。要引导公众牢固树立法律至上的思想意识，培养公众尊崇法律、遵守法律、运用法律的意识和能力，使人民群众心怀当家作主的自觉意识，主动监督公权力运行，在全社会营造尊重规则、敬畏法律的法治文化氛围。习近平总书记明确指出："领导干部对法治建设既可以起到关键推动作

---

① 李春成：《领导干部政绩考核：实践难题、认知偏误与完善建议》，《国家治理》2020年第44期。

用，也可能起到致命破坏作用。如果我们的领导干部不能尊法学法守法用法，不要说全面推进依法治国，不要说实现'两个一百年'奋斗目标、实现中华民族伟大复兴的中国梦，就连我们党的领导、我国社会主义制度都可能受到严重冲击和损害。"① "领导干部具体行使党的执政权和国家立法权、行政权、监察权、司法权"②，是落实依法行政、建设法治政府、实现全面依法治国的关键力量和"关键少数"，各级领导干部必须主动学法、信法、守法，深入学习法理内涵，构建完整的法律知识体系，在实践中储备法律知识、树立法律信仰，提升自身运用法治思维和法治方式深化改革、推动发展、化解矛盾、维护稳定、应对风险的能力，养成依法办事、依法用权的理念和行为方式，做立法、普法和守法的实践者和领头人，自觉捍卫法律尊严。只有跳出人治思想的深渊，依法行使公权力，人治的情形才能消除，法治政府才能真正实现。

2. 加强对公共权力的制约和监督

中国的历史证明，凡是决策权、执行权、监察权分解得好或者比较好，有能力的优秀人才就能到达政权的重要或比较重要的位置，真知灼见能通畅地传达，国家治理就比较顺畅；凡是上述国家三大权力分解得不好，有能力的人大多不被政权容纳，闭目塞听盛行，国家治理就会出现危机的局面。③ 党的十八届三中全会通过的《中共中央关于全面深化改革若干重大问题的决定》提出，必须构建决策科学、执行坚决、监督有力的权力运行体系，要加强和改进对主要领导干部行使权力的制约和监督。一方面，要完善权力配置和运行制约机制。习近平总书记曾明确指出，要做好顶层设计，合理分解权力，科学配置权力，形成科学的权力结构和运行机制。要坚持权责法定，权力的取得、设定、行使方式和基本程序都必须由法律法规加以明确规定，既不能越权也不能失职，更不能滥用权力。各级政府工作部门要推行落实权责清单制度，将政府权力与相对应的责任以清单的形式予以列示，划定政府权力边界，明确政府责任范围，规范行政权力的配置和运行。要完善集中统一、权威高效的监察体系，实现对行使公权力的公职

① 《习近平关于全面依法治国论述摘编》，中央文献出版社2015年版，第120页。
② 习近平：《论坚持全面依法治国》，中央文献出版社2020年版，第231页。
③ 李永忠：《权力结构改革与监察体制改革》，《国家行政学院学报》2017年第2期。

人员监察全面覆盖。另一方面，要强化对行政权力的监督。"公权力姓公，也必须为公。只要公权力存在，就必须有制约和监督。不关进笼子，公权力就会被滥用。"[①] 权力是一把双刃剑，在法治轨道上行使可以服务人民、造福社会，在法律之外滥用则必然损害公众权益、危害社会发展。把权力关进制度的笼子是让一切公共权力循法而行的重要保证。建立健全权力运行制约和监督体系，在党的统一领导下，完善以党内监督、人大监督、民主监督、司法监督、群众监督和舆论监督为主体的民主监督机制，突出党内监督主导地位，打通各种监督方式的信息互通渠道，实现各种监督相互联系、有机结合，增强监督合力；完善审计制度，充分发挥其监督约束行政权力、规范行政权力依法运行的重要作用；加强政府自我监督，通过国务院大督查等监督方式，推动各地区、各部门依法履职，不断提升政府公信力和执行力。要坚持以公开为常态、不公开为例外，遵循公正、公平、合法、便民的原则，及时、准确地公开政府信息和权力清单，推进行政决策、执行、管理、服务和结果的全过程公开，使公众能够准确了解政府权力边界、有效监督政府权力运行，让公共权力真正在阳光下运行。

（五）正确协调公开透明理念与保密意识，寻求二者最佳平衡点

1. 提高公务员对公开透明理念的认同和重视

正确协调公开透明理念与保密意识，首先应从行政主体出发，提高公职人员对公开透明理念的认同和重要性的认识。信息公开理念实质上是主权在民的内在要求，是保障政府权力合乎法与德的要求。[②] 公务员是国家公权力的执行人员，只有公务员真正将公开透明理念内化于心，才能外化于行，在实践中促进信息公开制度的完善，提升政府治理能力，推进政府治理现代化。

2. 理顺公开与保密边界，细化保密范围

不可否认，保密意识是行政主体必要的理念。但是过于宽泛的国家秘密范围容易导致信息过度秘密化，不仅浪费行政资源，更会影响信息公开

---

① 习近平：《在新的起点上深化国家监察体制改革》，《求是》2019年第5期。
② 郭艳：《公开与保密：政府信息制度战略平衡研究》，《情报杂志》2018年第5期。

的功能和效果。[①]因此，应尽可能完善保密法律法规的保密范围，使国家秘密的范围具体化，而不是仅仅从原则和大体范围上进行规定。对于保密事项的划定，须遵循高位阶法律的统一规定，不得自主规定、模糊划定。应当结合工作实际，依据本领域和相关领域保密事项范围，详细编制列举本机关本单位产生的国家秘密事项内容、密级、保密期限、产生部门或岗位、知悉人员等，切忌"宁滥勿缺"的保密思维。

3. 完善政府信息公开制度，保障公民知情权

以不危害国家安全和个人隐私为前提，完善政府信息公开制度，最大限度保障公民知情权，实现政民互信。信息公开要遵循适当的原则，一方面，我们强调要最大限度地公开信息；另一方面，要平衡好信息公开与个人隐私和国家安全保护之间的关系。公开透明是政府治理的核心，在不危害国家安全和个人隐私的前提下，应严格按照法律、行政法规依法公开的要求，主动公开政府信息，纠正以信息涉密为借口拒绝公开应公开事项等问题[②]，面对"依申请公开"时要及时回应社会和公众需求，使申请主体能够及时获取所需信息，在更深层次上保障公民的知情权，提高政府公信力。

---

① 王锡锌：《政府信息公开制度十年：迈向治理导向的公开》，《中国行政管理》2018年第5期。

② 田静：《坚持依法治密推进新时代保密工作转型升级》，《保密工作》2018年第9期。

中国行政文化
历史综述

"变"与"不变"：
百年中国文化制度建构历程及启示 *

祁述裕 **

摘要： 规范人的行为是制度的本质特征。人类活动包括物质生产活动和精神生产活动，国家制度也包括规范人的物质生产活动和精神生产活动两大部分。文化制度的功能是规范人的精神生产活动。文化制度内涵丰富，重点是文化管理体制机制和文化政策法规等。文化制度是影响文化发展的决定性因素之一。好的文化制度能激发文化活力，促进文化繁荣；不好的文化制度则会窒息文化活力，阻碍文化发展。因此，促进文化发展繁荣迫切需要加强对文化制度变迁的研究。中国共产党领导的百年文化制度建构历程，可划分为新民主主义革命时期、社会主义革命和建设时期、改革开放和社会主义现代化建设新时期、党的十八大至今四个历史阶段。百年中国文化制度建构历程的主要特点包括：党对文化工作的领导、守正与创新的统一、不断吸收外来有益文化和具有强大的自我调整和完善能力等。百年文化制度建构的经验及启示有：应把握文化制度建设相关要素的均衡性，保持文化制度的包容性和张力，深入研究文艺发展特点和规律，辩证看待社会效益和经济效益，正确认识文化安全和文化发展的关系等。

关键词： 中国共产党；社会主义；文化制度

马克思主义认为，制度是生产关系中规范性内容的凝结。因此，规范人的行为是制度的本质特征。人类活动包括物质生产活动和精神生产活动，

---

　　* 基金项目：国家社科基金艺术学重大项目"文化和旅游融合背景下黄河文化保护传承弘扬研究"（21ZD03）；中国行政体制改革研究会2021年度行政改革研究基金资助课题"深化中国特色社会主义行政文化研究"（2021CSOARJJKT011）。

　　** 作者简介：祁述裕，中共中央党校（国家行政学院）文史教研部创新工程首席专家，教授，博士生导师。

国家制度也包括规范人的物质生产活动和精神生产活动两大部分。文化制度的功能是规范人的精神生产活动。文化制度内涵丰富，重点是文化管理体制机制和文化政策法规等。

人类文化发展史证明，文化制度是影响文化发展的决定性因素之一。好的文化制度能激发文化活力，促进文化繁荣；不好的文化制度则会窒息文化活力，阻碍文化发展。因此，促进文化发展繁荣迫切需要加强对文化制度变迁的研究。

迄今为止，系统研究党的十八大以来我国文化制度建设特点的论文还很少。特别是把党的十八大以来我国文化制度建设与此前中国共产党文化制度建构历程贯通起来进行研究的学术成果，更是凤毛麟角。本文以党的十九届六中全会精神为指导，从中国共产党建党百年视角出发，以文化管理体制机制和文化政策法规为重点，梳理中国共产党领导下的文化制度建构历程，探讨我国社会主义文化制度的主要特点，总结百年文化制度建构历程的启示，以期进一步拓展中国文化制度研究。

一、党领导下的百年中国文化制度建构历程

党领导下的百年中国文化制度建构历程包括新民主主义革命时期、社会主义革命和建设时期、改革开放和社会主义现代化建设新时期、党的十八大以来四个阶段。

（一）新民主主义革命时期的文化制度（1921—1949年）

新民主主义革命时期，中国共产党在苏区和解放区建立了自己的文化制度。这一时期，文化制度建构既受到苏联制度的深刻影响，又不断适应当时救亡图存的需要。主要有以下四个特点。

1. 坚持马克思主义立场

1929年6月，党的六届二中全会通过了《宣传工作决议案》，强调党必须有计划地加强对马克思列宁主义的理论教育。1932年1月，湘鄂赣省工农兵苏维埃第一次代表大会通过的《文化问题决议案》提出，"文化工作的本身，是具有阶级斗争的重要意义。在苏区进行文化工作，就是要尽量贯

输马克思列宁主义，及一切无产阶级革命的教育和理论"①。

2. 构建党领导下的宣传文化管理体制

1924年5月，中共中央在上海召开中央扩大执行委员会会议，会议通过的《党内组织及宣传教育问题议决案》规定，中共中央和党的各级委员会均应"分设宣传、组织、工农等部"。② 在苏区，中共建立了直属的报刊社。有《红色中华》等34种报纸杂志。抗战时期，中国共产党领导的各抗日根据地，创建了众多的报刊社，出版发行了《解放日报》等几百种报刊。同时，在中央苏区各县建立了一大批直属艺术院团。

3. 强调文化服务政治的功能

毛泽东同志《在延安文艺座谈会上的讲话》中强调，在为中国人民解放的斗争中，我们不仅要有拿枪的军队，还要有文化的军队。文化的军队是团结人民、战胜敌人必不可少的一支军队。

4. 文化生产活动的高度组织化

一是文艺创作要按照党的路线、方针、政策进行艺术构思、加工和创造；文艺工作者必须按照党的路线、方针、政策，遵循组织安排，对生活和人物进行选择、加工和创造，以实现让人民警醒起来、感奋起来，投身解放运动洪流的目的。二是统一调配创作生产资源，如歌剧《白毛女》就是通过组织化方式创作出来的成功案例。③

（二）社会主义革命和建设时期的文化制度（1949—1978年）

在社会主义革命和建设时期，中国共产党文化制度建构主要体现为两个方面：一方面，在思想文化领域确立了马克思主义的指导地位，进一步巩固文化领导权；另一方面，通过建构国有化文化管理体制，加强对文化事业的管理。

---

① 《湘鄂赣革命根据地文献资料》第2辑，人民出版社1986年版，第12页。

② 《中共中央文件选集（1921—1925）》第1册，中共中央党校出版社1989年版，第6—7页。

③ 参见张庚《回忆延安鲁艺的戏剧活动》，载《中国话剧运动五十年史料集》第3辑，中国戏剧出版社1963年版；贺敬之《〈白毛女〉的创作和演出》，载艾克恩主编《延安艺术家》，陕西人民教育出版社1994年版。

1. 确立马克思主义在思想文化领域的指导地位

这一时期，确立马克思主义在思想文化领域的指导地位，主要手段是对旧知识分子进行思想改造。毛泽东高度重视知识分子的价值和作用。同时认为，旧知识分子必须进行思想改造，接受马克思主义，才能在新中国建设中发挥积极作用。新中国成立后，党中央先后开展了三次大的思想改造和文艺界整风运动，分别是1951年对电影《武训传》的批判、1954年对胡适派资产阶级唯心论的批判及1955年对胡风文艺思想的批判。这些思想批判运动对于建立新的意识形态和宣传马克思主义、毛泽东思想起到了积极作用，但也存在方式简单粗暴等问题。

2. 建立党对文化工作集中统一领导的体制

新中国成立后，中宣部成为党中央主管全国宣传、文化、教育、体育、科技、卫生等意识形态工作的综合性职能机关。同时，1949年成立的政务院下设文化教育委员会，负责指导和管理文化部、教育部、卫生部、新闻总署、出版总署、科学院等机构，其直属机构还包括对外文化联络局、广播事业局、新华通讯社等。随后各级地方政府文教管理部门逐步成立。自此，党委统一领导、党政齐抓共管、宣传部门组织协调、政府相关部门分工负责的文化管理体制得以确立。

3. 建立文化领域的国有化体制

新中国成立后，以戏曲、新闻出版、广播电影等公有制改造为标志，文化生产领域启动了国有化改革进程。到1951年年底，国有化文化体制基本定型。以演艺业改革为例，当时各类文工团和私营剧团均按照公有制的要求改造成为国营或集体单位两种体制。这种国有化文化体制的基本特点是：产权形态是公有制，艺术团体都有上级主管部门，艺术生产要由上级主办单位决定，人事权由上级主管单位任命，财务收支由政府统一调配，艺术作品生产要经过报批和内容审查的程序。

4. 探索完善党领导文化的方式

实行国有化文化体制和按照计划组织文化生产有利于体现党的意志、完成党的任务，但也存在行政效能低下、文化创作生产积极性不高等问题。为此，党中央积极探索完善文化管理体制机制的路径。以电影管理为例，为解决伴随着电影业国有化出现的机制僵化问题，文化部电影局于1956年提出了以"三自一中心"（自选题材、自由组合、自负盈亏和以导演为中心）为核心的创作生产管理经营改革思路，重点是将艺术创作的责任下放给电影制片厂，在分配制度上采取"酬金制"，在电影厂内部实行"创作组"体制。这些改革措施，有效地激发了创作人员的积极性和创造性，推动了艺术创作的进步。[①]

为激发文化创造活力，1956年，毛泽东同志提出，"艺术问题上的百花齐放，学术问题上的百家争鸣，我看应该成为我们的方针"[②]。随后，党的八大将"百花齐放，百家争鸣"的方针写入文件，"双百"方针正式成为科学和文艺事业的指导方针。但由于各种原因，"百花齐放，百家争鸣"的方针并没有在文艺实践中得到很好落实。特别是十年"文化大革命"期间，以阶级斗争为纲成为各项工作的总纲，文艺领域教条主义盛行，严重窒息了艺术创造活力。

（三）改革开放和社会主义现代化建设新时期的文化制度（1978—2012年）

改革开放以后，我国进入社会主义现代化建设新时期。这时期文化制度建设的重点是突破计划经济对文化生产的束缚，建立与社会主义市场经济制度相适应的文化制度。

1. 建立发挥市场配置资源积极作用的文化制度

改革开放以后，与经济领域类似，文化领域的一个重点任务是建立文化市场，通过市场机制激发文化创造和生产活力。主要做法有：一是推动国有文化单位体制机制改革。1978年，财政部批准《人民日报》、中央电视台等中央媒体实行"事业单位，企业化管理"，国有媒体开始引入市场竞争机制。进入21世纪，为适应我国加入世贸组织的要求，中央于2003年开始实施新一轮文化体制改革。这次改革提出了"两面向""两分法"和做大做强国有文化企业等改革理念[③]，通过转企改制，出现了一大批国有文化企

---

① 石川：《"十七年"时期中国电影的体制与观众需求》，《电影艺术》2004年第7期。
② 《毛泽东文集》第7卷，人民出版社1999年版，第54页。
③ "两面向"是指改革要坚持面向群众、面向市场的原则；"两分法"是指此次改革将国有文化单位划分成公益性文化事业单位和经营性文化企业两类，实行分类改革。参见中共中央、国务院《关于深化文化体制改革的若干意见》。

业，国有文化单位改革取得重要进展。二是放开社会力量进入文化生产和销售领域的限制。1979年，广州东方宾馆开设了国内第一家音乐茶座，这被视为当代文化市场起步的一个标志性事件。此后，营业性舞厅、民间剧团、演唱会、录像放映、卡拉OK、电子游戏等新兴文化娱乐方式不断打破禁区进入市场，形成了文化市场的雏形。1988年2月，文化部、国家工商局联合发布《关于加强文化市场管理工作的通知》，第一次在正式文件中使用"文化市场"的概念。三是不断扩大文化领域对外开放。例如，1980年成立了第一家中外合资期刊《计算机世界》；2001年，按照世贸组织规则的要求，大幅度放宽文化市场准入，对现有文化政策和法规进行了较大修改和调整；2004年，允许一些境外卫视节目落地三星级涉外宾馆；2013年，上海自贸区在扩大文化市场开放方面进行试点；2016年，上海迪士尼乐园正式开园；2017年，允许设立外商独资演出经纪机构等。

2. 构建公共文化服务体系

公共文化服务体系的构建是一项重大制度创新。2002年，党的十六大把"人民的文化权益得到切实尊重和保障"纳入全面建设小康社会的目标；2005年，党的十六届五中全会上第一次提出要建设覆盖全社会的公共文化服务体系。公共文化服务理念是在区分了文化事业和文化产业的不同特点，明确了二者的不同性质、作用和功能的基础上提出来的。2003年实施的文化体制改革，将传统意义上的文化事业一分为二，划分为公益性文化事业和经营性文化产业两类。其中，公益性文化事业以保障人民群众基本文化权益、满足基本文化需求为重要目标，政府是公共文化服务体系建设的责任主体，财政投入是资金来源的主要方式，基本要求是公益性、基本性、均等性、便利性，基本特点是实行免费服务。

3. 建立健全文化产业政策体系

国家"十五"规划首次将文化产业写入中央文件，提出要完善文化产业政策，加强文化市场建设和管理，推动有关文化产业发展。建立健全文化产业政策体系是文化产业发展的重要保障，也是我国文化制度建设的重要内容。

我国文化产业政策体系具有很鲜明的中国特色。一是立足于对文化产业具有意识形态和产业双重属性的判断；二是重视社会效益和经济效益双重目标，强调把社会效益放在首位、社会效益和经济效益相统一。为推动、规范文化产业发展，改革开放以来，中央和地方发布了大量的文化产业政策文件。文化产业政策可划分为管理规范、激励惩罚、规划引导、松绑赋权、体制改革等类型。从中央层面看，规范类的政策文件占主体，这既反映了文化产业政策类别的多样化，也反映了规范文化市场、防止市场失灵是文化产业政策的重点内容。

文化市场和文化产业发展极大地激发了市场主体的活力，但受利益驱使，文化市场也存在过度娱乐化等问题。以影视业为例，一段时间里，宫斗剧、玄幻剧、搞笑剧盛行，反映现实题材的精品力作乏善可陈。其中，2015年中国内地票房排名前十的电影中没有一部反映现实题材的电影作品，文艺创作生产领域有数量缺质量、有高原缺高峰的现象十分突出。

（四）党的十八大以来文化制度建构（2012年至今）

党的十八大以来，以习近平同志为核心的党中央立足于建设社会主义现代化国家、实现"两个一百年"奋斗目标，积极推动文化制度建设。党的十九届四中全会以"坚持和完善繁荣发展社会主义先进文化的制度，巩固全体人民团结奋斗的共同思想基础"为题，提出了坚持"三个制度，两个体制机制"的要求，即坚持马克思主义在意识形态领域指导地位的根本制度，坚持以社会主义核心价值观引领文化建设制度，健全人民文化权益保障制度，完善坚持正确导向的舆论引导工作机制，建立健全把社会效益放在首位、社会效益和经济效益相统一的文化创作生产体制机制[1]，并做了大量的工作。

以建立健全把社会效益放在首位、社会效益和经济效益相统一的文化创作生产体制机制为例。坚持"双效统一"，首要的就是创作生产出无愧于伟大民族、伟大时代的优秀作品。习近平总书记在党的十九大报告中指出，"要繁荣文艺创作，坚持思想精深、艺术精湛、制作精良相统一，加强现实题材创作，不断推出讴歌党、讴歌祖国、讴歌人民、讴歌英雄的精品

---

① 《中共中央关于坚持和完善中国特色社会主义制度　推进国家治理体系和治理能力现代化若干重大问题的决定》，《人民日报》2019年11月6日。

力作"①。

党的十八大以来，党中央致力于建立健全促进"双效统一"的制度。主要做法有以下三个方面。第一，完善相关政策文件。近年来，围绕建立促进"双效统一"的文化制度，中央和有关部门出台了一系列文件。例如，2014年中宣部等五部门联合发布了《关于在文艺界广泛开展"深入生活，扎根人民"主题实践活动的意见》；2015年中央办公厅、国务院办公厅印发了《关于推动国有文化企业把社会效益放在首位、实现社会效益和经济效益相统一的指导意见》；2020年中央全面深化改革委员会审议通过了《关于文化企业坚持正确导向履行社会责任的指导意见》等。这一系列文件明确了文化企业的社会责任，规范了文化创作生产行为。第二，完善相关制度。一是大幅压缩文艺奖项数量。科学规范的文艺创作评价标准和评价体系是文艺创作价值引领的风向标。2015年中央办公厅、国务院办公厅印发的《关于全国性文艺评奖制度改革的意见》，对压缩奖项数量等作出严格规定。以中国文化艺术政府奖"文华奖"为例，改革后文华奖的内设奖项从200多个大幅减少到20个。二是规范文艺工作者道德行为。2016年成立了中国文联文艺工作者职业道德建设委员会，制定《中国文联文艺工作者职业道德建设委员会章程（草案）》，设立了一系列行为标准，规范演职人员行为。三是限制天价片酬。近几年出台的相关文件明确要求"全部演员的总片酬不超过制作总成本的40%"，"主要演员不超过总片酬的70%"。第三，完善扶持激励机制。通过国家艺术基金、国家出版基金、全国影视重点资助项目等形式，支持各种艺术门类创新发展，推动优秀作品脱颖而出。如2020年9月，中国文学艺术基金会批准设立主旋律影视专项基金，激励以全面建成小康社会、脱贫攻坚中精彩故事和时代先进人物为主要创作方向的作品。② 通过全社会的共同努力，近些年出现了一大批既叫座又叫好的优秀文艺作品，如舞台剧《永不消逝的电波》，电视剧《山海情》《觉醒年代》，电影《我和我的祖国》《流浪地球》《长津湖》等。

---

① 《习近平著作选读》第2卷，人民出版社2023年版，第36页。

② 《中国文学艺术基金会成立主旋律影视专项基金》，中国文艺网，http://www.cflac.org.cn/xw/bwyc/202009/t20200930_509527.html。

二、我国社会主义文化制度的四个突出特点

社会主义文化制度建构是一个前无古人的全新探索，其难度可想而知。完成文化制度建构的艰巨任务，要有强有力的领导集体和正确的原则；要适应时代变化，善于吐故纳新，善于吸纳一切有益思想成果；要有强大的自我完善能力，防止陷入制度僵滞。我国社会主义文化制度在建构过程呈现四个突出特点，即党对文化工作的领导、守正与创新的统一、不断吸收外来有益文化、具有强大的自我调整和完善能力。

（一）党对文化工作的领导

党对文化工作的领导，是我国文化制度最突出的特点。2019年，中共中央印发的《中国共产党宣传工作条例》进一步明确了党委宣传部门对文化工作的指导协调职能。该条例指出，党委宣传部是党中央和地方各级党委主管意识形态方面工作的职能部门，承担着指导协调文化体制改革和文化事业、文化产业以及旅游业发展的职责。[①]

回顾建党百年历史，1921年中国共产党成立之初，文化工作就被归入宣传工作之中。新中国成立后，中宣部成为中央主管全国宣传文化工作的综合性职能机关。特别是改革开放以来，党中央和国务院经历了多次机构改革，中央部门和国务院政府机构设置、文化建设的内涵等都有一些调整和变化。其中，2018年党和国家机构改革将新闻出版署和电影局划归中宣部管理；原文化部和原国家旅游局合并，组建文化和旅游部。尽管宣传文化机构分分合合，"党委统一领导、党政齐抓共管、宣传部门组织协调、有关部门分工负责、社会力量积极参与"[②]的管理体制和格局始终保持不变。

以文化产业管理为例。《中华人民共和国文化产业促进法（草案送审

---

① 《全面提升新时代宣传工作的科学化规范化制度化水平——中央宣传部负责人就〈中国共产党宣传工作条例〉答记者问》，新华网，http://www.xinhuanet.com/politics/2019-08/31/c_1124945754.htm。

② 《中共中央关于深化文化体制改革　推动社会主义文化大发展大繁荣若干重大问题的决定》。

稿)》第六条指出："国务院其他有关部门在各自职责范围内负责文化产业促进相关工作。"因此，我国文化产业管理体制是党委领导、行业主管部门管理、其他部门参与的管理体制。

（二）守正与创新的统一

"守正"就是始终坚持以马克思主义为指导，坚持马克思主义在意识形态领域指导地位的根本制度，坚持马克思主义基本原理与中国革命、建设、改革的具体实践相结合。

坚持人民至上，坚持人民是历史的创造者，是"守正"的根本。中国共产党在延安时期提出文艺为工农兵服务；改革开放以后提出文艺为人民服务、为社会主义服务；党的十八大以来强调要坚持以人民为中心。纵观建党百年历史，人民当家作主的理念一以贯之，体现在文艺创作生产上，"守正"就是坚持唯物史观，站在党和人民的立场，表现人民群众创造历史的丰功伟绩，表现人民群众的喜怒哀乐。

中国社会主义文化制度建构没有现成模式，需要不断探索。实际上，党领导的百年文化制度建构过程就是不断创新的过程。

以文化理论创新为例。延安文艺座谈会即是一次重大的文艺理念创新会议。延安文艺座谈会后，文艺工作者精神面貌焕然一新，出现了如小说《小二黑结婚》、歌剧《白毛女》等一大批反映劳动人民生活的优秀文艺作品。新中国成立后，在社会主义革命和建设时期，毛泽东同志提出了"百花齐放，百家争鸣"的方针，这是文化理念的又一次重大创新。改革开放以后，我们党以更大的力度进行文化理论创新，提出了一系列新的文化理念。如坚持文艺为社会主义服务，文艺为人民服务的宗旨；物质文明、精神文明两手抓，两手都要硬；弘扬主旋律、提倡多样化；把社会效益放在首位，实现经济效益和社会效益相结合；社会主义核心价值体系建设，树立和践行社会主义荣辱观；培养高度的文化自觉和文化自信，建设社会主义文化强国；实现中华传统文化的创造性转化、创新性发展等。

再以文化产业为例。改革开放以来，文化产业的兴起具有极大的创新意义。第一，文化产业的兴起适应了建立社会主义市场经济体制的要求，找到了建立社会主义文化市场体系的有效途径，拓展了文化建设的内涵、发展思路和发展方式。第二，文化产业以文化和经济的结合为基本特点，初步形成了一套完整的文化产业概念、理论体系和话语系统，包括文化市场、文化经济、文化金融、文化生产力、文化竞争力等。这些概念极大地丰富了文化建设的内涵，是党的文化建设理论的重要拓展。第三，文化产业的兴起促进了理念创新，形成了一系列新的理念。如文化既是精神活动，也是经济活动，既是精神力量，也是生产力。市场经济条件下需要两类文化产品——公共文化产品和满足市场需求的产品，文化市场是文化产品生产、流通、消费的主渠道。这些新理念极大地丰富了社会主义文化建设的内涵，有力地推动了文化建设。

（三）不断吸收外来有益文化

我国社会主义文化制度建构过程也是不断吸收外来有益文化的过程。中国共产党成立之初，党的文化制度建构在很大程度上借鉴了苏联文化制度的架构和运作模式。新中国成立后，在社会主义革命和建设时期的初期，苏联仍然是我国学习的主要对象。但毛泽东同志并不拘泥于学习苏联，而是重视学习一切对的东西和好的经验。

比如，1956年2月，毛泽东同志陆续听取34个部委的汇报时就指出："一切国家的先进经验都要学。要派人到资本主义国家去学技术，不论英国、法国、瑞士、挪威，只要他要我们的学生，我们就去嘛！"毛泽东还指出："学习苏联也不要迷信。对的就学，不对的就不学。……过去苏联有电影部，没有文化部，只有文化局；我们相反，有文化部，没有电影部，只有电影局。有人就说我们同苏联不一样，犯了原则错误。后来，苏联也改了，改成跟我们一样：设文化部、电影局，取消电影部。"[1]

改革开放以后，我们党胸怀天下，以更开阔的视野学习借鉴发达国家的文化管理理念、管理制度和管理经验，如知识产权制度、国有文化企业的股份制改造、公共文化机构的法人治理结构改革等。同时，积极吸收国际通行的文化理念和文化准则，如国家文化主权理念、维护公民文化权利

---

[1]　薄一波：《若干重大决策与事件的回顾》上卷，中共中央党校出版社1991年版，第484页。

理念、文化多样性理念等。这极大地推动了国家文化治理理念和治理方式现代化。

（四）自我调整和完善能力

纵观中外国家制度建构史，一个规律性现象是制度具有很强的传承性。对此，宋元史学家马端临有深刻的观察和论述。他在《文献通考》中说："窃尝以为理乱兴衰，不相因者也……无以参稽互察为也。典章经制，实相因者也……爰自秦汉以至唐宋，礼乐兵刑之制，赋敛选举之规，以至官名之更张，地理之沿革，虽其终不能以尽同，而其初亦不能以遽异。"[①]

鸦片战争以后，中国文化制度建构却呈现完全不同的情景，"三千年未有之大变局"带来中国近现代社会急风暴雨式的变革。社会主义文化制度迥异于中国传统社会的文化制度，它不是此前文化制度的延续，而是创造性破坏，是建构全新的文化制度。

打破几千年传承下来的旧的文化制度，建构新的文化制度，其难度可想而知。为此，中国共产党进行了不懈的探索。党中央总是不断适应时代变化，完善理念和政策。同时，及时总结经验，纠正错误，砥砺前行，表现出了强大的自我修复和完善能力，保证了社会主义文化制度始终充满生机和活力。

比如，中国共产党人对待传统文化的态度就经历了深刻变化。中国共产党成立初期，我们党继承了"五四"反传统精神，对传统文化持批判的态度。[②]延安时期，中国共产党人以辩证的和历史主义的态度看待传统文化，提出"剔除其封建性糟粕，吸收其民主性精华"。1938年10月，毛泽东在党的六届六中全会上指出"我们不应当割断历史。从孔夫子到孙中山，我们应当给以总结，承继这一份珍贵的遗产"[③]，显示了文化上的成熟。

---

① 马端临：《文献通考·自序》，中华书局1986年版，考三。

② 如早期党中央机关刊物《新青年》刊登了瞿秋白撰写的《〈新青年〉之新宣言》，该文继承"五四"反传统精神，对传统文化进行了猛烈的批判。文章指出："中国的旧社会旧文化是什么？是宗法社会的文化，装满着一大堆的礼教伦常，固守着无量数的文章词赋；礼教伦常其实是束缚人性的利器，文章词赋也其实是贵族淫昏的粉饰。"载《新青年》（季刊）1923年第1期。

③ 《毛泽东选集》第2卷，人民出版社1991年版，第534页。

新中国成立后，中国共产党进一步提出"洋为中用，古为今用""推陈出新"的原则，强调对传统文化要批判性吸收。"文化大革命"期间，受极左思想影响，对传统文化持全面否定的态度，中华优秀传统文化受到极大冲击。

改革开放特别是党的十八大以后，我们党高度重视中华优秀传统文化。2013年11月26日习近平总书记赴曲阜考察时表示，"我这次来曲阜就是要发出一个信息：要大力弘扬中华优秀传统文化"。2014年，习近平总书记在纪念孔子诞辰2565周年国际学术研讨会暨国际儒学联合会第五届会员大会开幕会上指出："不忘历史才能开辟未来，善于继承才能善于创新"，"要善于把弘扬优秀传统文化和发展现实文化有机统一起来，紧密结合起来，在继承中发展，在发展中继承"。① 党中央把中华优秀传统文化作为社会主义核心价值观的重要思想来源，强调培育和弘扬社会主义核心价值观必须立足于中华优秀传统文化，提出了"推动中华优秀传统文化创造性转化和创新性发展"的理念。

三、百年文化制度建构的启示

百年文化制度建构启示我们，社会主义文化制度建构应该把握文化制度建设相关要素的均衡性，保持文化制度的包容性和张力，遵循文艺发展的特点和规律，辩证看待社会效益和经济效益，正确认识文化安全和文化发展的关系。

（一）把握文化制度建设相关要素的均衡性

把握文化制度建设相关要素的均衡性至关重要。文化制度建构需要正确处理文化与政治、市场、社会之间关系。处理不好相互之间的关系，文化制度建设就容易失衡。

在社会主义革命和建设时期，我国文化建设取得了很大成就。但由于过于强调文艺的意识形态功能，把文艺视为阶级斗争的工具；同时，过于

---

① 《习近平谈治国理政》第2卷，外文出版社2017年版，第313页。

强调文化生产的计划性，单纯依靠行政力量配置资源，不利于调动知识分子和文艺工作者的积极性，影响了文艺价值和功能的全面发挥。改革开放以来，随着文化市场和文化产业的发展，文化生产力极大释放，文化市场空前繁荣。但也出现了片面追求经济效益和娱乐功能的情况，这在一定程度上影响了文化功能的全面发挥。党的十八大以后，党和国家有效纠正了过度市场化倾向，保证了文化市场的健康发展。但也要注意防止行政干预过多而导致市场主体活力不足等问题。因此，迫切需要进一步把握文化制度建设相关要素的均衡性，深刻认识文化与政治、文化与市场、文化与社会的关系。

以文化与市场的关系为例。如何认识文化市场的功能和作用是文化制度建设中的一个重大问题。目前对文化市场的认识存在着两种误区：一种是否定文化市场的价值和积极意义，另一种是夸大市场机制的作用。实际上，在市场经济条件下，文化市场具有以下两方面的特点。

第一，文化市场是文化繁荣发展的重要载体。一是市场机制能激发文化创造活力。从新中国成立到改革开放，文化生产领域经历了由计划主导到市场主导的转变。改革开放以前，文化生产领域是计划配置资源。文化产品提供方只能是国有文化单位，生产什么样的产品、产品销售以后的收益与生产者没有多大关系。这使得计划体制难以调动文化生产者的积极性，束缚了生产者的创造力。文化市场遵循的是价值规律，而市场机制调动各类社会力量参与文化产品生产，同时将文化产品的市场收益与经营者的收益紧密联系在一起。这无疑极大地激发了文化生产者的积极性和创造性。二是市场机制有利于公平竞争、优胜劣汰。马克思就曾称赞市场具有自我平衡的机制。他认为，这种不以人的意志为转移的市场自我平衡调节机制乃是"美好和伟大之处"。文化市场能够通过优胜劣汰机制，实现文化资源的优化配置。在市场经济条件下，资源配置是以价格为基础的，而价格又是由价值决定的。价值规律通过市场交换形成分工和协作的社会生产机制，以市场价格自动调节生产和需求，以利益导向支配人们的文化消费行为，引导文化要素的流动和重组，使之在各生产部门之间实现合理配置。三是市场机制促进了文化产品和服务的多样化。消费主体的多样性和多层次性，要求文化产品生产者和经营者要想在市场竞争中保持优势，就必须不断推出新的文化产品。同时，不同文化消费需求也使各种类型的文化产品在市场中都有其生存空间。

第二，市场配置文化资源存在失灵问题。在现代社会，影响文化市场的因素越来越多，市场失灵的问题日益凸显。一是市场机制并不能自发地产生优秀作品。市场的逐利本能，导致投资方关注流量、消费者喜好、产品销售更甚于产品的社会价值和艺术价值。以影视市场为例，受投资方、消费时尚、流量等因素影响，宫斗剧、玄幻剧、搞笑剧等大行其道，反映民生问题的现实题材、艺术电影往往得不到市场的青睐，"劣币驱逐良币"的现象屡见不鲜。二是市场机制有可能形成寡头垄断。在互联网时代，网络平台对文化生产和消费行为具有极大的影响力。受利益驱动，一些产品发布平台凭借对市场价格的控制权，长期维持着不合理的收入分配比例，压缩了中小文化企业的生存空间。一些产品评价平台受资本诱惑，出现人为操纵市场的行为，粉丝灌水、恶意差评等现象时有发生。三是市场机制不能自发地维护社会公德。一段时间里，文化市场出现的低俗、庸俗、恶俗现象就说明这一点。如一些媒体为提高收视率、发行量，不惜弄虚作假；一些演职人员为吸引眼球不择手段，有意挑战社会公德；文化产品为吸引观众，随意戏说历史、恶搞现实等。

上述特点说明，要保持文化市场的健康发展，就要把握文化与市场的均衡性。既要发挥市场配置文化资源的积极作用，也要更好发挥政府作用，两者缺一不可。解决市场失灵问题需要综合治理。一是加强监管，规范各类市场行为；二是加强文化消费引导，提高消费者素质，倡导健康的消费风尚；三是建立信用体系，强化市场主体自律；四是重视系统治理，避免头痛医头、脚痛医脚。

（二）保持文化制度的包容性和张力

历史制度主义学派认为，一种制度稳定以后，由于思维惯性会形成内在的自我强化机制，形成路径依赖。路径依赖有助于制度的稳定性和可持续性，但往往导致体制机制僵化，形成制度僵滞。

新中国成立前夕，欧阳予倩、蔡楚生、史东山、夏衍等16位著名电影工作者向中共中央提交了《电影政策献议》，对电影业改革提出了一些建议。其中很重要的一条是建议积极扶持民营股份制电影公司发展。[①] 这个建议今天看来堪称真知灼见。但在当时"一切向苏联老大哥看齐"的时代背景下，这一宝贵建议很难被采纳。

防止路径依赖引发的不良影响，就要尽可能使文化制度具有包容性和张力。习近平总书记指出："百花齐放、百家争鸣，是繁荣发展我国哲学社会科学的重要方针。要提倡理论创新和知识创新，鼓励大胆探索，开展平等、健康、活泼和充分说理的学术争鸣，活跃学术空气。"[②] 应鼓励各种学术思想、见解自由的争论和碰撞，为新理论、新观念、新的艺术风格和表现形式提供生长空间。改革开放初期，诗歌界围绕朦胧诗进行的争论就是一例，围绕朦胧诗孰优孰劣，诗歌界畅所欲言，最后形成共识，促进了诗歌的创新和发展。

（三）遵循文艺发展的特点和规律

1. 遵循文艺产品价值规律

文艺具有多方面的价值和功能，如激励功能、认识功能、愉悦功能等，孔子的"兴观群怨"说就是对文艺功能的精辟概括。马克思、恩格斯都非常重视文艺作品认识社会的功能。恩格斯说，巴尔扎克伟大之处在于，他的作品"汇编了一部完整的法国社会的历史，我从这里，甚至在经济细节方面（诸如革命以后动产和不动产的重新分配）所学到的东西，也要比从当时所有职业的史学家、经济学家和统计学家那里学到的全部东西还要多"[③]。

2. 遵循艺术接受规律

一是寓教于乐。文艺的基本特点是让人愉悦。英国著名文化社会学家阿诺德·豪泽尔认为，在现代社会，追求轻松和娱乐是人们欣赏艺术的主

---

① 《电影政策献议》提出："一切私营制片公司，凡致力于进步影片具有成绩之摄制者，应予以积极之扶持。"（第七条）"鼓励并扶助优良之电影工作者，组织合作社性质之制片机构，政府对之应酌予放贷资本，或配给器材。"（第八条）这里所说的"合作性质之制片机构"，实际上就是电影人自办的股份公司。参见蒯大申、饶先来《新中国文化管理体制研究》，上海人民出版社2010年版，第138页。

② 习近平：《在哲学社会科学工作座谈会上的讲话》，《人民日报》2016年5月19日。

③ 《马克思恩格斯文集》第10卷，人民出版社2009年版，第571页。

要动机。因此，具有吸引力是文艺作品发挥功能的关键。二是善于讲故事。叙事性文艺作品要有吸引力，很重要的是要善于讲故事。讲故事有很多种方式，要善于选择叙事角度。习近平总书记指出，现在的问题是文艺作品要怎么讲好故事。"故事本来都是很好的，有的变成了文化作品以后，却失去了生命力。《智取威虎山》拍得还有点意思，手法变换了，年轻人爱看，特别是把现实的青年人和当时的青年人对比，讲'我奶奶的故事'，这种联系的方法是好的。"①

3. 遵循文艺创作生产规律

一是重视文化创新，也要重视文化传承。文艺需要创新，一部文艺发展史就是不断创新的历史。文艺也需要传承，因为文艺创作具有一些普遍遵循的内在规律，比如内容为王、典型塑造等。二是完善文化内容管理机制。以影视业为例，要进一步细化审查标准，增强对影视产品尺度把握的准确性。同时也要适应市场要求，缩短电视剧审查周期。还要保持政策的持续性和稳定性，减少影视企业政策风险和其他风险。

4. 深入研究文化传播规律

重视研究文化国际传播规律，深入探索中国故事的国际化表达方式，扩大中国文化产品的国际市场份额，善于从中国故事中提炼体现人类共同价值的理念和表达方式，提升中国文化的国际影响力。

（四）辩证看待社会效益和经济效益

在市场经济条件下，文化产品具有两种价值——文化价值和经济价值，具有两个效益——社会效益与经济效益。社会效益是指文化生产应提供体现社会主义核心价值观、体现健康向上、具有审美意义的文化产品；经济效益是指文化产品的市场收益。

把社会效益放在首位、社会效益和经济效益相统一是繁荣发展社会主义先进文化的一个重要原则。邓小平同志就曾指出："思想文化教育卫生部门，都要以社会效益为一切活动的唯一准则，它们所属的企业也要以社

---

① 《习近平总书记的文学情缘》，《人民日报》2016年10月14日。

会效益为最高准则。"①习近平同志强调："在继续大胆推进改革、推动文化事业全面繁荣和文化产业快速发展、建设社会主义文化强国的同时，把握好意识形态属性和产业属性、社会效益和经济效益的关系，始终坚持社会主义先进文化前进方向，始终把社会效益放在首位。无论改什么、怎么改，导向不能改，阵地不能丢。"②

坚持把社会效益放在首位是由文化建设的目标决定的。文化建设的核心目标和根本功能是满足人的精神需求、丰富人的精神生活、提升人的精神境界，为社会生活建立意义系统和价值系统，引导人们追求更高尚的生活意义，使人不仅在物质生活上，而且在知识、道德、审美等方面全面发展。因此，社会效益和经济效益相统一是文化产品价值实现的最佳状况。社会效益是文化机构应该承担的社会责任，经济效益是文化机构可持续发展的重要保证，两者缺一不可。

在市场经济条件下，受文化市场环境影响，社会效益与经济效益往往存在背离的现象，有些艺术品质较高的文化产品经济效益不佳；相反，有些有较高票房收入或收视率高的文艺作品却充斥着低俗、庸俗的内容和观念。这种劣币驱逐良币的现象必须纠正。也应防止两种倾向：一是空谈作品的社会效益，忽视传播效果；二是把社会效益与政治效益混为一谈。这两种倾向都偏离了社会效益和经济效益相统一的要求。

（五）正确认识文化安全和文化发展的关系

要高度重视文化安全。习近平总书记指出，"当前我国国家安全内涵和外延比历史上任何时候都要丰富"，要"既重视传统安全，又重视非传统安全，构建集政治安全、国土安全、军事安全、经济安全、文化安全、社会安全、科技安全、信息安全、生态安全、资源安全、核安全等于一体的国家安全体系"③。党的十九届五中全会明确提出要"统筹发展和安全"。当今世界各国间文化交流、交融、交锋日益频繁，维护国家文化安全更加紧迫。

---

① 邓小平：《在中国共产党全国代表会议上的讲话》，《人民日报》1985年9月23日。
② 《习近平关于社会主义文化建设论述摘编》，中央文献出版社2017年版，第185页。
③ 《坚持总体国家安全观　走中国特色国家安全道路》，《人民日报》2014年4月16日。

1. 正确认识文化安全与意识形态安全的异同

从内涵上看，文化安全是比意识形态安全更大的概念。文化安全包括意识形态安全，但并不等同于意识形态安全。《中华人民共和国国家安全法》要求"防范和抵制不良文化的影响"，加强文化安全建设就是要增强防范和抵制不良文化的能力。从我国文化发展现状看，"不良文化"主要包括危害政治安全的文化、激化民族矛盾和宗教冲突的文化、违背社会公德的文化、侵犯个人权利的文化。要旗帜鲜明反对和抵制上述四类不良文化。同时，要善于区别不同性质的文化，用不同的方法解决文化发展中遇到的问题。

2. 文化安全是一个动态概念

文化安全是动态概念，具有以下三个特点：第一，文化安全状况随着文化内容和接受者的改变而改变。一般来说，文化安全状况与文化产品接受者的素质成正比。同样的文化产品，接受者的素质越高，其文化安全系数就越高、所受到的威胁就越小。同样的文化内容，适合成年人，不一定适合儿童；适合高素质人群，不一定适合低素质人群。第二，文化安全状况与一国的经济、政治、社会发展状况有着紧密的联系。一般来说，文化安全状况与国家总体状况成正比。一个国家经济、政治、社会发展状况越好，文化安全状况就越好；反之则越差。第三，文化安全状况与文化背景、身份等直接相关。一般来说，不同民族之间文化接受度与文化差异成反比。文化贸易中有一个叫"文化折扣"的概念，指国际市场中的文化产品会因文化背景差异不被其他地区受众认同或理解而导致其价值的递减。比如中国文化和东南亚国家文化相近，与欧美国家文化则差异较大。因此，中国文化产品进入东南亚市场较为容易，进入欧美市场难度就大得多。文化背景差异越大，被不同国家或地区受众接受的程度就越低，对这些国家或地区的文化威胁就越小；相反，文化安全系数也就越高。

3. 协调好文化安全与文化发展的关系

在实际工作中，处理好文化安全与文化发展的关系十分重要。文化要讲安全，安全是发展的条件；文化更要讲发展，发展是安全的基础。维护文化安全应以发展为前提。只有发展和安全并重才能增强文化竞争力，防范和抵制不良文化的侵蚀和影响，实现持久的文化安全。在国际文化交往和参与国际文化市场竞争时，要坚持文化自信，以开放为原则、安全为底线。诚然，在文化开放过程中会遇到各种各样的文化安全问题，但只要实事求是、理性辨别、科学应对，便都能有效化解。

中国传统行政文化的当代价值及其启示

欧权 *

摘要： 廓清中国传统行政文化的存在基础，有助于科学地探究当代行政文化价值取向。从传统行政文化的存在基础来看，农耕经济基础孕育出的保守型行政思维影响了当代行政民主的建设，以宗法制度为政治基础的从政观念影响了行政决策的科学性，根植于儒学的行政理念和模式影响了法治行政进程的改革创新。同时，传统行政文化蕴含的民本思想、和谐思想、行政伦理对当代行政文化有着积极影响。为了有效发扬传统行政文化的优势、摒弃其不足，在构建当代行政文化价值过程中，通过延续实绩晋升、培育法治信仰、发挥群众监督的做法，树立民生型的行政思想，形成法治型的行政文化，推进参与型行政管理模式。

关键词： 传统行政文化；当代价值；消极影响；积极影响

对于中国传统行政文化，需要去其糟粕取其精华，推动其创新性发展、创造性转化。不同的历史条件下，传统行政文化呈现不同的特点，当代行政文化应借鉴传统行政文化的积极意义，并在实践中摸索符合时代语境的价值取向。[①] 因此，审视中国传统行政文化不能超越历史阶段来评价历史现象，而要结合当时的生存环境和历史条件进行分析。

中国传统行政文化发轫于夏、商、周三代，定型于两汉，因袭发展于隋、唐、宋、元、明、清各代[②]，是以自然经济和官僚行政体制为基础，以儒家思想为核心，儒、道、法诸家融合互补的一系列思想、意识、心理、

---

* 作者简介：欧权，重庆市教育学会副研究员，研究方向为行政管理。

① 唐检云：《中国传统行政文化发展简论》，《行政与法》（吉林省行政学院学报）2004年第12期。

② 李鹏飞：《论传统行政文化对政府机构改革的影响》，《学术论坛》2001年第3期。

观念和道德规范的总称。① 总体来看,"礼治""法治""德治"是传统行政文化的有机组成部分。"礼治"发源于"周礼",以宗法血缘关系为基础的等级制度为核心,社会中清晰地分出"君、臣、民"三个等级,对应着"出政—行政/督政—受政"三种职能。"君权天授""佐君父为治"的行政思维意味着统治者既有视天下国家为自己家族打拼出来的"私产"②的狭隘,也有"天子作民父母"的理想。"德治"的本质在于"仁政"和"民本",要求行政者自身先要有垂范天下的"德行",既出现过诸如"贞观之治"之类的善治局面,也易形成"青天文化"而掩盖真正的行政管理顽疾。③ 法治是相对人治来说的,要求主体合法、目的合法、内容合法,但也存在"刑不上大夫"的随意性、主观性和专制性特征。④

《中共中央关于坚持和完善中国特色社会主义制度 推进国家治理体系和治理能力现代化若干重大问题的决定》提出"坚持和完善中国特色社会主义行政体制,构建职责明确、依法行政的政府治理体系"⑤,这为构建当代行政文化体系指明了方向。全面深化改革引领了当代中国行政文化的新价值取向,主要表现在以下方面:在价值取向上从君主至上转向为人民服务⑥,具体体现为从息讼厌讼、法即是刑、法不外乎人情转到依法行政、明确法律底线、兼顾执法的力度与温度⑦,实现法治与德治相辅相成⑧。尤其在数字政府大力发展的背景下,当代行政文化具有高效性、开放性、服务性

---

① 李鹏飞:《论传统行政文化的转型机制》,《云南师范大学学报(哲学社会科学版)》2004年第3期。

② 范忠信:《中国传统行政法制文化研究导论》,《河南省政法管理干部学院学报》2008年第2期。

③ 尚虎平:《传统行政文化的政府绩效作用与绩效评价应对》,《南京大学学报》(哲学·人文科学·社会科学)2018年第6期。

④ 曹海琴:《中国传统行政文化视野中的行政文化现代转型》,《领导科学论坛》2017年第7期。

⑤ 《十九大以来重要文献选编》(中),中央文献出版社2021年版,第279页。

⑥ 朱紫祎:《中国传统行政理念的内蕴与现代启示》,《中州学刊》2017年第2期。

⑦ 刘绪义:《文化传统中的负面观念及其对依法行政的影响》,《求索》2015年第12期。

⑧ 彭振:《中国共产党先进法治文化建设的实践和经验》,《社会科学家》2022年第6期。

特征。^①需要明确指出的是，传统行政文化根深蒂固、影响深远，既存在一些陈旧、残酷等不合理的文化成分，又存在长期历史经验沉淀下来的优秀理念和民族习惯。此外，以人民为中心是党领导下的中国特色社会主义行政文化建设的核心要义，要在借鉴人类文明的一切有益成果的同时，将其作为向现代化转变的价值基础。在这种情况下，两个方面的问题需要深入思考：一是传统行政文化对当代行政会产生哪些方面的影响？二是在行政文化构成方面，随着国家治理现代化进程的加快，传统行政文化在当代语境下必然要经历大浪淘沙、弃恶扬善的过程，那么哪些方面应该摒弃，哪些方面应该传承？

一、中国传统行政文化的产生基础分析

中国传统行政文化主要是统治型的文化，以镇压被统治者为手段来达到维护统治秩序的目的^②，其存在的基础主要有三个：一是以儒学为其生存背景的文化基础，二是以宗法血缘关系为主的政治基础，三是自给自足的封建农耕经济基础。

（一）传统行政文化的儒学基础

中国文化经历了几千年的风雨春秋，有过辉煌，有过衰败，再而复兴。行政文化作为文化系统的一个分支，必然与其紧密相关。传统文化的主干是儒家文化。儒家文化从孔子算起，已有2500余年历史。随着社会的变化与发展，儒家学说不断吸收道家、墨家等学派的思想，从内容、形式到社会功能不断发展。儒家学说在历史变迁中，经历了以下几个主要发展阶段。一是先秦时期的初始阶段。在这一个阶段，儒家学说以孔子、孟子和荀子为代表，主要在道德修养和行政治国方面提出了相应的主张。孔子主张"克己""修身""为仁由己"；孟子强调"性善"，主张不断发扬人的

---

① 荆玲玲、邓鸿飞：《论数字政府行政文化对传统政府行政文化的改良——以地摊经济为例》，《边疆经济与文化》2021年第2期。

② 莫春菊：《库恩的"范式转换"理论与行政文化分析》，《南京农业大学学报》（社会科学版）2006年第1期。

"羞恶之心""是非之心""恻隐之心""辞让之心""求其放心"，力主推行"仁政"；荀子主张"兼爱"，提出"明分使群""群居和一"的治国原则。他们提倡的政治理想在当时虽颇有影响力，但由于不符合诸侯称霸、群雄割据的乱世现实，统治者敬而不用。[①] 二是两汉时期儒学的制度化和宗教化阶段。在这一阶段，荀子的儒家学说对汉初思想产生了很大影响，后来的大儒董仲舒接受了荀子的礼法并重、刑德兼用的思想，吸收了墨家"兼爱""尚同"思想，以及道、名、法、阴阳等各家学说，在汉武帝时期推行"罢黜百家，独尊儒术"，使儒学不断向制度化、宗教化方向发展。东汉时期，班固撰写了《白虎通义》，把儒家学说转变为实际的社会政治律条和道德规范。三是两宋时期的发展阶段。在这一阶段由于儒学对人的自然情愫的束缚和局限，对人们的吸引力逐渐减弱，儒学在人们思想修养层面的作用先后受到玄学和佛教冲击，但仍然在政治制度层面保持着自己的位置。两宋时期儒家思想家借鉴佛道相关思想而得到进一步丰富发展。在周敦颐、邵雍、张载、程颢、程颐等"北宋五子"阐发易理的基础上形成了理学，后经朱熹的进一步深化，与佛道争抢思想主导地位，以充分发挥儒学的作用，强化儒学在政教两方面的功能。四是近代以来的"新儒学"阶段，在制度和思想意识层面，都相当程度地阻碍了社会改革和进步。在西方经济、政治、文化的冲击下，人们对儒学进行了激烈的批判，对传统文化进行了全面的反思，从实际出发去其糟粕取其精华，儒学进入了"新儒学"时代。总而言之，封建统治者推行的科举制度和实施的思想专制制度，使儒家学说变成了官方意识形态，占据了中国传统文化的统治地位，儒家学说遂成为传统行政文化的社会文化基础。[②]

（二）传统行政文化的政治基础

中国传统社会政治行政架构的基础是宗法制度。中国古代宗法制度主要以血缘关系为基础，尊崇共同的祖先，严格尊卑长幼，规定继承秩序，

---

① 孔巧晨：《科技发展视野下的中华民族精神构建》，博士学位论文，中国石油大学（华东），2012年。

② 陈帅如：《论中国传统行政文化的生命力》，《中国商界》（下半月）2008年第9期。

划分宗族成员的权利和义务。①宗法制度缘起于父系氏族社会的父家长绝对权威的观念、父家长的财产继承程序、男性祖先的尊崇观念和祭祀祖先的各种仪式等。随着社会的发展，基于氏族制度这种以血缘关系为基础的政治秩序，逐渐发展成部落联盟。至秦汉统一，宗法制度又发展成宗法色彩浓厚的君主专制，主要表现在家族统治和君王天下、家族制度和家国同构，形成了亲亲观念、男性尊崇观念、父权观念、孝悌观念等，这种以血亲名义建立起来的制度成为调节统治阶级内部利益、维护封建地主阶级世袭统治和奴役劳动人民的工具。这种宗法色彩浓厚的君主专制主要包括以下几个方面。一是世袭制度。君权神授，皇帝权力至高无上，代天行使一切大权，普天之下莫非王土，率土之滨莫非王臣，皇帝作为封建社会历朝历代的最高统治者，一直持续了两千多年，直到辛亥革命才成为历史。二是行政官制。秦朝推行三公九卿制，隋文帝推行三省六部制，宋太祖将宰相的职权一分为三，增设参知政事、枢密使和三司使，元世祖设立了中书省、枢密院和御史台，明太祖结束了三省制度，实行内阁制，清代设内阁、置六部、设立军机处，中国的君主专制走向了巅峰也开始转向没落。三是选官制度。自汉代始，中国就建立人才选拔制度，察举制是两汉选用官吏最主要的途径。到东汉末年，察举制为门阀世族所操纵和利用，滋生了种种腐败。魏文帝时创建了九品中正制，是盛行于魏晋南北朝时期主要的选官制度。隋文帝废除九品中正制，采用分科考试的形式选拔官员；隋炀帝设置进士科，科举制形成。②唐代明确以进士、明经两科为主；增加科目、人数，设殿试，并成定制。北宋科举制更加成熟，在程序上分为乡试、省试、殿试三级，录取权由皇帝直接掌握。③明代科举设八股取士制度，严重束缚了学子的思想。1905年清政府废除了科举制度，推广学堂，咸趋实学，将育人、取才合于学校一途。至此，在中国历史上延续了1300多年的科举制度落下帷幕。在中国古代，世袭的帝位、集权的官制，再辅以限制思想的选官制度，使以血亲关系为基础的宗法制与以君主集权为中心的封建官僚

①　钱宗范：《中国古代原始宗法制度的起源和特点——兼论宗族奴隶制和宗法封建制》，《北京社会科学》1987年第2期。

②　孙绪闻：《我国古代县官制度探析》，《党政干部学刊》2017年第3期。

③　任怀国：《中国古代选官制度论析》，《江海学刊》2001年第4期。

政治紧密结合在一起，构成了中国传统行政文化的政治基础，并形成了相应的行为准则，规范着社会、生活和行政等领域的行为。

（三）传统行政文化的经济基础

经济是文化发展的物质条件，虽然文化发展并不完全与经济发展同步，但文化发展归根到底要受到物质文明发展水平的制约。离开经济这个基础，文化发展就因失去基础而成为空谈。中国传统行政文化的基础是自然农耕经济，其特征是自给自足的农业经济和小农生产方式，主要是解决吃饭穿衣两大基本问题。在中国传统的自然经济中，土地是首要生产资料，土地的归属问题是最受关注的问题。在氏族社会，土地属于氏族集体所有，发展到夏、商、周时期，土地则归"王"所有，尽管西周天子推行分封制，但是各诸侯只有土地使用权而没有土地所有权。到西周末期，井田制开始逐渐瓦解，有公田和私田之分，土地的归属出现了私有化，土地买卖促成了以家庭为单位的生产形态，个体经济成长起来。当然，在古代商品经济也是存在的，《尚书·酒诰》中说，殷民"肇牵车牛，远服贾用，孝养撅父母"，说明商代就已经存在职业化的商人。自周代始，统治者就将商业视为一种贱业，认为农业是帝王之根基，帝王每年都要举行农耕的仪式，凸显农业是成就帝王大业的经济基础。统治者倡导农业还有利于提醒统治阶级内部不忘农事的艰辛，在整个社会倡导勤劳简朴的观念，强调人生在勤，不索何获。中国古代一直是以自给自足的自然农业经济为主，虽然商品经济也在一定程度上存在，但是由于统治阶级一直重农抑商，商品经济始终对农耕经济存在着严重的依附性。因此，自然经济所伴生的保守思维、怀旧情绪、短视习惯不同程度地影响了政治和文化的发展，长达数千年的农耕经济使中国文化具有极大的耐受性、凝聚性、包容性和保守性。

二、中国传统行政文化对当代行政理念的积极和消极影响

中国传统行政文化对当代行政理念有积极和消极两方面的影响。必须对传统行政文化予以合理的扬弃，对传统行政文化的双重影响进行简要分

析，以便对当代行政文化建设作出积极贡献。

（一）传统行政文化对当代行政理念的积极影响

一是传统民本思想对当代民生价值观有着积极影响。我国古代的民本思想是由开明的当政者、政治家在认识到民生疾苦后而对民众力量思考的结果，客观上有利于缓解阶级冲突，实现本固邦宁的政治目标。[①] 但他们对民众力量的考量是在维护封建统治的基础上展开的，必然带有很大的阶级局限性和历史局限性，是一种"驭民""治民"之术，与党全心全意为人民服务的宗旨是完全不同的。虽然传统民本思想是在封建统治的框架下展开的，但是其中还是存在许多闪光的思想，于当代还是可取的。其中，许多爱民、利民、保民、富民的观念与当代"权为民所用、情为民所系、利为民所谋"的为人民服务的宗旨有相通之处，对于当代民生价值观的确立有着积极意义。

二是传统和谐思想对当代行政关系有着积极影响。和谐思想最早孕育于远古的巫术礼仪之中，它的形成与"阴阳五行""天人合一"等观念密切相关。三千多年前史伯提出了"和实生物"的观点；晏婴提出了"相成""相济"的观点；孔子将"和而不同"作为理想人格的标准；老子提出"万物负阴而抱阳，冲气以为和"；孟子强调"天时不如地利，地利不如人和"；庄子提出"与人和者，谓之人乐；与天和者，谓之天乐"；董仲舒认为"和者，天地之所生成也"，"天地之美，莫大于和"。传统文化中"和为贵""和而不同""求同存异"的思想，作为处理人际关系的准则，在今天依然具有重要的积极意义。[②]

三是传统行政伦理对当代行政文化有着积极影响。中国传统行政伦理底蕴丰厚，孔子早在春秋末年就提出了"为政以德"的主张。细捋中国传统行政伦理规范，主要包括清正廉洁、身正行政、举贤任能、天下为公、善策治国等，这些传统行政伦理，虽然是为封建经济和政治服务的，但是作为马克思主义者，我们不能割断历史，我们要正视历史，从传统中去寻

---

① 张晓兵：《"以人为本"的历史回溯与现实思考》，硕士学位论文，郑州大学，2005年。

② 陈若莉：《论行政文化对政府行为的影响》，《长春市委党校学报》2009年第4期。

找当代的价值。只要我们坚持用马克思主义的眼光去审视，去甄别，其中有许多可为当代所用的精神遗产。比如，清廉行政的思想，从先秦到近代，都有许多优秀的见解，例如：孟子的"政在得民"；老子的"祸莫大于不知足；咎莫大于欲得。故知足之足，常足矣"；墨子的"俭节则昌，淫佚则亡"；管子的"家富而国贫，为人臣者之大罪也"；真德秀的"不廉之吏，如蒙不洁，莫能自赎"；等等。当然传统行政伦理具有两面性，今天我们面对传统行政伦理，在勇于继承、善于继承的同时，要批判地吸收，去其糟粕取其精华，剥去其封建的内核，取其符合社会主义意识形态的价值理念，才能对自己、对他人、对政事有所裨益，才能有助于中国特色社会主义行政伦理建设。

（二）传统行政文化对当代行政理念的消极影响

一是保守型的行政思维影响了当代行政民主建设。中国传统行政文化以农耕经济为基础，农耕经济所孕育的农耕文化则是一种保守型的文化，开拓性不强，映射到民族心理上是稳定平静、自我封闭，反映到行政文化中则是按部就班、故步自封和阻碍创新。因此，在历史上，无论哪次政治变革，都要付出惨重的代价，即使很多变革能够成功开始，也都以失败而告终，例如王安石变法、张居正变革、百日维新等都是短命的政治变革。这些变革创新之所以最终失败，源于改革面临的守旧阻力太大，源于"祖宗之法不可变"的思想障碍，源于长期封闭保守的短视思维。在传统保守型行政思维的影响下，行政官僚的思想也相对保守，映射到对权力的态度上是对权力的过分看重，将公权据为己有，实行家族式的统治，行政官僚或以血亲或以门生为纽带，形成朋党，导致行政决策不透明，行政事务拒绝与外界交流，拒绝公开决策信息和决策过程，老百姓无法参与行政事务，无法对决策过程进行监督，行政民主被完全抛弃。这种保守型的行政思维一方面促成了行政权力的私有化，另一方面显示出了统治者的"权威性"和"神秘性"。最终导致行政人员墨守成规、按部就班地处理政事，民主和清廉也主要靠行政者的道德良心进行维持。由于这种保守型的行政思维在中国古代演绎了数千年，导致人们的思维意识上的固化，这对于当代行政民主的建设不免造成认识上的羁绊。

二是官本位的从政观念影响了行政决策的科学性。中国古代沿用千年的科举制度，被老百姓奉为唯一一条走出农门的道路。唯有发愤读书，一步一步考秀才、中举人、获进士、出仕为官，才能光宗耀祖、彰显门厅。读书不是为了求知，而是为了求仕，为官后才能名利双收。在中国古代，当官意味着权力的拥有，民间有"一人为官，鸡犬升天"的俗语；意味着生活的富足，有"三年清知府，十万雪花银"的说法；意味着地位的特殊，有"礼不下庶人，刑不上大夫"的规则。正是这诸多的利益所在，促成了官本位价值观的形成。因此，入仕为官和官阶晋升成为许多人的人生追求。《儒林外史》中描写的范进中举就是中国古代文人追求仕途的典型。范进穷困潦倒，一生读书求仕，以求得"城里张府上那些老爷，都有万贯家私，一个个方面大耳"的生活，五十四岁得以中举，喜极而疯。普通百姓倾其所有、穷尽一生而得来的"官"，自然倍加珍惜，势必官气十足。由于这种观念的影响，行政官僚更看重自己手中的权力和自己的官位，未进入官场者，则想尽千方百计进入官场，一旦进入官场，则又通过各种手段，争官、要官、夺官和保官，对此，晚清小说《官场现形记》给予很现实的描写。这种观念沉淀到当代人思维中，对有官本位观念的一般百姓而言，则认为为官就是一张报纸一杯茶、家富势足颐指气使；对有官本位观念的行政人员而言，则服务欠缺、独断专行，视公权为私器，严重影响了行政决策的科学性。

三是唯上式的施政理念影响了依法行政的进程。在传统的封建社会，统治模式是君权至上、层层授权的层级管理，因此形成了行政管理的人治环境，再加上层层服从式管理模式，形成了唯上式的施政观念。"君为臣纲，父为子纲，夫为妻纲"是家国同构的封建社会的行为规则。唯上式的施政理念，是封建中央集权的产物，自然也是为了形成集权。由于在这个集权结构的顶端是皇帝个人，而不是一个民主决策的机构，因此这种集权必然是人治式的集权。与人治相对应的是法治，虽然在古代也有法治，但是其法是王法，而不是国法。王法可以朝令夕改，可以因人而异，可以随心所欲。因此，在古代法治成了人治的附属，走门子、托关系、寻人情是整个社会必备的生存手段，促使了"人情政治""关系政治"盛行。尽管在当代，我们坚持全面依法治国，但延续几千年的人治重于法治的传统思想观念仍有很大的社会影响力。百姓遇事先想到的不是法律规章制度，而是人情关系背景。当行政领导的个人利益与法规条例相悖时，少数行政领导往往是寻求关系维护个人利益。这必然会阻碍依法行政和法治社会建立的进程。

四是全能型的行政模式影响了当代行政的改革。在传统行政文化当中，行政权力可以涉及社会生活和个人生活的方方面面，皇权更是至高无上的，可以无限地在任何领域行使，老百姓也就认为行政力量能够覆盖一切。因此，这种行政权力的全能型思维，一方面推动权力至上观念和无限集权的形成，另一方面导致百姓民主意识的淡薄和对行政的依赖。如此延续了数千年，不论在行政文化还是民间文化中，已经形成了一种思维的定式，认为政府是全能的政府。这种观念对于当代行政改革，特别是政府职能转变造成了观念上的阻碍，其源头正是传统观念中全能化的行政思维。在古代，人们将地方长官称为"父母官"，顾名思义，父母者，百姓的衣食住行吃喝拉撒样样都要管，事必躬亲。数千年来，官员普遍认为辖内百姓的大小事情皆由政府负责，这既是权力又是责任，政府被罩上了全能的光环。在当代，政府为了更好地为人民服务，进行了行政体制改革，积极推进政府职能转变，努力推进政企分开、政事分开、政社分开。但是全能型的传统行政思维仍然阻碍着转变政府职能的行政体制改革，一方面一些行政人员不肯放弃对经济、文化和社会事务的控制权力，另一方面一些老百姓根深蒂固的观念仍是有麻烦找政府。从这个角度讲，全能型的行政模式深刻影响了当代行政的改革。

三、当代行政文化对中国传统行政文化的扬弃与启示

中国传统行政文化作为中国特色社会主义文化的有机组成部分，与政治、经济和文化环境存在着一种必然的关联，其发展也必然受其制约。因此，讨论传统行政文化的当代价值不得不讨论其与当代行政文化的相互作用。

（一）当代行政文化对中国传统行政文化的扬弃

第一，超越传统民本思想，坚持以人为本，关注民生、重视民生、保

障民生、改善民生，树立民生型的行政理念。无论是奴隶社会、封建社会还是资本主义社会，都是少数人统治大多数人、统治阶级剥削劳动人民的社会。因此，必然在"人民"和"统治阶级"之间存在着不可调和的矛盾。在传统民本思想中，"君主"将"民"作为"国"之"本"、作为"政"之"要"，是统治阶级为了巩固自己的统治而采取的措施。传统民本思想还在一定程度上调和了封建地主阶级和"人民"之间的矛盾，促进了生产的发展。当然，传统民本思想是不可能与当代的以人为本的思想相提并论的，因为其存在的政治、经济和文化环境都已经有了本质的变化。中国共产党的本质决定了其执政目标与人民利益高度一致，决定了其执政的根本宗旨是全心全意为人民服务。中国共产党作为执政党，其政策指向是努力改善和保障民生，解决人民群众最关心、最直接、最现实的利益问题。党的十九大报告提出，"中国共产党人的初心和使命，就是为中国人民谋幸福，为中华民族谋复兴。这个初心和使命是激励中国共产党人不断前进的根本动力。全党同志一定要永远与人民同呼吸、共命运、心连心，永远把人民对美好生活的向往作为奋斗目标"①。这表述了党的民生价值理念和政策取向，充分体现了党关注民生、重视民生、保障民生、改善民生的民生型行政理念，确保发展为了人民、发展依靠人民、发展成果由人民共享，对实现民生状况的快速和持续改善，具有重要意义。在当代，就业难、收入低、物价涨、上学难、看病难、住房难等一系列社会问题使部分老百姓的幸福指数逐渐降低，由于对自身生存和发展的焦虑，部分人的幸福感也悄悄逝去。因此，如何提升民众的幸福感已经成为当前党和政府工作的重中之重。老子在《道德经》中说："至治之极，甘其食，美其服，安其居，乐其俗。"这是古代社会人们对行政治理的理想期望。在当代，人民对美好生活的向往，正是各级党委政府的奋斗目标。它超越传统的民本思想，坚持人民至上，坚持以民生为指向的行政理念，能够促使领导干部从"唯上"思维下的面子工程、政绩工程中走出来，把关注点更多地集中到就业、教育、医疗、养老等人们关心和关切的问题上来。新时代以来，全面深化改革有力

---

① 习近平：《决胜全面建成小康社会　夺取新时代中国特色社会主义伟大胜利——在中国共产党第十九次全国代表大会上的报告》，《人民日报》2017年10月28日。

保证了经济社会发展，但收入分配秩序仍有待进一步规范，必须在发展经济的基础上，树立民生型的行政理念，关注民生幸福，维护社会稳定。

第二，超越传统德治思想，培养行政法治意识，坚持依法行政，保障和促进社会公平正义，形成法治型的行政文化。《论语·为政》曰："道之以政，齐之以刑，民免而无耻；道之以德，齐之以礼，有耻且格。"儒家认为道德是为政治国的最高规范，因此主张"仁政"而不是"法治"。就中国法治起源而言，在公元前21世纪，中国就已经产生了奴隶制的习惯法。尽管如此，总的来讲传统行政思想通常是忽略法治的，主要表现在如下几个方面：一是注重德治，主张仁政，将仁义礼智信作为最高伦理价值；二是注重权杖，主张"三代以下，天下之是非，一出于朝廷"；三是注重中庸，主张"和为贵"，以"争讼"为耻；四是主观判断，主张"论心定罪，志善而违于法者免，志恶而合于法者诛"。传统行政思想这种对法治的忽视是建立在儒学背景、农耕经济和君主专制的封建制度基础之上的，也是当时统治者为巩固自己统治的需要而推行的。中华人民共和国成立后，其政治、经济和文化基础改变了，逐步走上了建设社会主义法治国家的道路。[1]20世纪90年代，在市场经济蓬勃发展的现实背景下，就已明确提出依法治国理念；进入21世纪，中国的法治建设进一步发展和完善。2014年10月，党的十八届四中全会明确了全面依法治国的总目标和总蓝图、路线图、施工图。2020年5月，十三届全国人大三次会议审议通过了《中华人民共和国民法典》，这是中华人民共和国成立以来第一部以"法典"命名的法律，是新时代我国社会主义法治建设的重大成果。[2]2020年11月，党的历史上首次召开中央全面依法治国工作会议，将习近平法治思想明确为全面依法治国的指导思想。[3]改革开放40多年来，特别是党的十八大以来，中国法治建设

---

① 问青松：《中国共产党百年廉政文化建设的基本经验——基于文化结构和文化形态学的深层解析》，《廉政文化研究》2021年第3期。

② 《充分认识颁布实施民法典重大意义　依法更好保障人民合法权益》，《人民日报》2020年5月30日。

③ 赵承、霍小光、邹伟等：《为千秋伟业夯基固本——习近平法治思想引领新时代全面依法治国纪实》，《人民日报》2020年11月19日。

成效显著，形成了依法治国的行政文化，为依法行政打下了扎实的基础。①
在具体的行政实践中，一方面，须进一步完善依法行政，培养行政法治意
识。既要培养行政人员的法治意识，坚持依法行政，坚持法律面前人人平
等，坚持任何行政行为都不能越法、违法；又要培养人民群众依法参与行
政、监督依法行政的意识，促使行政行为在法律规章范围内展开。另一方
面，必须维护行政法律制定和行政权力行使的科学合理和公正公平。既要
不断完善和健全立法的程序与方法，法律制定要坚持从实践中来到实践中
去，坚持从群众中来到群众中去，坚持体现人民民主专政，尽可能地维护
最大多数人的利益；又要不断完善和健全行政行为监督制度和行政责任追
究制度。总之，形成一个法治型的行政文化是一个系统工程，需要从各个
方面建设有利于依法行政的环境，需要高素质的行政人员，需要社会大众
的全民参与。只有行政人员和社会大众的相互理解、相互支持，共同促进
和努力，法治型行政文化才能最终形成。

　　第三，超越官本位的行政思维，努力提升人民大众的政治素养，加强
行政民主建设，推进参与型行政管理模式。中国古代依靠宗法制度而建立
起来的行政关系，导致了行政管理上的封闭性，百姓在行政过程中没有任
何发言权，是完全意义上的被统治者。百姓参与的缺失，导致了古代行政
管理脱离现实和群众基础。科学的行政管理需要从实际出发，需要尊重实
践，从实践中去寻求科学管理的智慧，而人民是最伟大的实践者，因此，
科学的行政管理需要人民参与到行政管理中来。在当代中国，人民参与行
政活动的程度，是衡量全过程人民民主显著优势的重要指标，也是衡量行
政管理科学性的重要内容。封建社会封闭式行政残余思想参与行政对人民
的影响依然存在。人民往往对参与行政管理并不积极，当然这其中也不乏
参与者的见识和素质造成的影响。在当代影响人民参与行政管理的因素还
涉及政府和行政管理者，这主要是古代全能型政府和官本位思想造成的，
在传统中由于政府的全能导致了行政人员的全能，也就导致了官位至上，
行政人员往往为了既得利益而维护政府的全能性，一方面阻碍政府职能的

---

① 蒋银华、陈湘林：《国家治理体系现代化视域下的政府责任论》，《学术研究》2022年第
1期。

转变，另一方面拒绝人民参与到行政管理中来。因此，当前在一些地方，政府职能转变被一些人挂在嘴上、写在纸上，就是不落实在行动上，人民参与行政管理也往往只是做做样子、走走形式，没有多大的实质意义。由于这种现象存在，造成一些百姓对政府不信任。因此，在推进参与型行政管理的过程中，既要在政策制定上下足功夫，又要在行政人员和人民大众两者身上一起做功课。一是要加大教育宣传力度，努力提高人民参与行政管理的能力和素质，让人民大众更多地了解参与行政管理对自身利益的重要性，了解行政管理的过程和制度，从而积极主动地参与到政治进程中来。二是从实际出发，因地制宜，充分尊重人民大众参与行政管理的习惯和方式，制定出有利于人民大众参与行政管理的实施细则，制定人民大众参与行政管理的法规，切实保障公民参与行政活动的权利。三是在操作过程中，要保证公平、公正和公开，不断增强人民大众参与行政管理的强度、广度和深度，不断增强人民大众对参与行政管理的信心。只有这样，才能不断提升行政管理的水平和质量，不断促进参与型行政的理念形成。

（二）传统行政文化对当代行政文化建设的启示

第一，延续实绩晋升，打造以人民为中心、以民生为指向的行政思维。几千年来，实干兴邦已成为我国立于不败之地的深层文化基础。[①] 早在战国时期，弱小偏远的秦国通过"商鞅变法"这一实绩晋升制度，走向天下一统。[②] 从改革开放初期的"不管黑猫白猫，捉到老鼠就是好猫"，到党的十八大以来，习近平总书记多次强调的"撸起袖子加油干"[③]"干部干部，要干字当头"[④] 等宣言，无一例外都在强调为人民群众办实事才是政府政绩的根本落脚点。解决民生问题，不但要有强烈的民本意识，还需要有系统思维。一是有效衔接民生价值取向与政府行为逻辑，杜绝乱作为、滥作为、

---

① 尚虎平：《传统行政文化的政府绩效作用与绩效评价应对》，《南京大学学报》（哲学·人文科学·社会科学）2018年第6期。

② 尚虎平：《古代中国国家兴盛的规律及当代的扬弃——一个面向"实绩晋升"文化的探索性解释》，《行政论坛》2021年第1期。

③ 《国家主席习近平发表二〇一七年新年贺词》，《人民日报》2017年1月1日。

④ 《十九大以来重要文献选编》（上），中央文献出版社2019年版，第566页。

不当干预等行为，坚持民生是归宿而非工具。① 二是树立长期行政思维，扭转短平快的绩效生产方式，集中力量资源解决本质问题、畅通机制、完善保障措施，让政绩真正利民惠民。

第二，树立法律至上的行政理念，让法治成为全社会的信仰。习近平总书记强调"全面依法治国是一个系统工程，要整体谋划，更加注重系统性、整体性、协同性"② 。所谓系统工程，是指一项工作具有多个部分、要素或环节，有多个主体参与，最终实现整体大于部分之和的系统性效果。③ 在"共建共治共享"的社会治理理念下，政府、市场、社会三元治理主体之间的互动协同，对贯彻落实全面依法治国新思想具有重要的实践意义。一是法治政府建设必然要求推进依法行政，用法治给行政权力定规矩、划界限；坚持法定职责必须为、法无授权不可为，提升行政效能；把依法监管和服务群众统一起来，着力打造服务型政府。④ 二是《中共中央　国务院关于加快建设全国统一大市场的意见》提出，要"充分发挥法治的引领、规范、保障作用"，"加快建设高效规范、公平竞争、充分开放的全国统一大市场"⑤ ，这就要求在法治轨道上，充分发挥市场在资源配置中的决定性作用，更好发挥政府作用，营造公平竞争、自由开放的内外双循环营商环境。三是通过实时普法、公益普法、精准普法等措施让人民知法、懂法、守法、用法，让严格执法、公正司法照进现实，让人民信法，加快法律与惩罚偏见脱钩，让人民敢用法。⑥

第三，明确规范权力，充分推动群众监督，着力创新行政手段。习近平总书记在十九届中央纪委六次全会上的重要讲话强调："要完善权力监督制度和执纪执法体系，使各项监督更加规范、更加有力、更加有效。"⑦ 一

① 刘耀辉：《论政府的民生尊重义务》，《行政与法》2022年第2期。

② 《习近平谈治国理政》第4卷，外文出版社2022年版，第293页。

③ 周佑勇：《深刻领悟习近平法治思想的系统思维方法》（构建中国特色哲学社会科学），《人民日报》2022年8月29日。

④ 曹鎏：《推进法治政府建设提升人民群众满意度》，《人民日报》2022年3月24日。

⑤ 《中共中央国务院关于加快建设全国统一大市场的意见》，《人民日报》2022年4月11日。

⑥ 魏哲哲：《让法治成为全社会共同信仰》，《中国报业》2022年第2期。

⑦ 《习近平谈治国理政》第4卷，外文出版社2022年版，第552页。

是严格的制度规范是完善党和国家监督体系的首要任务,要建立具有引领性、率先性、创新性的内外联动制度体系,坚决维护制度的严肃性和权威性,坚决纠正有令不行、有禁不止的各种行为。[①] 二是数字经济时代的到来,既提高了监督工作的透明度和实效性,也导致各种违纪违法行为手段不断翻新、结果更加隐蔽[②],这就要求监督工作充分运用大数据技术实现国家机关监督、民主监督、司法监督、群众监督、舆论监督有效贯通,实现监督领域和监督深度的跨越。三是要把权力置于严密监督之下,严格落实纪检监察机关意见必听、反映线索具体且有可查性的信访举报必查要求,严肃查处违纪问题,实现监督、处置、治理一体化推进的工作闭环,提升监督成效。

---

① 徐梦龙:《使监督更加规范有效》,《中国纪检监察报》2022年2月16日。

② 徐明慧、陈思同:《大数据监督手段的边界分析》,《廉政学研究》2022年第1期。

传统行政文化的政府绩效作用与绩效评价应对 *

尚虎平 **

摘要： 廓清我国政府绩效的传统行政文化基础，有助于科学地评估我国各级政府的绩效。从我国传统行政文化对政府绩效作用的直接性而言，"实绩晋升"的激浊扬清文化，塑造了我国政府绩效的正能量；青天文化塑造了我国政府绩效的积极行政属性，以吏为师的文化造就了我国政府绩效的榜样、国家意志普及特征。为了有效发扬传统行政文化的优势、扬弃其不足，在政府绩效评估中，需要根据实绩激励公务人员，开发公务人员德行评价指标，采用全过程标准化绩效问责制度，推行国家战略的"工程性入户"。

关键词： 传统行政文化；实绩晋升；青天文化；政府绩效评估

　　"政府绩效"是政府工作所取得的实际结果与成效，追求绩效是政府管理的不变主题。20世纪70年代西方国家兴起了一股"结果导向"的改革潮流，其目标在于提升政府绩效，这股热潮后来逐渐波及全球，在世界范围内兴起了政府绩效评估的改革浪潮。目前，以评估来持续提升政府绩效已经成为全球政府管理的"常规动作"。在党中央、国务院的不断推动下，我国强调干实事、出实效的"结果导向"式管理也取得了长足进展。在改革开放初期，福建省率先实施了效能建设改革，此后全国各地进一步扩展"结果导向"式改革，涌现了效能监察、服务承诺、万人评议政府等各种模式，最后过渡到了绩效评估阶段。《中国人事报》调查发现，早在2007年，

---

　　* 　基金项目：教育部哲学社会科学研究重大课题攻关项目（18JZD047）。

　　** 　作者简介：尚虎平，南开大学周恩来政府管理学院教授，博士生导师，从事政府绩效管理研究。

我国已有超过三分之一的省份在推进政府绩效评估改革。据中央纪委监察部绩效管理监察室统计，截至2012年年底，政府绩效评估进一步扩展到27个省（自治区、直辖市）的范围。

随着绩效评估的扩散，其促进结果导向、提升政府绩效的功能逐渐显现，有力地推动了各地政府干实事，激发了地区之间竞相发展经济，形成了较为高效、务实的政府文化，增强了地方政府为人民服务的意识。然而，地方政府在享受绩效评估的诸般好处之时，却忽视了其负面影响，如 GDP崇拜、上学难、看病难、养老难等。其诱因主要在于，地方政府误解了政府管理所需要的实际结果与成效，也就是误解了政府绩效的内涵与基础，误将 GDP 增长、财政收入提高、高楼大厦增多等当成了政府管理的所有结果与成效，使得政府管理的"拜物教"思维日渐严重，见人不见物、搞形象工程成为常态。习近平总书记十分强调正确认识政府绩效内涵与基础的重要性，早在 2013 年就向各级干部提出"再也不能简单以国内生产总值增长率来论英雄了"①，这是对此前政府绩效内涵与基础误解的明确纠正。实际上，对政府绩效的理解之所以出现重大偏差，根源于它是一种"舶来品"，我国各级地方政府在引进、学习它的过程中，难免平移了其固有的"拜物教"缺陷，将政府绩效当成了各类物质、产品、工程数量的不断增多。要突破这种窘境，就需要洞悉它与我国国情，特别是与我国传统行政文化结合后的"在地化"特征，并在绩效评估中合理地应对。

正如习近平总书记所指出的，"中国古代大量鸿篇巨制中包含着丰富的哲学社会科学内容、治国理政智慧，为古人认识世界、改造世界提供了重要依据"②，我们要充分挖掘这些传统文化的精髓，挖掘它们塑造政府绩效的基础性功用，以便有效地评价它。从对我国政府绩效塑造的直接程度而言，"实绩晋升""青天文化""以吏为师"三类行政文化直接影响着政府绩效的内涵，是行政文化中生成政府绩效的基础性因素。

---

① 习近平：《建设一支宏大高素质干部队伍　确保党始终成为坚强领导核心》，《人民日报》2013年6月30日。

② 习近平：《在哲学社会科学工作座谈会上的讲话》，《人民日报》2016年5月19日。

一、激浊扬清的"实绩晋升"文化塑造了我国政府绩效的正能量

自夏朝建立，中国便进入了以血缘、门第为主要标准来遴选国家治理者及各级政府治理者的时代。到了商代，这种以血缘、身份更新官吏的制度进一步巩固，形成了"兄终弟及""父死子继"的"世卿世禄"制度。周朝更加重视血缘关系，"周人贵亲而尚齿"，认为"亲亲，尊尊，长长，男女之有别，人道之大者也"（《礼记正义》卷三二）。在氏族社会晚期、奴隶社会早中期，由于生产力低下，社会成员主要还固定在住所周围劳作以维持本人及家庭的基本生存，没有足够的时间精力来参与社会治理。在此期间，基于血缘、身份的世袭行政文化还不会造成严重的社会发展僵化问题。但当生产力进一步发达，进入奴隶社会晚期，出现了封建社会因素时，情况就不同了。过度依赖于血缘、身份、门第的行政文化传统，阻塞了社会成员的纵向发展通道，压抑了社会生产力，使国家内部形成了不同的利益群体，最终这些利益群体之间的矛盾实在难以调和，便使得国家走向分裂。

春秋时，随着生产力进一步发展，奴隶制濒临瓦解，封建社会开始加速形成。此时，依据血缘关系展开的官员世袭制度逐渐阻碍了社会成员的纵向流动，这使得周王朝内部一些觊觎国家治理权的诸侯开始了分裂国家的尝试。这些诸侯开始在自己的封地内推行实绩晋升式的官员晋升与社会成员上升制度，以便能够将社会各阶层纳入自己争取国家治理权的大业中，使自己能够在与其他诸侯的竞争中获胜，实绩晋升的行政文化开始逐渐形成并发展壮大。齐相管仲就是出身卑贱以实绩获得高位的典型。当时的实绩晋升并非仅限于对军功的赏赐，还包括"善君有赏，能其官有赏"（《国语·晋语四》）。实绩晋升使得处于社会底层的群体（比如奴隶），在拥有诸如军功等有利于本诸侯国利益实现的实绩的前提下，社会地位也会明显改观，甚至消除了奴隶身份，实现了纵向流动。

时至战国，竞争主角只剩下了齐、楚、燕、韩、赵、魏、秦七个大的诸侯国，由于彼此之间国力差距不大，使得竞争更不易取胜。在这种情况下，各个国家便要努力将全国所有的人力、物力、财力的效用充分发挥出

来，特别要从人力资源中寻找竞争优势，这就需要不拘一格，将那些能做出实绩的人放到重要的位子上去，这使得实绩晋升从一种新型的行政文化传统逐渐向制度性文化过渡。李悝在魏国推行的改革中明确了"食有劳而禄有功"（《战国策·齐二·昭阳为楚伐魏》）的实绩晋升原则，后来吴起在改革中也贯彻了这条原则。燕国"无功不封"制度、齐国的"封万户"实践、楚国的"官为上柱国，爵为上执珪"的做法，以及赵国的"令有功于国"用人制度，都贯彻了实绩晋升的原则。让当世、后世都惊诧其激浊扬清功能的"实绩晋升"改革发生在秦国，它始于商鞅的谋划，成就于整个秦国存在时期，直接影响、奠定了汉朝的制度。

商鞅改革的实质就是推行实绩晋升制度，使其成为一种行政文化。商鞅鼓励各行各业的实绩，这从《商君书·去强》中可见一斑："兴兵而伐，则武爵武任，必胜；按兵而农，粟爵粟任，则国富"，其中"武爵"是指根据军功实绩晋升爵位，"粟爵"则是指根据耕织等社会生产、生活领域的实绩晋升爵位。总之，无论何种实绩，其目标都是为了秦国的富强，在七国竞争中取得军事、经济、政治上的竞争优势，直至实现统一，取得全国的治理权。由商鞅发起的改革最终在秦国生根发芽，哪怕商鞅惨死也未改变他创立的实绩晋升体系落地生根。这种激浊扬清的制度设计就是一场政府管理上的革命，很快就产生了聚合效应，使得春秋时期才立国、远远落后于东方六国的秦国摆脱了积贫积弱的局面，综合国力急速增长，最终统一全国。秦国的兴起与统一全国，显示了实绩晋升行政文化的威力，这种威力的本质就是激浊扬清，把国家各阶层的力量汇聚到国家建设中来，使得国家风清气正，"万民同站在一条起跑线上"，拧成一股绳，它对形成我国历史上实绩晋升的激浊扬清文化有着里程碑式的作用。

秦末农民起义领袖刘邦自知军力、综合实力不及项羽，充分利用了实绩晋升文化，破格起用了一批在军事、行政、社会生产领域有着显著绩效的人员，使得本辖区内各种人才最大限度地为己所用，其他辖区的人才看到这种重实干轻身份的制度后，也逐渐向刘邦集团靠拢，造成了一种"用脚投票"的"人心思汉"局面，最终消灭了项羽，建立了大汉王朝。司马迁在考察汉初历史事迹时，曾专门赴丰沛"观故萧、曹、樊哙、滕公之家"，发出了著名的太史公之叹："方其鼓刀屠狗卖缯之时，岂自知附骥之尾，垂名汉廷，德流子孙哉？"（《史记·樊郦滕灌列传》）就国家治理规律而言，这实际上是对实绩晋升威力的惊叹。

刘邦晚年施行了"白马之盟"，这是实绩晋升文化向血缘、身份晋升妥协的一个重大历史事件，它表明前现代中国一旦走向统一，便在行政文化上逐渐保守，负能量的身份、血缘晋升文化开始抬头。在高祖十二年（公元前195年）二月至四月间，刘邦与诸大臣宰杀白马当众盟约，该约法提出："非刘氏不得王，非有功不得侯，不如约，天下共击之。"（《史记·周亚夫传》）"白马之盟"以公开约法的形式确认了三件事：其一，"非刘氏不得王"，表明获得国家治理权的刘邦改变了纯粹的实绩晋升原则，国家的最大利益分配必须首先在自己的家族范围内进行，这既是维护家族既得利益的措施，也是恢复血缘、身份晋升的行政文化因素。其二，"非有功不得侯"，依然坚持了实绩晋升原则，也就是说，除了皇帝家族内的成员之外，其他社会成员要取得较高的行政地位，就需要靠干出实绩（"有功"），这表明汉朝依然坚持实绩晋升行政文化。其三，"不如约，天下共击之"，是一种保障机制，既保证了刘邦家族享受既得利益的血缘、身份晋升体系，也维护了其他社会成员取得较高行政职位必须依靠实绩的传统，这种刚性的保障使得"白马之盟"具有了"成文法"的性质。这种实绩晋升与身份晋升的"双轨制"，在整个汉朝得以延续，只要社会成员在国家发展所急需的方面取得实绩，就会获得政府认可，甚至可以赐予爵位（民爵）。在汉朝后期的"双轨制"中，身份晋升逐渐成为主流，社会上负能量开始提升，逐渐走向保守与混乱，普通社会成员难以获得纵向发展的机会，社会怨气日渐上升。这也符合"分久必合"后大一统王朝逐渐放弃实绩晋升传统的规律，国家治理者、各级治理者逐渐开始维护既得利益，排斥社会其他成员挤占他们既得利益的机会，使社会逐渐走向封闭、僵化。

正如安作璋、孟祥才所说的"二千年之政，汉政也"，"（它）奠定了后来历代中国封建王朝所遵循的基本模式"。[①] 汉朝之后的政权，尤其是大一统性质的王朝确实都沿用了汉朝创立的政治与行政体制、管理模式，沿袭了汉朝的行政文化。当然也重复了这样一个过程：一旦国家进入分裂状

---

① 安作璋、孟祥才：《汉高帝大传》，河南人民出版社1997年版，第2页。

态，群雄并起竞争国家治理权的时期，实绩晋升行政文化就成为主流；而一旦国家走向统一，获得治理权的群体又逐渐开始强调血缘与身份的重要性，使得社会再一次走向僵化，社会成员失去了纵向流动的可能，使得那些没法流动且生活难以为继的阶层起义、造反。从这一角度看，绩效晋升行政文化成为主流，纳入行政管理制度范畴，是国家兴盛的关键，甚至是决定性因素。国家分裂进入乱世时，各集团纷纷以此作为主流行政制度与行政文化；而一旦国家统一进入和平阶段，与之相反的血缘、身份晋升便开始抬头，这种跷跷板式的行政文化发展实际上造成了"黄宗羲定律"的出现——实绩晋升成为主流时，国家就兴旺发达，而当身份血缘晋升成为主流时，国家就走向僵化直至崩溃。这种跷跷板模式形成于汉朝，而后面的朝代不仅沿袭汉制，还重复了这种行政文化、行政制度的转变规律。

唐朝采用的实绩晋升，产生了巨大的功效，塑造了一个世界性大帝国，时至今日依然被人们津津乐道的实绩晋升的文化标志——"凌烟阁"，其实也来源于对汉代"麒麟阁"的模仿。唐太宗提出，"人君所受于天，不可私而失信"（《资治通鉴》卷一九四），极力避免因血缘、身份而造成偏私结果，这是"实绩晋升"文化的有机组成部分。但随着大一统盛世的出现，这种文化逐渐向血缘、身份晋升蜕变，以致中晚唐宦官当道，最终葬送了唐帝国。唐之后其他朝代的发展，也与汉唐差不多：分裂待兴时，实绩晋升文化成为主流，如宋朝模仿前朝设置"显漠阁"，清朝设置"紫光阁"来彰显实绩晋升文化；而统一兴盛之时，逐渐走向身份与血缘晋升制度，最终使得国家走向僵化和分裂。

在西方社会，文艺复兴与启蒙运动使出身、门第、等级不再成为衡量人的标准，不再成为社会纵向流动的依据。从我国行政文化传统来看，实绩晋升不论血缘、出身、门第，只看中社会成员对国家目标实现过程中的实际贡献，贡献大者获得更多的收益，贡献小者获得较少的收益，无贡献者没有收益，负贡献者予以惩戒。这实际上有着启蒙的性质，使国家时刻保持清醒头脑，使得社会各阶层的民众都有着发展预期，涤荡着那些蒙昧的、原始的做派，起到了激浊扬清、保证社会持续进化的功能。

早在革命战争年代，中国共产党就发扬我国实绩晋升文化的优点，抛弃其中糟粕，推行了以为人民服务为导向的社会主义实绩晋升制度。新中国成立后更加完善了这种制度，发扬了这种文化，使得它直接影响、塑造着我国各级政府的绩效，影响着我国政府管理的性质。

首先，它塑造了政府的理想，使得政府积极地追求实际绩效，而非仅仅实现官员的个人私利。它持续影响着我国各级政府、各类公职人员以"干在实处，走在前列"为工作理想、日常目标，使他们能够聚焦于创造工作实效，以取得实绩作为自己的理想和工作目标。这种优良的作风普遍存在于我国各级政府，而各级政府及其工作人员也都在积极、努力地提升本地的经济、社会、文化等发展水平，以期取得实绩，做到为人民服务。习近平总书记提出"我们要继续努力，把人民的期待变成我们的行动，把人民的希望变成生活的现实"①，这是对我国政府工作理想的一种宣示，表明各级政府要积极地追求实际绩效，把人民的愿望化为政府的实际行动。

其次，它塑造了我国政府管理的正能量。在政府管理中，"对事不对人""对人不对事"代表了两种管理哲学，前者意味着行政管理以实现人民赋予的公共管理、公共服务目标为己任，后者意味着政府以本组织内成员的利益为导向。实绩晋升文化是一种"对事不对人"的文化，它倡导政府及其工作人员以获得实际工作成效为己任，并因为这些实际成效而满足自身的利益诉求（经济回报、政治晋升等），这是一种鼓励做事的、具有正能量的政府管理哲学。而"对人不对事"则瞄准了政府内部各类人员的利益，以实现这些利益、保障这些人群利益为行动的方向，这本质上属于身份、门第晋升的负能量传统。习近平总书记特别强调要把考核结果作为选拔任用干部的重要依据。这要求我国各级政府不仅需要"对事不对人"地去多做事，还要考核这些事项的实际效果是否满足了人民所委托的行政目标，然后根据绩效考核评估结果对政府和工作人员进行回馈（晋升、报酬、奖励），这是绩效晋升正能量文化的集中体现。

最后，它保证了我国政府管理中的持续启蒙，防止基于血缘、身份、门第晋升的倾向抬头。在我国政府管理中，围绕取得绩效并因之实现自己利益诉求成为政府管理的主流文化，它是实绩晋升正能量文化在当代的表现形式。在这种文化影响下，政府内部的纵向流动道路畅通，无论何种出

①　《国家主席习近平发表二〇一五年新年贺词》，《人民日报》2015年1月1日。

身的政府工作人员，只要干出实绩，都有可能获得晋升与更高的薪酬，这保证了政府组织系统内的持续"启蒙"，让新人、新成绩不断得到认可。同时，在社会主义体制下，政府通过宏观调控机制，把这种正能量文化向社会其他行业、领域渗透，使得整个社会具备了这种以干出实绩为导向的晋升文化。

二、官吏清廉的"青天文化"塑造了我国政府绩效的积极行政属性

"青天文化"也作"清官文化"，是政府官员要保持清廉、为民作主、不畏权贵等优良传统的一种行政文化。就内涵指向来说，青天文化就是关于清官的文化。实际上，我国历史上最早出现的"清官"二字，并非当代"清廉官吏"的意涵。《南史》中最早记录了"清官"的说法："子季连，字惠续，早历清官。"（《南史》卷十三）这里的"清官"指由士家大族垄断的政事清闲、待遇丰厚的官职，与之相对，由寒门庶族担任的政事繁杂、待遇低下的官职称"浊官"。"青天文化"中所说的清官，最早出现于金代元好问的《薛明府去思口号》中："能吏寻常见，公廉第一难。只从明府到，人信有清官。"（《元遗山集》）《全金元词》里也有"吾人垂泪叹，遇客回头看。谁不看清官，清官似子难"的记述。明代李贽的《焚书·杂述》中也有"彼为巨盗，我为清官"的内容。随着"清官"概念的定型，青天文化开始形成，并逐渐成为我国行政文化的重要内容。正如有学者所言，"清官是中国话语中一个特有的概念，是中国古代社会中一种特有的现象，是一种特定的政治法律文化"[1]。

综合来看，青天文化形成于宋代，之后各朝进一步增添清官人物、事迹，逐渐积累成了一种行政文化。究其源头而言，青天文化是一种自下向上萌发、扩散、定型的行政传统，它最初发轫于民间文学、民间文艺，慢慢从底层民众向其他阶层传递，最终成为朝廷认可的一种行政文化形式。在两宋期间，民间各种文艺形式，比如快板、评书、杂剧、话本等开始刻

---

① 魏琼：《清官论考》，《中国法学》2008年第6期。

画各种有关北宋名臣包拯的清廉、为民、刚正不阿的故事，同时也开始出现描述其他清官如寇准、吕蒙正的文艺作品。宋之后，有关清官的民间剧目、话本、传记等逐渐增多，甚至出现了大量与之相关的官方奏折、书籍，这使得青天文化逐渐得到了官方认可。① 民间剧目如《包公案》《铡美案》《包待制智勘灰阑记》等塑造了清官的典型人物包拯一生铁面无私、执法如山的形象。此后各朝在继续塑造包公的丰满形象之外，又增加了陈希亮、海瑞、况钟、袁可立、于成龙等人，同时还以文艺作品的形式，上溯到宋代以前各朝的历史人物，将其塑造为了清正为民的清官。② 最终，这些人物所代表的刚正不阿、勤政为民、忠于国事的文化传统逐渐得到了官方的认可，各朝代都通过修缮包公祠、海公祠等来公开弘扬青天文化。康熙皇帝甚至正式行文表彰于成龙为"天下廉吏第一"，三次在官员考核中将于成龙定为"卓异"，诏令全国官员学习。③ 经过元、明、清直至民国年间的流传与官方推广，青天文化逐渐成为较为稳定的社会心理和文化意识形态。概括而言，青天文化的影响主要在"吏正为范"、以单个行政行为的放大效应来增强治理合法性、以人治式自由裁量弥补法治效率不足的缺憾等方面。

"吏正为范"强调了官员个人、政府本身以及行为的正义性。在这种文化下，个人、组织的绩效目标、绩效生产过程，应该是以正义为导向、以追求公共善的最大化为导向，努力实现人民群众利益最大化、幸福最大化。青天文化中首要的原则就是"惟正足以服人"了，它要求政府管理要清正自律、光明磊落。青天文化的典型代表包拯、于成龙均能从日常小事做起，严格要求自己，做到清廉而公正。包拯亲书家训于后代："后世子孙仕宦有犯赃滥者，不得放归本家；亡殁之后，不得葬于大茔之中。不从吾志，非吾子孙。"这表现了青天文化中对官员"正"的要求，只有政府官员、政府组织"正"起来，才能够作出对人民有益、实现公共利益最大化的绩效贡献，才能成为社会各界模仿、学习的典范。随着青天文化从民间走向官方，从非正式走向正式，国家特别强调了"正"的重要性。现

---

① 王曾瑜：《"清官"考辨》，《河北学刊》2008年第2期。

② 朱义禄：《清官情结与当代中国政治文化心理》，《探索与争鸣》2001年第10期。

③ 中国国情研究会：《中国清宫史鉴》（下），内蒙古人民出版社2001年版，第1061—1069页。

藏于西安碑林博物馆的《官箴》碑上大书"公生明，廉生威"，强调的即是"正"的重要性，而古代各级官员的公堂都由朝廷统一规定悬挂"明镜高悬"，更是强调了"正"的重要性。党的十八大报告明确提出了"干部清正、政府清廉、政治清明"的要求，习近平总书记在十八届中央纪委二次全会上强调"改进工作作风，就是要净化政治生态，营造廉洁从政的良好环境"①，这都是"正"的要求，也是对青天文化优良传统的继承。从个人绩效而言，"正"本身就是官员绩效的最关键组成部分，因此《体现科学发展观要求的地方党政领导班子和领导干部综合考核评价试行办法》中明文规定要综合"德、能、勤、绩、廉"等几个方面来进行考核，其中"德""廉"两个方面都属于"正"的范畴。从政府作为一个组织整体来说，"当官不为民作主，不如回家卖红薯"是对组织绩效的要求，它塑造着一级政府，以群众的要求为自己行动的方向。这与青天文化要求政府绩效的"正"是一致的。

以单个行政行为的放大效应来增强治理合法性，是青天文化在行政行为方面的表现。青天文化将政府公共行政的良好运行、公共服务的优质提供寄托在出现特定品质过硬、为民着想的公务人员身上。在封建社会，"青天"式行政是政府在出现行政合法性危机后增加社会认同、增强人民满意的一种特殊手法，它追求的是单个人物、单个事件的轰动性、放大性效应，将某一个特定行政管理案例的功能无限放大，进而上升到整个国家行政具有合法性的高度。有学者认为，青天文化使得我国政府行政管理者内心深处有做"青天大老爷"的行政心理，而行政管理相对人也有期盼"青天"出现的朴素想法。②这使得政府官员个人、政府组织都期望通过对某个典型行政行为的放大，来遮蔽其他行政行为中的问题，从而以"一俊遮百丑"的方式，实现政府管理的"绩效最大化"，这也是我国形象工程、面子工程产生的行政文化诱因之一。这类工程所涉及的往往是公共管理中的"顽疾""急疾"，它们严重影响了人民的日常生活，降低了人民对政府的认同与支持，在这些领域出现了政府行政合法性危机，于是人民期望能够

---

① 习近平：《在党的十八届六中全会第二次全体会议上的讲话》，《求是》2017年第1期。

② 魏琼：《清官论考》，《中国法学》2008年第6期。

出现"青天"，以突发、激进、有震撼性的方式在尽可能短的时间内解决这些问题。而在政府管理者中也不乏具有"青天"冲动的官员，他们或是出于"当官不为民作主，不如回家卖红薯"的朴素"青天"心理，或是出于用"显绩"来展示政绩合法性的需要，纷纷采用了青天行政这种短期内最容易让人民拍手称快和满意的极端行政管理措施。从短期来看，这种行政措施确实增强了人民对政府的满意度、认可度，从而提升了行政合法性，化解了特定时段、特定领域的行政合法性危机。

青天文化对政府绩效的塑造还表现在以人治式自由裁量弥补法治效率不足的缺憾。无论在古代还是现代，依法行政都是行政管理的一条基本准则。然而，在依法行政过程中，往往需要处理各种位阶不同、调整对象不同但却均可适用的法律，在这种情况下，依照法定程序处理需要耗费大量时间，特别由于法律出台的滞后性，使得它所规定的最大周期往往多于实际工作需要的时间，因为法律需要根据若干时间段之前的技术条件、人员平均素质、物质条件等来界定最大工作周期。依法行政的这种缺憾成为世界性难题。为了弥补此不足，行政学、法学探索出了通过行政人员的自由裁量权来"便宜行事"，解决现实中的效率问题。在一定程度上说，青天文化也是为了弥补这种不足而产生的。在古代，"王子犯法与庶民同罪""王法无亲""杀人偿命"等也是基本的司法原则，各朝代还颁行了详尽的法典来贯彻这些原则。然而，在普通群众的利益受到强势利益集团侵害时，按部就班的"依法行政"往往会给强势集团钻法律空子留下空间，至少群众的利益不可能在很短的时间内得到救济，于是青天文化便探索出了用人治（自由裁量）来解决这个问题。比如，包公以违反当时法令的方式杀掉被割舌头的耕牛巧破"牛舌案"，就是以人治式自由裁量来加快行政事务（古代行政权与司法权合而为一）的进度的。孟子说的"徒法不能以自行"（《孟子·离娄上》），荀子说的"君子者，法之原也"（《荀子·君道》）和"君子也者，道法之总要也"（《荀子·致士》）等构成其理论渊源，他们强调仅有死板的法律规定，没有"君子"依据人类善行、人类正义所作的自由裁量，也是无法良好执法、无法有效维护人民利益的。就此而言，合理的自由裁量，也是我国政府绩效的有机组成部分，它对于解决行政效率，解决官僚主义和"行政空转"有着重要价值。

当然，过度强调单个行政行为的放大效应，过度强调以自由裁量来提升行政效率，往往就会排挤原初意义上的规范性依法行政，使得政府官员过度迷信依靠个人的力量来解决问题，从而轻视法律、规章、制度的程序性甚至原则性要求。这样做虽然能够迎合民众的迫切要求，但往往会与法律的要求相悖，甚至常常逆法律而动，使得政府行政行为本身具有"原罪"，这是青天文化对我国政府绩效塑造的另一个特色。

历史上的"青天大老爷"哪怕清正如包拯，在施政过程中，也经常依靠主观判断、有罪推定，甚至借助鬼神的迷信方式来推进工作，较少顾及法律的程序性规定。在他们看来，只要符合民众的愿望，抓人杀人都可以"高效率"为之。当前我国政府在施政过程中，出现了一批"能人"官员、明星官员，他们在位时就"大刀阔斧"地推行了多种行政行为，从短期来看，这些行政行为往往具有极高的绩效，然而这些从短期来看属于高绩效的施政行为却存在着"原罪"。在青天文化影响下，实行这些行政行为的"能人官员"表现出了极强的"绩效冲动"，这种冲动驱使他们突破法律、法规的限制，以自由裁量为借口，破坏了法制的尊严，排挤了规范的依法行政。可以说，排挤了依法行政的短期绩效，本身就是存在瑕疵的绩效，一旦推行终身追责制度，这种政府绩效的"原罪"就会暴露于公众之下，必然要受到法律的惩戒。

三、"以吏为师"文化塑造了我国政府绩效榜样、国家意志普及与监督特征

韩非在《五蠹》中提出了"明主之国，无书简之文，以法为教；无先王之语，以吏为师"的设想，倡导恢复政府与官吏的"育民"职能，使民众归化于王法与王治之下。这种思想被李斯与秦始皇变成了政策现实，推行由政府官吏逐级施行的"教民以法"的以吏为师政策。它通过各级官吏以及各级政府中的专有部门向民众传授、灌输秦朝的法令，实现"送法于民"，让民众在精神生活上聚焦于国家的法令政策，在物质生活上遵循国家设计好的轨迹，最终实现国家对民众精神生活的控制。

汉朝延续了以吏为师的做法，同时修正了其中过于暴虐的内容，增加

了新的符合汉王朝利益的内容。汉文帝元年，文帝强调了官吏"导民向善"的"师者"作用："且夫牧民而导之善者，吏也。其既不能导，又以不正之法罪之，是反害于民为暴者也。"（《史记·孝文本纪》）景帝六年，汉景帝下诏提出"夫吏者，民之师也，车驾衣服宜称"（《汉书·景帝纪》）。这大大丰富了以吏为师的内容，强调官吏作为民众的"老师"，在着装、交通工具等形象标识上也要注意榜样性。汉武帝统治期间，以吏为师政策增加了新的内容，这深深影响了后世以吏为师行政文化内涵的变迁和发展走向。董仲舒向汉武帝献上了《天人三策》，汉武帝接受了董仲舒的观点，提倡以"董氏新儒学"来"独尊儒术"，这是对以吏为师的新发展，它通过"表彰六经"的方式，实现了对先秦儒家的改造，使其能够成为承载汉王朝国家意志的教授对象，然后通过制度确定了建立太学、宫邸学、鸿都门学、郡国学等官办且官吏推动落实的教育机构来向人民传授承载了国家意志的董氏儒学，以达到教化民众遵守汉朝法纪、接受汉朝意识形态的目的。后面各个朝代的以吏为师政策除了通过政府官员以身示范、导民之外，正规的途径是通过官办的学校教育来实现的。在本质上与秦汉时的政策诉求一样，其后几个朝代推行以吏为师的目的也在于通过教化百姓的方式，将国家意志和意识形态灌输给民众，使他们能够按照国家所设想的方式从事社会活动，按照国家所框定的行动范围从事各种社会活动。达到此目标的方式也与秦汉没有本质差别，均通过钦定、钦编或委托大臣编纂皇帝钦认的方式，确定教材、教学内容，同时以皇帝宣示的方式，确定官吏的行为模式。也就是说，这是以"源头控制"的方式，保证了以吏为师政策运行在国家期望的轨道上。

之后，通过以吏为师的教化功能贯彻国家意志的政策衍生出了新的内容。其一是科举制度的实施、扩大，将国家意志的教化深入到知识分子和潜在的知识分子阶层中。王红春曾统计了明代科举考试中考中进士的考生家庭身份情况，发现"在15634名明代进士中，69.9%的进士祖父没有职官记载，62.1%的进士父亲没有职官记载"[1]。这说明，科举制度不仅仅将"官

---

[1] 王红春：《明代进士家状研究——以56种会试录和57种进士登科录为中心》，博士学位论文，华东师范大学，2013年。

二代""官三代""官×代"的知识分子纳入了国家意志的轨道，也将大量的中下层知识分子纳入了国家意志的轨道。其二是民间教育（私学）主动融入官方教育体系，民间教育在扩展过程中因采用官方指定教材而在本质上将以吏为师政策扩展到了每个社会成员。在社会的"金字塔"中，占社会绝大多数的塔底普通民众才是保证社会稳定的根本性力量，只有将他们纳入社会稳定体系中，才能真正保证社会的长治久安。在不断的实践中，各朝逐渐摸索出了将以吏为师政策在遵循社会发展客观规律的基础上延伸到社会普通成员中去的办法。这种规律就是所有社会成员，只要他们维持生命体存在，就必须解决吃穿住行问题，就需要辨识好坏、美丑、数量多寡等，这就要掌握起码的算术知识、社会法律与政策知识，故而就需要或多或少接受"最低限度"教育。在此基础上，各代政府通过允许开办合法私学，同时诱导私学使用官学教材、使用国家时政素材、了解国家法令的方式，以温婉、润物细无声的方式将国家意志、国家法令渗透到了社会最底层，使得整个社会处于国家主流意识形态的影响、指导之下。李振宏的研究也证明了这种规律的存在。他发现，在宋以后的中国社会，几乎任何一个村庄，都有人或多或少懂得，甚至读过作为钦定教材的"圣贤书"。村子里的大事小情、邻里纠纷，都会由这些"知书达理"的人来调停、解决，而这些人处理社会事务的依据就是直接、间接从私学里面获得的"官修"知识体系。[①] 通过这种微观机制，承载了国家意志的官修知识体系就传遍了乡邻，成为乡邻处事的价值体系。从这个意义上来说，所谓"皇权不下县"是一个并不严谨的命题，虽然县以下可能没有公开的、制度化的政府官吏行使皇权，但皇权所维护、追求的国家意志，却通过私学直接、间接教化普通民众而柔性地贯彻到了社会的神经末梢。皇权的目标就是实现各个阶层都在国家意志的轨道上运行，鼓励私学恰好实现了这个目标，这本质上就是"此处无声胜有声"的皇权下县，甚至下到了每个社会成员的身上。

随着以吏为师政策的不断使用，各个朝代对它都有了一种路径依赖性，使得这项国策逐渐成为一种行政文化，而作为政策客体的人民大众，也慢慢接受、习得了这种文化。有研究发现，虽然我国推进放权改革已40余年，

---

① 李振宏：《秦至清皇权专制社会说的思想史论证》，《清华大学学报》2006年第4期。

但群众一有问题还是找政府，这与原来改革所设想的放权后就应该"找市场而不是找市长"的目标有着较大的出入，[①] 造成这种局面的深层原因就在于以吏为师行政文化已经渗透到了群众的价值观中，已经成为一种下意识行为。综合来看，以吏为师的行政文化主要形成了"吏正为师""主动推送行政管理合法性""柔性构造国家意志的微观基础""民众对政府的'无原则依赖'""治吏不治民"的行政传统，塑造了我国政府绩效的榜样、国家意志普及与监督特征。

以吏为师在政府官员与人民群众中影响最大的就是它的字面意思，即"把政府官员看成老师与榜样，官员如何行动，自己就模仿他们"，正是在这个意义上存在着所谓的"上行下效"。在这种文化影响下，我国自古以来选择官员都有着极高的才能、德行要求，而西方国家政府官员并不必须扮演榜样、师者的角色。与西方不同的是，我国以吏为师文化要求政府工作人员必须不断提升自己的能力，改善自己的品德，最大化自己的工作绩效，唯其如此，才能成为社会成员德行、能力的典范。自汉武帝之后历代王朝都将依照国家意志修正过的儒家学说作为以吏为师的载体，特别强调"吏正为师"的重要性。《论语》提出官员要"修己以安百姓"，《孟子》强调要"以德行仁者王"，《礼记·中庸》坚持"君子笃恭而天下平"，《礼记·大学》中要求国家治理者要"修身为本"。对后世影响最深的要求吏正为师的教诲来自《论语·颜渊》，它旗帜鲜明地要求官员"政者，正也。子帅以正，孰敢不正"。后来，要求官吏成为民众学习榜样的说法更加直白，且充满了忧患意识："民蒙善化，则人有士君子之心；被恶政，则人有怀奸乱之虑。""遭良吏，则皆怀忠信而履仁厚；遇恶吏，则皆怀奸邪而行浅薄。忠厚积则致太平，奸薄积则致危亡。"（《潜夫论》卷八）

概括而言，这种行政传统要求国家的治理者自上而下形成一个榜样体系。在这种体系中，下级官员学习上级官员、下级政府学习上级政府、普通民众学习各级官员、各种非政府组织学习政府组织，这是一个榜样链和学习链。自新中国成立以来，我国依然非常重视这种优良传统。邓小平同志多次强调："领导干部，特别是高级干部以身作则非常重要。群众对干

_____

① 范恒山：《政府体制创新的难点与关键环节》，《中国党政干部论坛》2008年第7期。

部总是要听其言、观其行的。""高级干部能不能以身作则，影响是很大的。现在，不正之风很突出，要先从领导干部纠正起。群众的眼睛在盯着他们，他们改了，下面就好办。"[①] 习近平总书记指出，"共产党的干部就是要严于律己，廉洁奉公，一身正气，两袖清风，清清白白做'官'，堂堂正正做人，坚持高尚的精神追求，永葆共产党人的浩然正气"[②]。这些要求是党的优良传统与我国传统行政文化的有机对接，两者相得益彰，共同服务于我国行政管理和公共服务工作。从政府绩效的生成来说，吏正为师的传统要求有：首先，政府公务人员个人需要承担超越社会平均工作量的岗位绩效任务，要在岗位贡献上作出表率，且这种贡献能够以科学方式计量清楚；其次，政府机构需要展现出比其他社会组织——如企业、非营利组织等——更高的组织绩效，尤其在提供公共服务方面，要形成可计量、可比较的更高绩效；再次，政府机构与公务人员，在推进行政管理和公共服务工作中，要树立懂法守法、德行高尚的典型；最后，政府工作人员要表现出明显高于社会成员的敬业爱岗程度，努力践行"鞠躬尽瘁"精神。

"主动推送行政管理合法性"是以吏为师行政文化的核心诉求，也是被历史学家强调最多的地方。以吏为师的原目标是以钦修教材、官办教育的方式，实现国家意志向民众的普及。这种承载了国家意志和意识形态的教材本身载负着国家治理的合法性内容，而教学的过程，则是告诉民众治理合法性的过程。这实际上是一种政府出面主动"推送"合法性的行为，它采取了积极主动的模式，主动"送合法性上门"，告诉受教育民众，当前政府的诉求以及这种诉求与民众利益的契合性，让民众懂得掌握这些知识就是保障自己的利益。秦朝的"教民以法"，直接"送法于民"；汉朝及之后的朝代，则将国家意志融合到钦修教材中推送给民众，这种主动出击的方式，对当前我国政府增强合法性依然有着重要价值。我国在革命党转变为执政党、革命性政府转变为服务型政府之后，有必要向民众推送"绩效合法性"，这是新时代政府合法性的主要内容。

"柔性构造国家意志的微观基础"是指国家通过对私学的柔性诱导，

---

① 《邓小平文选》第2卷，人民出版社1994年版，第124、125页。

② 习近平：《用权讲官德交往有原则》，《求是》2004年第19期。

将国家意志渗透到普通民众中去的传统。孟德斯鸠洞悉了国家兴衰的规律，他曾提出："一个共和国，如果小的话，则亡于外力；如果大的话，则亡于内部的不完善。"① 在中国这样的大国，如何在管理层级众多、管理幅度巨大的情况下，将国家意志贯彻到每一个社会成员身上，是国家管理巨大的挑战，解决不好会形成潜在的隐患。古代中国通过诱导各地的私学使用国家规定教材、依照国家要求接受公共财政资助、接受国家任命的管理人员等方式，使得私学机构实际上在教授着国家编修的知识体系，成了国家意志的载体。在这种微观机制下，几乎每一个社会成员都或多或少、直接或间接地接受了国家意识形态。这种行政文化是有效解决古代中国"山高皇帝远"、管理幅度大等问题的"精妙钥匙"，这种传统也有助于当前我国探索将各级政府绩效目标柔性融入社会成员中去的微观机制、柔性机制。

"民众对政府的'无原则依赖'"是以吏为师文化带来的一种较为负面的传统。在古代中国，"民"本身就有贬义，暗含了愚昧无知的意味，认为"夫民之为言也，瞑也。萌之为言也，盲也"。（《新书·大政》）《论语·阳货》甚至直言不讳地指出，"唯上知与下愚不移"，这是对民众微不足道与官员高高在上地位的一种直白表达。这就造成了民众相对官吏的卑下位置，民众一般只是被动地听从、学习官吏的行为，一般都默认官吏行为的正确性、可靠性。在以吏为师政策的不断强化下，民众逐渐将官吏视为了自身应该模仿、跟从的榜样，甚至视其为需要向其卑躬屈膝的"父母官"。随着这种心理的不断强化，民众逐渐形成了对政府的无原则依赖，"有事找市长而不是找市场"成为民众的潜意识反应。一些地方依然存在着这种文化，甚至连夫妻感情不和、地里种庄稼还是栽果树、孩子补课这些生活中的琐事都想要通过政府干预来解决。这直接阻碍了我国各级政府了解民众的绩效诉求，对政府的惰性依赖使得民众很难主动、有效地表达自身的绩效诉求，进而影响了政府在管理过程中为民服务的绩效。

以吏为师政策中对官吏最具约束性的传统是"治吏不治民"。由于官吏扮演着民众"师者"、榜样、父母官的角色，"要治民先治吏"就是合乎逻辑的结论了，这也是前现代中国的基本做法。"国家之败，由官邪也"

---

① 孟德斯鸠：《论法的精神》，商务印书馆1961年版，第130页。

（《左传·桓公二年》），针对这种情况，以吏为师的倡导者韩非早早就提出了"治民先治吏"的命题。后来，韩非将这种命题完善为"明主治吏不治民"的理论体系，他强调，"闻有吏虽乱而有独善之民，不闻有乱民而有独治之吏，故明主治吏不治民"，"故吏者，民之本纲者也，故圣人治吏不治民"（《韩非子·外储说右下》）。这种理论观点成为以吏为师政策的有机组成部分，各朝代均奉为圭臬。元代张养浩曾引用时贤的比喻："治民如治目，拨触之则益昏；治吏如治齿牙，剔漱之则益利。"（《牧民忠告·御下》）到了清代，这种传统依然盛行。顺治皇帝在即位诏书中特别声明"国之安危，全系官僚之贪廉"（《清实录·世祖实录》卷九）。乾隆皇帝也强调，"从来为政之道，安民必先察吏"（《清世宗实录》卷五十九）。马克思曾强调："政府当局的存在正是通过它的官员、军队、行政机关、法官表现出来的"[①]，在这里，他所强调的也是"治吏不治民"的思路，因为政府实际上掌握在这些官吏手中。"治吏不治民"的传统提醒我们，可以通过加强政府官员监督、政府组织监督来实现民众的安定，可以通过科学的全过程绩效问责的方式，以润物细无声的方式实现对政府及其官吏的监督和管理。在治吏的基础上，保证政府绩效在人民期望的轨道上运行，而非各种面子工程、形象工程、自我服务等"表演性绩效"盛行。近年来开展的"打老虎""拍苍蝇"行动也是这种监督文化的体现，通过对官员的监督与治理，来保证政府绩效的干净与纯洁。

四、我国政府绩效评估中对传统行政文化的吸收与扬弃

传统行政文化对我国政府绩效生成的基础性作用，需要在绩效评估的工作中体现出来，否则这种基础性就无法落到实处，而评估工作也无法真正反映我国政府绩效的全部特征。

第一，延续实绩晋升的做法，努力实现绩效评估结果的刚性化使用，在行政管理中实现激浊扬清，促发全社会正能量环境的形成，防止负能量

---

① 《马克思恩格斯全集》第6卷，人民出版社1961年版，第320页。

文化的"返魅"。纵观历史,凡是推行实绩晋升的阶段,都是蒸蒸日上、国家走向大一统的时期;反之,破坏实绩晋升规则的时期,都是国家加速走向衰败直至分裂的时代。"实干兴邦"是对实绩晋升文化功效的最贴切描述,实绩晋升的激浊扬清功能,是我国几千年立于不败的一个深层文化基础。当前,虽然我国政府绩效评估工作已经在全国铺开,但对绩效评估结果的使用却不普遍,特别是刚性使用的更为稀少,很少有干部因为绩效不佳而被摘掉乌纱帽,更鲜有人因此被问责、追责的。只有绩效评估结果刚性使用了,根据实绩升降干部、奖惩干部,才能够起到激浊扬清的作用,才能够树立行政管理的正能量。同时,在以吏为师文化的影响下,政府中的实绩晋升、实绩奖惩、实绩问责的做法也会向其他部门、行业扩散,最终使得整个社会风清气正,正能量盛行。

第二,鼓励以人民利益为导向的善治型自由裁量来解决公共服务中的官僚主义,并将其纳入绩效奖励计划。依法行政并不排斥以德行政,在一定程度上,依法行政的高效实施必须依靠以德行政。古代青天文化发挥了"君子德风"的积极作用,依靠官员的高尚德行积极主动地推进行政管理工作,解决消极"依法行政"中默守成规、磨洋工的官僚主义问题。实际上,依法行政往往只是规定了行动的范围、领域、周期,严格来说,只要不超越范围、领域、周期,拖延、推诿便没有明显违反依法行政的要求,这会造成政府管理中的"公文旅行""踢皮球"等问题。要解决这些官僚主义问题,就必须鼓励以德行政,让政府工作人员本着公共利益最大化、人民诉求无小事的善治精神,积极主动地展开自由裁量工作,以更便捷、快捷、满意的方式推进政府管理工作。当然,依据高尚德行展开行政工作并非法律规定的刚性事宜,为了鼓励公务人员不断施行这类行为,就需要将其纳入绩效奖励计划。通俗地讲,就要将其作为"政府考试(绩效评估)"的"附加题",凡是有此类行为的都计入绩效奖励范畴,类似于推行绩效工资之后实行的"年终奖"一样,哪怕只有一项此类行为,也要纳入奖励计划。这样才能鼓励更多的公务人员、更多的政府机构推行以德行政,同时可以在一定程度上解决政府中存在的官僚主义式"行政空转"问题——认认真真依法走过场,但却不为群众真正解决问题。

第三,引入标准化管理思维,在绩效计划中推进"行政程序标准化再造"，根治青天文化思维下的行政过程违法违纪问题，实现全流程标准化绩效问责。青天文化与政府绩效评估最相似的一个地方就是"结果导向"了。青天文化鼓励行政官员"斩立决"式为民作主，这使得一批政府行为虽然结果不坏，但其过程却往往有着瑕疵，甚至有些行政管理中还存在着违法违纪行为，使得即使结果很好的行政行为本身也存在着问题。在特定行政行为已经形成结果之后再以"打老虎""拍苍蝇"的方式来问责、纠错，虽然也有一定效果，但存在行政过程中巨大的财力、物力、人力等资源浪费的问题。习近平总书记提出"把能不能依法办事、遵守法律作为考察识别干部的重要条件"①，就是针对这种过程性违法违规问题的。为解决这类问题，可以考虑引入 ISO（国际标准化组织）的标准化管理思维，在政府管理的绩效规划中，依照法律、法规、政策、政纪的规定，在科学计量的基础上，制定出标准化的工作流程，并要求政府在推进管理与服务的过程中，必须遵照执行。同时，要在每一个流程环节明确责任目标、追责依据，在政府绩效评估过程中，要对每个绩效指标设置标准化责任底线值。在绩效结果计算中，同时要计算出行政程序环节、绩效指标上的责任值，然后根据评价结果与标准化责任底线值的差距进行问责。这样，在日常性、年度性绩效评估的过程中就实现了及时问责，不会将责任累积到很大的程度再来处理，从而为社会减轻了成本。这是一种全过程、全流程、标准化的绩效问责思路，它以润物细无声的方式，将责任问题消解在了日常管理活动中。

第四，将公职人员德行纳入政府绩效评价体系，设置德行评估指标，同时要保证德行数据来自本地随机抽取的群众意见。"金杯银杯不如老百姓的口碑"，公职人员德行的绩效得分，只有群众说了才算数。以吏为师使得社会各界将政府中的公务员看成了行为的老师与榜样，他们往往会模仿公职人员的言行。由于公职人员对社会成员具有较强的示范性，有必要将其德行纳入规制。政府工作人员需接受德行被纳入刚性规制的现实，在一定程度上让渡德行上的某种自由支配权。世界上一些国家以法律、法规的形式规制公务员的德行，比如日本颁行了《国家公共事业道德法》，意大利出

---

① 《习近平谈治国理政》，外文出版社2014年版，第146页。

台了国家公务员《道德法典》，加拿大出台了《公务员利益冲突与离职后行为法》，墨西哥制定了《公务员职责法》。美国则出台了多个法律、法规来约束公务员的德行，1965年约翰逊总统以执行令的方式颁布了《行政官员道德纲要》，1978年国会颁行了《政府道德法》，1985年国会通过了《政府工作人员道德行为准则》。虽然我国目前出台法律法规来约束政府公务人员德行的时机尚不成熟，但可将公职人员德行纳入政府绩效评估系统，并在其中设置专门的德行指标，规定这种指标得分必须由本地群众来操作或者随机选择群众进行调查、访问获得。

第五，各级政府需要在市场"自发秩序"的基础上推动国家新战略、新规划的"工程性下乡""工程性入户"，以解决群众与国家意志的"隔断"问题。以吏为师更深层的传统是政府通过教化、周知功能将国家意志和意识形态贯彻到社会基层，同时借助于私学功能贯彻到社会的"神经末梢"，使得国家意志不仅下乡，还做到了入户、到人。当代虽然已经不存在私学这种主动融入国家意志的"自发工具"，但现在我国已有逐渐发展完善的市场机制，通过市场的自发秩序，我们依然可以有效地将国家战略和意志传输到社会的每一个成员中去，让人民群众发自内心地接受和认同国家意志。具体来说，可以将国家最新战略、最新规划、最新政策以为群众"送利益下乡""送利益入户"的方式，编制新的"富民""便民"表，同时要精细化到按照群众的类型进行分类，比如按照农民、工人、教师等进行分类，也可以按照老人、中年、青年等形式进行分类。这本质上是一种战略、规划的"工程性入户"，它以工程图、工程表的形式，直接告诉不同群体的群众能够从新的国家政策中获得何种好处，告知他们如何具体操作，需要注意哪些时间节点、资格要求，等等。

实际上，我国推行的"精准扶贫"就是一种战略、规划的"工程性入户"行为，它精准地将国家政策直接送到了最该受益的群体手中。当然，从贯彻国家意志的角度来说，这种"精准性"的群体覆盖面还不够宽广。我们设想的国家意志"工程性入户"是一种更为广泛，包括各领域战略规划的入户活动，当然也包括"精准扶贫"这种入户行动。目前网络上出现了一股"仇官仇视政府"的歪风邪气，只要涉及政府公务人员和组织便骂声漫天，甚至抹黑政府。这与一些地方政府没有能够找到合适的方式让各阶层群众知晓国家战略、规划、政策与他们的利益契合点不无关系，使得群众与国家意志之间形成了"隔断"现象。因此，各级地方政府须采用合适的措施，吸纳以吏为师的有益做法，将国家意志有效地传输到每位群众那里去，让群众主动、积极地从满足自身利益的角度出发了解国家意志、接受国家意志、贯彻国家意志。这就需要政府采用战略、规划的"工程性入户"的方式，将此工作纳入五年规划、年度规划以及年度绩效目标中。

数字政务文化的内涵、功能与构建 *

颜佳华 肖迪 **

摘要： 数字政务文化是数字政务整体建设版图中的关键一块，补齐数字政务文化短板将为数字政务接续发展注入核心动力。数字政务文化属于行政文化的一部分，是行政文化的新分支，具有影响的持续性、作用的隐蔽性、对象的多元性等特征。数字政务文化在数字政务活动中发挥着价值导向、观念变革、行为规范等功能。要从物质根基、思想引领、理念支撑、环境生态、制度保障等方面推进数字政务文化构建。

关键词： 数字政府；数字技术；数字政务文化

以大数据、物联网、云计算、区块链、人工智能等为代表的新一代数字技术手段已经广泛应用和嵌入了人类社会生产生活的各个方面，也推动了政府治理实践的转型和发展。数字政务是政府治理在数字技术赋能下生成的新型治理形态，数字政务并非数字技术与传统政务的简单排列组合，而是依托新兴数字技术对传统政务进行再造，数字技术强大的信息处理、数据分析、趋势预测和即时回应能力，极大地提升了政府治理的效率和水平，也为数字政务的服务对象提供了前所未有的良好使用体验。数字政务是当前全球多数国家政府治理变革的共同努力方向，数字政务转型的顺利推进，既需要关注技术落地过程中遇到的硬件设施方面的挑战，更需要重视精神层面上数字政务文化建设所面临的"软件"挑战，只有二者相辅相成，才能使数字政务的强劲势能得到最大发挥。加强对数字政务建设的

---

* 基金项目：湖南省教育厅重点项目（20A481）；国家社科基金思政研究专项项目（20VSZ041）。

** 作者简介：颜佳华，湘潭大学马克思主义学院，教授，博士生导师，主要从事行政文化与行政哲学研究；肖迪，湘潭大学公共管理学院硕士生。

"软件"要素即数字政务文化研究，既能在理论上拓宽行政文化、数字文化的研究视野，也能在实践上为数字政务提供思想引领、价值导向和精神指引，从而"以软辅硬"共同推进数字政务建设实践向前发展。

一、政府治理范式的转型：从电子政务到数字政务

数字政务是在电子政务基础上发展起来的政府治理新范式，为准确阐述数字政务文化之内涵，首先应揭示生成这一文化的实践活动即数字政务与电子政务的内在逻辑关系，厘清电子政府与数字政府、电子政务与数字政务的区别和联系。

（一）电子政府与数字政府的异同

电子政府与数字政府分别是不同时代条件下政府机构为更好地服务于民众而作出的改革回应，建设电子政府与数字政府的根本目的都是增强政府的管理与服务能力，提升治理水平，为民众提供更优质的公共产品与服务，满足民众的需要。在从电子政府到数字政府转变的进程中，时代前进、技术迭代、理念更替，环境和条件的变化自然会导致电子政府与数字政府之间存在一定差异（见表1）。电子政府是 IT（Information Technology）时代的产物，其突出特征是互联网、计算机在政府办公系统与场所中的应用与普及，主导理念是在互联网应用基础上打造高效运作的廉洁政府，互联网的出现重塑了政府的运作方式，降低了政府的行政成本，并在赛博空间中构筑起面向公民、企业、其他各级政府机构等服务对象的虚拟政府，旨在提供一种更为高效、便捷、友好的政府业务交互模式。电子政府是一个复合型的政治和社会现象，涵盖了技术、组织、制度和环境四个层面。[1] 数字时代，政府治理面临着更为错综复杂的结构化问题，作为对数字时代治理困境的回应，英国学者帕特里克·敦利威（Patrick Dunleavy）提出了以重新整合、建立在需求基础上的整体主义、数字化变革为主体内容的数字时

---

[1] 王连伟：《电子政府信任：数字化时代政府信任的2.0版本》，《电子政务》2015年第10期。

代治理理论。^①数字政府是 DT（Data Technology）时代以数据为核心要素实现治理升级的产物，数字政府依托大数据、人工智能、物联网等更为强大的数字技术对数据进行分析以实现高效的资源整合与分配，构建起去中心化的多元主体共同参与治理模式，以数据交换、共享为手段实现政府内外部工作的高效协同，公众满意将成为未来政府改革的核心价值导向，政府的管理、服务与公共产品的提供将更为人性化、精准化、整体化、智慧化。数字政府的出现并非是要取代、颠覆电子政府，而是在电子政府的基础上进行创新改进以更适配经济社会发展。数字政府的本质特征是由我国的治理新需求、发展新困境与人民的新期待共同赋予的。^②

表1　电子政府与数字政府的比较

	电子政府	数字政府
时代背景	信息时代（IT）	数据时代（DT）
关键技术	互联网、计算机	移动终端、大数据、物联网、云计算与云存储、人工智能等
主导理念	高效、廉洁	公正、顾客意识
治理主体	政府主导	多元参与
治理模式	条块分割式治理	整体式精准治理
关系模式	政府（中心）—公民	公民（中心）—政府

（二）电子政务与数字政务的异同

政府作为保障社会稳定运行的关键中枢，连接着社会生活的方方面面，电子政府与数字政府分别是在不同技术基础上所形成的具备其所处时代背景下社会治理所需能力水平的政府形态；政务是政府职能多维面向中的关键一面，包含着政府面向公民、企业等服务对象所提供的一切公共服务与产品，是各级政府间及政府内部的行政事务。从概念出发，"政府"的外延要大于"政务"。电子政务与数字政务作为不同治理模式应用于公共管理

---

① Patrick Dunleavy, *Digital Era Governance: It Corporations, the State, and E-Government* (United Kingdom: Oxford University Press, 2006), p.229.

② 翟云：《中国数字政府建设的理论前沿问题》，《行政管理改革》2022年第2期。

与服务的实践样态，因所处阶段条件的不同而存在着一定程度的差异（见表2）。在电子政务出现之前，受限于技术因素，政务活动的开展以及公共服务与产品的提供只能采取面对面的传统形式，公民、企业在办理政务时需要投入大量的时间、精力成本。计算机与互联网的发展催生了电子政务，政府的政务服务能力得到提升，运作效率有了显著提高，但电子政务产生于互联网应用初级阶段，其运作仍较大地受到时间、空间、设备的限制。在电子政务建设过程中，以程序为主导的设计思维决定了电子政务倾向于重视流程合规，轻视用户体验，这导致电子政务建设后期出现功能重复、信息孤岛、资源浪费、协同低效等弊病，公民办理政务需要"跑多趟"的现象仍是一种常态。电子化的政务服务并未给公民、企业法人等政务服务使用方带来极佳的使用体验。尤其是在"放管服"改革背景下，公共服务形态发生重大变化，网络空间与现实社会全方位深度融合，信息服务需求多元化、个性化趋势日益凸显，电子政务发展中长期存在的互联互通、数据共享、业务协同等方面的问题和矛盾成为制约政府向着高度信息化发展的基础性难题。[①] 社会的数字化整体进程的深入发展同样辐射到了政务领域，体现为政务变革与重塑。数字政务基于移动端设备搭建统一政务应用平台，仅需通过一个 App 或小程序即可集成多级政府的不同政务服务，且后台数据能够互通共享，有助于打破部门壁垒，避免重复建设，整合数据资源，并能够在前台端给到公民、企业更好的使用体验。在以数据治理为主导思维的数字政务中，数据更多地被视为一种人造的资源，每一次政务服务的使用都将生成相应的数据，数据作为资源的价值在于能够为政府实现智慧治理提供"决策依据"以及"预测分析"，从而提升政府精准治理能力与水平。数据治理包含着社会治理变革的动力，这一概念所带来的新的观念与视角能够帮助我们重新审视治理，从而自发地按照时代所呈现的新特征与新挑战去推动社会治理的变革，并在开发和应用数据资源的过程中自觉地依照数据思维去安排和开展社会治理。[②]

---

① 朱锐勋：《政府数字化转型与电子政务深化发展面临的挑战与对策》，《行政管理改革》2022年第2期。

② 张康之：《数据治理：认识与建构的向度》，《电子政务》2018年第1期。

表2 电子政务与数字政务的比较

	电子政务	数字政务
实现机制	门户网站（电脑端为主）	平台、小程序（移动端为主）
协同机制	部门壁垒、信息孤岛	数据互通、高效协同
数据理念	数据作为信息（存储与公开）	数据作为资源（分析与共享）
设计思维	程序主导（强调流程合规）	用户主导（简化流程方便用户）

二、数字政务文化的内涵

（一）数字政务文化的含义

厘清电子政府与数字政府、电子政务与数字政务的区别和联系，为准确把握数字政务文化的内涵奠定了基础。数字政务建设在我国已呈现方兴未艾的图景。所谓数字政务文化就是指借助大数据、云计算、物联网、区块链、人工智能等数字技术对政府机构、权责、流程、协同等各方面进行重塑，以为人民提供更能满足美好生活需要的政务改革进程中所形成的行政价值、行政心理、行政思想等精神层面内容的总和。数字政务文化是在电子政务文化基础上发展而来的，电子政务文化与数字政务文化二者之间既有传承，也有发展。电子政务文化与数字政务文化的生成环境、作用对象以及文化功能等方面是趋同的，二者都具有支撑行政体系运转、引领行政人员思想、变革行政人员观念、树立行政意识、塑造行政人格、辐射影响社会一般文化等功能，作用对象都包含政府工作人员、私人部门、公民个人等。电子政务文化与数字政务文化之间最显著的差异主要体现在两种文化的内核观念上，电子政务文化生长于借助信息化手段提升政府工作效率，将政府业务从"线下"逐步转移至"线上"的政务改革实践中，其内核是以政府为中心点发起的行政改革，在后期才逐渐朝着以用户为中心的方向进行转变。数字政务文化生成于借助新一代数字技术调整政府内部组织结构、进行流程再造，对接政务数据系统，搭建一体化、集约化平台，实现"一网通办"的政务服务改革实践中，其核心观念是真正以用户为中心的，从用户（公众、企业）角度出发去思考各项改革措施的具体制定与实施。从"使用"的角度重新审视和定义公民在政府治理中的角色，把公众视为终端用户，强调公众的使用感觉和体验，并把其作为衡量公共服务质量的重要依据，并将终端用户的价值和体验作为公共服务改革的出发点和归依。①

还需要明晰电子政务文化、数字政务文化与行政文化之间的关系。行政文化是行政主体在长期的行政实践活动中所形成的行政心理、行政观念和行政思想体系等精神性文化之相关内容的总和。② 行政文化作为文化在行政管理领域中的具体表现，包含于整个文化体系之中，是文化系统中的一个子系统；电子政务文化、数字政务文化都属于行政文化中的一部分，是行政文化在不同时期的政务改革实践中生成的新分支，其本质和核心隶属于行政文化范畴；电子政务文化与数字政务文化之间有着传承与发展的关系。电子政务文化、数字政务文化、行政文化三者的关系可用图1表示。

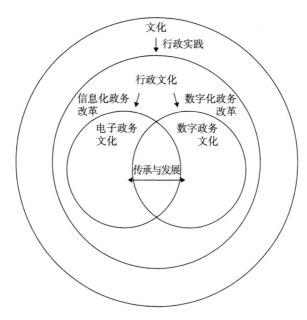

图1　行政文化、电子政务文化、数字政务文化的关系

---

① 钟伟军：《公民即用户：政府数字化转型的逻辑、路径与反思》，《中国行政管理》2019年第10期。

② 颜佳华等：《行政文化新探》，湘潭大学出版社2017年版，第9页。

（二）数字政务文化的内容

经由长期数字化政务改革实践的不断深化，数字政务文化的内容已趋于丰赡并且仍在不断发展扩充之中。具体而言，数字政务文化包含以下内容。

一是"用户思维"的服务型文化。"用户思维"即从用户（公众、企业）视角出发重新审视行政组织架构、业务流程设置、职责权力划分，从怎样做能够最大程度方便客户为起点去思考改革所面临的深层问题与具体的改革措施，用户对政务服务的评价与反馈将被纳入政务改革成效的评估机制之中。在服务型文化的影响下，政府工作人员在履职时要摆正自身的角色地位，明确人民群众是主人，政府是人民公仆，以为人民服务为宗旨，虚心听取人民群众的意见与建议。

二是"争分夺秒"的高效型文化。大数据、云计算、物联网、人工智能等数字技术的赋能能够帮助政府获得更为强大的数据信息处理能力，追求"更快、更好、更精准"的政务服务水平将成为数字政务建设的新目标。在高效型文化的影响下，政府内部工作人员同样需要改进自身工作方法，提升工作效率与执行力，适应数字化政务服务快节奏工作风格，杜绝庸懒散慢的低效作风。

三是"协同合作"的共享型文化。传统科层制管理结构下每个部门分别划分了不同的职责权限与工作内容，尽管在过去较长一段时间内科层制在行政组织领域内的应用使得组织架构得以保持稳定，但在政务事项日趋复杂、机构设置增多、行政人员扩充、职责权限交叉的情况下，条块分割式的管理模式已难以适应社会的发展和需要，推诿扯皮、不作为现象即是条块分割式治理方式衍生的弊端。在"协同合作"的共享型文化影响下，各部门借助数字技术助力后台数据跨部门跨层级互通共享，前台业务整合通办，最大化发挥数据资源优势，消除部门壁垒，打通数据孤岛，加快推进数据、资源、经验的共享。

四是"高度参与"的民主型文化。在数字技术的赋能下，政务信息公开将成为政务工作的常态化标准，极大拓宽了公众获取政务信息的渠道，门槛与参与成本大幅降低，为公众广泛参与创造了有利条件。在"高度参与"的民主型文化影响下，公民意识进一步加强，并通过社交媒体、政务监督渠道进行反馈，公众的声音得到有效放大，引起政府的重视并对工作的不足加以改进，在长期的良性政民互动过程中，塑造双向信任、高度参与的民主型文化氛围。

五是"敢为人先"的创新型文化。历史上，我国因复杂的经济、政治因素而错过了改变人类历史进程的前两次工业革命，在20世纪80年代的信息革命中仅仅搭乘上了信息化的末班车，经过改革开放政策调整后的中国迅猛发展，在第四次工业革命中，我国在大数据、物联网、云计算、区块链、人工智能等领域的技术水平已走在世界前列，中国第一次与世界上其他发达国家站在了同一起跑线上。在"敢为人先"的创新型文化影响下，依托国家政策重视、雄厚经济实力、人才储备支撑等优势条件，我国在数字政务转型进程中正勇于突破，积极创新。

（三）数字政务文化的特征

数字政务文化生成于数字政务改革实践进程中，随着数字化政务建设的深入推进而不断发展、更新，日益丰富；同时又能够反过来对数字化政务建设产生作用。数字政务文化的特征主要包括以下四方面。一是影响的持续性。数字政务文化一经形成，将会在较长一段时间内对数字政务实践进程产生持续性的指导、引领作用。数字政务文化影响的持续性来自它对于受其影响的对象世界观、价值观、人生观的塑造与改变，这种影响深刻地作用于人的头脑中，并将深远持续地影响人对于数字政务的认识以及行为选择。二是作用的隐蔽性。数字政务文化同一般文化具备相同的属性，数字文化的作用方式呈现为不成文的程式化规则与秩序或心理模式，潜藏于行政体系内部组织设计、流程安排、规章秩序中，其作用的发挥首先是在潜移默化中内化于行政人员心理、观念、思维、认知等精神层面，再通过行政人员的具体行为表现出来，具有隐蔽性。三是对象的多元性。数字政务文化是在经由政府主导的数字化政务改革进程中生成的，但其作用的对象却并不仅仅局限于政务人员，使用数字政务服务的用户即公民、企业同样会受到数字政务文化的影响。四是范围的辐射性。文化系统本身具有开放、包容的特性，其作用范围并不是局限的、孤立的、界限分明的，数字政务文化中具有先进性、变革性、示范性的部分会经由社会活动辐射扩散到文化系统的其他子系统中，以点带面，推动社会整体文化向前发展。

三、数字政务文化的功能

任何一种文化都不是凭空诞生的，文化必须有其相应的物质基础作为支撑才有可能诞生，人创造了文化，文化也在塑造着人，在文化与人的双向互动过程中，文化对人所产生的作用力即体现为文化的功能。数字政务文化生成于数字政务建设与实践的活动过程中，是文化在数字政务领域的具体表现，其本质又属于行政文化范畴。因此，数字政务文化兼具文化与行政文化的一般特征，对其功能的阐释可以借助文化与行政文化功能分析范式进行展开。

（一）价值导向功能

数字政务文化的价值导向功能是指行为主体在进行价值判断、目标确定、行为选择等方面受到数字政务文化在意识层面所发挥的价值引领作用，这种价值引领作用不一定为行为主体所觉察，却能够以潜移默化的方式对行为主体施加影响，切实存在于行为主体思考、决策、行动的过程之中。首先，数字政务文化的价值导向能够打造公共价值规范。数字政务文化中包含着行政实践活动的价值目标，为行政实践提供着精神指引。通过有意识地培育数字政务文化并在行政实践活动中强化文化的引导功能，在庞大的各级行政组织内部构建起整合统一的行政价值取向。在这一价值导向的作用下，行政实践活动的行为主体能够树立符合社会进步发展需要的价值判断标准，确立明确的价值目标，作出人民利益至上的行为选择。其次，数字政务文化的价值导向能够凝聚精神力量。数字政务文化融合在数字政务实践活动之中，以积极运用数字技术和互联网思维推进政务流程全面优化、系统再造，更好地解决数字社会面临的一系列问题与挑战，提升社会治理现代化水平，以建成"以人为本"的智慧城市为理想目标。[①] 通过对数

---

① 姜晓萍、阿海曲洛：《社会治理体系的要素构成与治理效能转化》，《理论探讨》2020年第3期。

字政务建设成功案例的宣传、交流、激励来凝聚朝着美好的数字化治理目标奋进的精神力量，激发数字政务行为主体更为积极主动地投入到数字政务建设工作中去，充分发挥创新精神与担当精神，将个人价值的实现融入数字政务建设大业中去。再次，数字政务文化的价值导向能够激发公民意识。数字政务活动的行为主体不仅包括数字政务服务的提供方——政府工作人员，还包括数字政务服务的接受方——社会公众，两者都在数字政务实践活动中受到数字政务文化的熏陶与浸润。对于社会公众而言，数字政务文化中所包含的服务理念、公众广泛参与以及人民至上的价值导向将进一步激发民众的主人翁意识和对数字社会建设的责任感，使民众积极参与到数字政务建设过程中，从数字政务使用者的角度给出改进的意见与建议，帮助政府不断修复数字政务建设进程中的缺陷，成为督促政府不断提升服务水平的持久动力。行政人员与社会公众在积极健康的数字政务文化价值导向作用下形成的良性互动关系，最终将成为塑造更为健全、深刻、积极的数字政务文化的一股合力，驱动着数字政务向着打造美好生活的方向深度发展。

（二）观念变革功能

数字政务文化的观念变革功能是指在数字政务活动过程中生成的文化，能够有效地对行为主体意识中的观念部分进行革新、替换。只有人们的观念实现了改变，有着根据社会的现实要求去变革社会治理模式的追求，才能主动地去发现新技术之中所包含的社会治理模式变革的要求，并将其转化为社会治理变革的实践。[1]观念变革是行动的先导，数字政务文化的观念变革功能主要体现在以下三方面。一是用户思维带来的观念转变。在传统政务服务模式中，政务服务流程设置多是围绕政府各相关部门为主体进行设计，注重流程合规多于注重用户使用体验。数字政务文化从用户思维出发，通过在数字政务建设进程中强调用户的中心地位，流程再造的过程中始终坚持用户体验至上，将用户思维渗透到政府公职人员的思考方式之中，

---

[1] 张康之：《论信息技术应用中的社会及其治理》，《武汉科技大学学报》（社会科学版）2017年第4期。

使得组织内部从行政个体到行政整体都能够自觉地以用户思维作为决策、变革、行为的首要准则。二是数据治理思维带来的观念转变。传统政务模式中政府决策需要进行长期的考察与调研才能够获取支撑政府决策的足量信息，而在移动终端设备与互联网的普及之下，公众的网络活动均会留下数据，数字政务所要完成的就是对这些巨大的数据样本进行整理，从大数据的汪洋中获取关键信息来支撑政府作出科学的预测、分析与决策。数字政务文化所包含的数据治理理念将在组织内部营造重视数据、科学决策的工作氛围，对行政人员产生一定的精神层面影响，树立起重视数据作为资源价值的观念，将数据治理融合到具体工作开展进程中。三是公开透明的观念转变。在传统政务模式中，政府的信息公开渠道稀缺，公众获取政府信息的成本也更高，政府与公众之间长期存在着"信息差"。而在数字政务的背景下，政府公开信息的渠道极大扩宽，公众获取信息的门槛也一再降低，"信息差"逐步在科技的发展进步之下得到弥合。数字政务文化中所包含的公开透明理念能够在组织内部营造起公正廉明的风气，这样一种推崇廉洁高效的内部氛围会对行政人员产生深远影响，使组织内部长期保有端正的工作态度与作风。

（三）行为规范功能

数字政务文化的行为规范功能是指行政人员在数字政务文化的影响之下对自身行为进行的规制与调适，是数字政务文化作为基本价值规范对行政人员产生影响的外化表现。数字政务文化对行政人员行为进行规范的作用主要体现在以下三方面。一是以数字技术为基底生成的新行政文化将对传统行政文化中落后的部分带来冲击与涤荡，加速行政人员行政意识的新旧更替。数字政务文化生成于长期的数字政务实践活动之中，将新兴技术纳入传统行政模式的目的就是要推进政务改革，而在这一过程中诞生的数字政务文化是符合时代发展背景、契合社会进步完善需求以及富有生命力的新文化，新文化的诞生势必会对旧文化中的落后部分造成冲击与涤荡，从而激发行政人员摆脱传统行政文化中官僚主义、形式主义、人治主义等落后的行政意识之束缚，自觉以高效、公平、服务等先进的意识来指导自身的行政行为，使自己的行为选择始终以公众利益为基本向导。二是数字政务文化隐藏于行政系统运转规则之中并在潜移默化中对处于这套行政系统运转规则中的行政人员产生影响与约束。数字政务文化中所蕴含的价值、理念和观念具有辐射扩散性，其作用的方式并不是孤立的，而是会扩散并内化于行政体系法律法规、程序设置以及监督考核机制之中，行政人员作为行政体系中的个体，工作的具体开展必须遵循相应的行政法规与程序，工作质量的评价标准也与监督考核机制挂钩。因而其所接收到的数字政务文化的熏陶与影响是系统的、全方位的和持久的，在数字政务文化的浸润下将其所包含的理念内化于心，会对行政人员的行为选择发挥潜意识的影响，使行政人员能够遵循着数字政务文化的理念自觉要求和约束自身的行为选择。三是数字政务文化的作用力是多向度的，这样的作用方式将在数字政务服务的提供者与使用者之间形成一股正向循环的推动力。数字政务的提供者对于满足使用者的期待、满意与认可的追求在一定程度上推进着行政人员的行为朝向规范化的轨道发展。数字政务文化不仅仅能够对行政系统内部人员施加影响，同时也会对使用数字政务服务的社会公众产生一定的影响，这种影响最终成为促进数字政务不断走向完善的正向循环动力。社会公众在数字政务文化的影响下又会对行政人员的决策能力、业务水平、个人品德、道德素养以及服务态度等方面提出更多更高标准的要求，人民的满意、认可与肯定是政府行政人员工作的价值所在，行政人员只有规范自身言行、忠于职守，吸取先进理念、不断提升自我，才能达成这一价值目标。

四、数字政务文化的构建

每一种文化都必须经历一个较为漫长的过程才能酝酿出深厚的文化底蕴，数字政务文化也是如此，其构建非朝夕之事。坚实的数字政务基础设施建设是数字政务文化生成构建所必需的物质根基，此外，为保证数字政务文化朝着积极健康的方向发展，充分发挥其功能，在数字政务文化构建过程中还需要施以正确的思想引领、先进的理念支撑，以及构建多元主体环境生态、完善法律制度保障。

（一）筑牢物质根基：推进数字政务基础设施建设

构建数字政务文化，首先要筑牢文化扎根生长的物质土壤。数字政务基础设施是数字政务活动展开的前置基础条件，也是数字政务文化的根基所在。当前我国数字政务建设的关键问题是数字政务建设供给侧严重失衡，区域发展不平衡的现实问题同样影响到了数字政务的区域协调发展，经济发达地区与欠发达地区数字政务发展水平存在较大参差。筑牢数字政务物质根基应从以下方面着重解决经济欠发达地区数字政务基础设施建设薄弱的问题。一是遵循顶层设计思路，尽快将欠发达地区数字政务建设纳入统一规划中来。把省、市、县以及乡一级的地方政务服务尽快整合到国家一体化政务平台中，统筹服务入口，提升公共服务效能，降低使用门槛，尽快实现"一网通办"。二是加大对欠发达地区数字政务建设的资金与人才支持。在数字政务建设的下半场，要加大对欠发达地区数字政务建设发展资金投入的倾斜力度，坚持政府安排财政专项资金投入的主体地位，同时发挥金融资金的协助作用，增加金融资金对数字政务建设的投放，鼓励引导社会企业投入到欠发达地区数字政务建设事业中来，发挥政企合作的强大合力；颁布相应的人才引入政策，吸引技术人才到欠发达地区干事创业，解决欠发达地区数字政务基础建设配套资金与人才的紧缺问题。三是加快打造"数据开放、交换共享、齐心共进"的一体化数字政务新格局。当前我国各地广泛开展大数据中心、政务服务信息平台、"互联网＋政务服务"等政府治理实践探索，但是跨层级、跨地域、跨部门、跨业务的数据共享与流动中存在着大量孤岛，这是数字政务建设的关键瓶颈，具体表现为横向上部门间信息共享动力不足，纵向上机构间数据互动机制不畅。[①] 将这一问题放在全国视野下进行观察则更为突出，因此需要尽快加强东西部数字政务建设先进经验的交流共享，推广优秀可行的数字政务设计应用方案，总结吸取成功经验，补齐欠发达地区数字政务建设短板。

---

① 翁士洪：《数字时代治理理论——西方政府治理的新回应及其启示》，《经济社会体制比较》2019年第4期。

（二）坚定思想引领：护航数字政务文化前进方向

习近平总书记在新进中央委员会的委员、候补委员学习贯彻党的十八大精神研讨班上的讲话中指出："坚持马克思主义，坚持社会主义，一定要有发展的观点，一定要以我国改革开放和现代化建设的实际问题、以我们正在做的事情为中心，着眼于马克思主义理论的运用，着眼于对实际问题的理论思考，着眼于新的实践和新的发展。"马克思主义从来不是僵化的教条，而是随着实践不断发展更新的理论。以马克思主义为指导，确保数字政务文化建设的正确前进方向，具体需要从以下几个方面切入。首先要坚持马克思主义人民观。人民群众是社会物质财富的创造者，也是社会精神财富的创造者，数字政务文化应当紧贴群众，坚持以人民群众为中心，把群众的诉求、需求和要求作为数字政务建设的首要目标，逐步开放更多让群众能够参与到数字政务建设工作中的途径，构建起心系群众的数字政务文化。其次要坚持马克思主义实践观。实践是检验真理的唯一标准，数字政务建设是诸多国家在数字时代背景下共同需要面对的政府转型难题，在最优解尚未出现之时，只有经历实践的检验才能证实经验的正确与否。正因为数字政务建设是一项尚在努力中的事业，数字政务文化应当坚持马克思主义的实践观，构建起鼓励创新、真抓实干的氛围。最后要坚持马克思主义文化观。将中华优秀传统文化融入数字政务文化中，摒弃传统文化中落后消极的部分，将传统文化中所蕴含的有利于数字政务文化建设的精华部分加以吸收、补充、拓展、完善，让传统文化中的精华在数字政务文化中得到传承发展，服务于数字政务建设。以科学的马克思主义思想方法和工作方法为指南深入开展数字政务建设，才能为数字政务文化朝着科学的、先进的、符合中国特色社会主义道路的方向前进保驾护航。

（三）树立理念支撑：充实数字政务文化价值内容

先进理念能够为数字政务文化的发展提供价值选择，充实数字政务文化的价值内容，影响数字政务活动的目标取向。为使数字政务文化朝着积极健康的方向发展，应当坚定树立以下理念。第一，以人为本理念。以人为本是指在政府治理与服务的全过程中要始终坚持以人民群众为根本出发点，一切从人民群众的真实需求需要出发，为人民群众提供满意的服务。在数字政务文化中坚持以人为本理念要求政府人员在数字政务实践活动的决策、执行、监督等过程和环节坚持以人民群众公共利益的实现为首要目标。第二，服务型理念。随着人类社会的发展进步，政府所掌握的公共权力在社会生活各领域不断扩张，在多数国家中，政府都扮演着管理者的角色，公共权力因其权威性、强制性、支配性的特性而极易受到滥用，从而导致官僚主义、寻租腐败等现象。在数字政务文化中树立服务型理念正是要扭转公共权力代理者的执政角色认知，从管理者的角色向服务者的角色转变，将人民群众视为顾客，主动跟进顾客需求，回应顾客疑问，提供顾客所需服务，将获取顾客满意度作为服务的终极价值目标。第三，法治型理念。法治程度是衡量一个国家现代化程度的重要标尺之一，法治是关住权力最牢固的铁笼，只有行政权力始终置于法律的约束之下，才能保证社会秩序的平稳运行，避免公共权力因滥用而变成阻止公共利益实现的障碍。在数字政务文化中树立法治型理念要求行政人员必须加强自身法律意识和规则意识，在数字政务实践中以法治思维规范数字政务过程，约束自身行为，坚持依法行政。

（四）完善制度保障：规范数字政务文化法治内核

在哈贝马斯看来，法律作为普遍的、抽象的和永恒的规范总和，蕴藏着一种集正确性与公正性于一体的合理性。[1]数字政务并非简单地将传统政务从线下复制粘贴到线上，而是一项涉及多重技术复合的复杂工程，数字政务建设的规范发展同样需要借助法治赋予的合理性作为其内核支撑。随着我国数字政务建设快速发展，现行的法律与条例已难以适配数字政务的发展现状。规范数字政务文化法制内核，应从以下几个方面出发：首先，应当尽快将数字政务法的制定列入全国人大常委会立法规划之中，充分发挥人大立法的主导作用，尽快在做好理论研究、实际调查的基础上出台数字政务建设重点领域法律法规，将数字政务建设纳入法制轨道意味着有关数字政务建设的一切行为都要遵循于法有据的原则，对数字政务建设进程

---

① 哈贝马斯：《公共领域的结构转型》，曹卫东等译，学林出版社1999年版，第90页。

中出现的信息泄露、安全漏洞等问题依法追究。其次，要加快提升政府公职人员的法治思维能力。通过开办法律知识培训、专题讲座、线上考试、推广智慧普法 App 等途径尽快提高和强化公职人员的法治思维和法治素养，在数字政务建设进程中塑造尊法学法守法用法的氛围，注重理论结合实际，确保公职人员通过数字政务为人民群众提供政务服务时务必做到合法合规，严格依法行政，有法必依，违法必究，强化社会主义法治权威与力量。最后，要不断增强人民群众的法治意识。政府部门应当通过长期、持续、深入、广泛的宣传教育开展普法工作，结合新兴网络媒介平台以短视频等形式创新普法途径，以人民群众喜闻乐见的方式开展普法活动，增强人民群众法律意识，使他们在使用数字政务服务过程中有违法侵权纠纷发生时能够用法律武器维护自身合法权益。

（五）打造环境生态：共塑数字政务文化多元面向

数字政务文化的构建并非政府行政人员的内部事务，而是需要社会多元主体共同参与，不同的社会主体代表着不同的利益立场与对数字政务服务的需求，参与到数字政务文化构建进程中的主体越广泛，越能够丰富与发展数字政务文化的内涵，塑造数字政务文化的多元面向。首先，公众应当觉醒自身公民意识，积极主动地了解政府数字政务建设进程，通过政府提供的反馈渠道为数字政务建设建言献策，在实际使用政府数字政务服务时对服务过程中不合理的流程设置、工作人员不合规的处理操作采取合法途径进行举报与投诉，从而帮助政府更好地改进数字政务服务。其次，企业作为使用政府数字政务服务的一大主体，应当从企业法人角度出发对政府在数字政务服务中提供的各项与经营活动相关的业务流程设置、受理时长、服务质量等方面进行评价与反馈，帮助提升数字政务业务全流程办理的科学性，改进服务质量水平，使数字政务能够更好地为社会生产经营活动服务。最后，政府行政人员应当充分树立构建数字政务文化的责任意识，从顶层设计出发，自查自纠，对数字政务运行过程中收到的来自人民群众与企业法人的建议意见予以及时答复处理，并对科学合理的建议予以采纳。在构建数字政务文化过程中，不同主体看待问题的思考立场与出发点不尽相同，只有在不同主体广泛参与的基础上综合各方所代表的利益再进行调和，群策群力，打造构建数字政务文化的多主体环境生态，数字政务文化所包含的内容才会更多元。

五、结语

新一代数字技术广泛渗透到人类生产生活各领域，对人类社会产生影响的深度与广度都远超以往的工业革命，并将人类带入了一个充满高度复杂性与不确定性的时代。在通往现代化治理的道路上，技术是强有力的推进器，但真正能够决定人类的未来将走向何处的，依然是具有主体意识的人类本身。技术之根本是成就与实现自由，使自由成为一种现实的力量，但技术在成就自由的同时又可能发展成为新的剥夺自由的条件，技术与自由处在这样一种原始矛盾之中。在技术所包含的成就与威胁人类自由的基本张力之中，需要借助人文的力量对二者进行平衡。数字政务建设的最终目的是顺应数字化转型趋势，发挥数字资源价值，实现政府智能化升级，全面带动和提升数字中国建设水平，推进国家治理体系和治理能力现代化。如果说技术是推进实现这一目标的引擎，那么文化则是确保数字政务建设始终朝着这一目标前进的方向盘。数字政务文化的建设与构建是我国数字政务发展进程中的薄弱环节，也是制约新一代数字技术在政务领域全力发挥强劲势能的关键掣肘，为此，展开对数字政务文化的研究是深化数字化治理、贯彻数字时代新发展理念、推动国家治理现代化、构建以人民的幸福生活为中心的政务服务模式之必要举措。

行政文化研究的创新之作

——评王锋新著《走向服务型政府的行政精神》*

张康之 **

王锋的新著《走向服务型政府的行政精神》一书已由商务印书馆出版，又为我们展示了服务型政府研究的一项新成果。该书从公共行政的两重性特点入手，构建起了行政精神双螺旋结构的分析框架。这是一个分析行政精神的初步框架，在此框架下，铺陈出一条从农业社会到工业社会再到后工业社会的历史线索，提出人类社会演进中出现的三种行政精神类型，即经验性的行政精神、理性化的行政精神以及超理性的行政精神，并对其演进规律进行了初步探索。在对经验性的行政精神、理性化的行政精神进行批判性分析的基础上，指出超理性的行政精神是未来社会发展中应当努力建构的内容。出于这一考虑，作者重点分析了超理性行政精神的构成、特点，探索了其在社会中的作用机理。应当说，王锋教授从社会构成、组织结构、公共管理者三个层面对这种新型的行政精神进行了前瞻性描述。这是一项可喜的研究成果，在某种意义上，可以说对行政精神乃至行政文化的研究，作出了开拓性的贡献。

一、立足于后工业化探讨行政精神

王锋教授在研究行政精神时是将其作为行政文化的核心构成部分看待的。应当说，在20世纪60年代开始，西方学术界就把文化研究纳入到社会观察的视野中，逐渐形成了一股关于文化研究的思潮。同时，政治文化以

---

* 基金项目：教育部人文社会科学重点研究基地伦理学与道德建设研究中心重大项目"社会治理的伦理重构"（16JJD720015）。

** 作者简介：张康之，中国人民大学公共管理学院教授，博士生导师。

及行政文化的研究也取得了丰硕成果。但从既有的研究成果来看，大都属于描述性研究，而且更多的是以比较研究的名义进行描述，通过文化结构而找到其核心并加以分析的成果不是很多。即使有一些研究试图在这方面作出探讨，就呈现出来的成果看也很难令人信服。王锋教授在行政文化研究中，直接从行政精神出发，无疑是为行政文化研究找到了一个很好的切入点。这对其他领域乃至整个社会的文化研究来说，都具有启发意义。正如我们所了解的那样，行政文化内容丰富，涉及领域庞杂，如果没有一个很好的切入点，而是面面俱到地去进行描述，就很有可能做成一个大杂烩。

文化不是凝固不变的，而是随着时代的变迁而发生变化。虽然与社会中的其他存在形式相比，文化往往具有较强的稳定性，一旦形成就会得到继承，但是，文化的时代性也是毋庸置疑的。特别是在人类历史的大视野中，文化的历史性就显得更加清晰了。在农业社会、工业社会和后工业社会这样的历史大视野中，与人类社会的每一个历史阶段联系在一起的文化都具有非常明显的历史性。王锋在历史的大视野中去考察行政精神以及行政文化，对于惯常的那种泛历史主义的文化研究来说，无疑是具有批判价值的。当然，一般说来，学者们的文化研究基本上都是出于某种历史继承的目的，因而，人们总会通过泛历史主义的证明去努力发现那些对现代社会生活具有价值的因素。这个目的是不应加以否定的，但历史的进步与社会的发展也是一个必须承认的事实，继承与建构必须并重。出于建构性的目的，就应当在时代特征中去发现社会新质，寻求文化建构可以吸收的新因素，特别是应努力把握文化建构的新方向。行政本身是最具时代性的现实活动，行政文化的研究尤其需要从当下的现实出发。所以，王锋这本书的立意就是值得点赞的。

当下的社会现实是人类正处在全球化、后工业化进程中，王锋在这一社会背景下思考行政文化、行政精神，同时也注重对行政文化以及行政精神的历史演进进行考察，从而很好地为我们呈现了一幅立体图景。显然，后工业化是一个正在展开的过程，意味着人类必将走向人类历史的一个新的阶段——后工业社会。一方面，考虑到丹尼尔·贝尔在20世纪70年代提出"后工业社会"这一概念至今仅仅数十年的时间，这在人类历史上只能说是短暂的一瞬，也正是因为时间尚短，以至于人们关于后工业社会到来的观念仍然没有形成，至少尚未形成这样的共识。在某种意义上，"后工业社会"还只是一个学术概念，存在于学术界圈子内，在广泛的社会意义上，人们并未真正形成这样的认识。因而，立足于后工业化去探讨行政精神以及行政文化，无疑是一项前瞻性的课题。这在某种意义上，也增加了建构性研究的难度。可以认为，这是一项具有很高难度的研究。王锋教授致力于这项研究本身，就反映出一个年轻学者的探索勇气。另一方面，由于后工业化是一个正在展开的过程，还处于未定型之中，这也决定了王锋教授的这项研究具有重要的开拓性价值。如果这项研究能够得到学术界的广泛响应的话，就能够在后工业化的条件下增强行政精神以及行政文化建构的自觉性，不仅对于把握行政改革的方向、完善行政体系，而且对于一个完整的适应后工业社会社会治理要求的治理体系建构，都具有重要意义。

改革开放以来，中国行政发展中的最大理论成果就是提出了服务型政府建设的课题，而且也已经转化为行政改革的实践。王锋把对行政精神的研究与服务型政府建设结合起来，并出于服务型政府建设的目的去探讨行政精神及其自觉建构问题，这无疑是一个正确的研究取向。而且，从人类社会所呈现的新特征来看，我们正处在一个高度复杂性和高度不确定性的时代，服务型政府建设正是根据这一时代特征而提出的新课题。因为，在社会处于低度复杂性和低度不确定性条件下，我们可以通过对制度等物化设置的强化而去开展社会治理，在高度复杂性和高度不确定性条件下，一切物化的设置都会显现出僵化的状况，以至于我们必须从那些非物化的因素出发去思考服务型政府建设的问题。在此意义上，王锋的这项研究也是找到了一个确切的出发点。

服务型政府的理论建构是在农业社会、工业社会和后工业社会这样一个分析框架中作出的，即认为人类社会的发展依次推展出了统治型政府、管理型政府，并正在展现服务型政府建设的必然性。王锋教授的研究遵循了这一分析框架，在政府模式的历史演进中去考察行政精神以及行政文化，努力去发现新型行政文化出场已经显现出来的新迹象，自觉地和前瞻性地构想与服务型政府相联系的行政文化，取得了很好的效果。我们看到，王锋教授在每一处都努力在与管理型政府的行政文化进行比较的基础上去阐发他的新构想，依据政府从管理向服务转变的必然性去确定与服务型政府相应的行政文化特征、内容等。比如，王锋教授认为，如果说管理型政府所塑造出来的行政文化是纪律、服从，使整个行政体系成为一个严密的管理体系，那么，后工业社会的行政文化就应当具有多元性特点，尤其是治理主体的多元性使得管理型行政文化失去了自己生存的土壤。王锋教授从这一基本判断出发，用了大量深入的具有哲学色彩的论证，令人信服地证明了服务型政府需要拥有与自己相应的行政文化，因而，也就顺利地展开了对一种与服务型政府相适应的行政文化的新构想，并作出了系统的阐发。

行政文化有着丰富的内涵，从宏观的角度来看，行政道德、行政伦理、行政思想，甚至行政理论的诸多内容，都可以在行政文化这个框架下去作出探讨。也就是说，道德伦理、思想理论等，都可以看作是文化的基本内容。在某种意义上，借用黑格尔的一个概念，关于行政的客观精神都可以列入行政文化之列。所以，当我们去思考行政文化本身时，每一个时代，甚至每一种政府类型，都有着丰富的行政文化内容，而且形式也不尽相同。这些都是需要我们去挖掘和整理的。再者，考虑到文化的传播和继承，也需要给予来自传统和外域的行政文化以关注。显然，工业社会这个历史阶段中建构起来的行政文化也会作为后工业化进程中行政文化建构的一笔遗产对待，需要去加以整理，需要作为后工业化进程中行政文化建构的起点和素材。当然，工业社会的行政体系由于过度地追求科学化、技术化而排斥了行政伦理以及道德的作用，但由行政主体在行政管理活动中所形成的行政经验、行政传统、行政习惯、行政理性、行政精神等，则是后工业化进程中行政文化研究必须重视的因素。其中有许多因素是可以通过整理而成为面向后工业社会的行政文化建构的宝贵资源的。王锋教授的著作对这些都作出了非常认真的分析，从而使得叙述显得有血有肉。

当然，这本著作的研究重心是行政精神，王锋教授也明确地表达同意格里芬的一个观点，那就是文化的核心是精神。事实上，王锋教授正是基于这一认识而从行政精神入手对行政文化作出了深入而系统的研究，对行政文化进行了多层面的考察。比如，在宏观的层面上，分析了科学与文化的关系，梳理了行政伦理及其道德的演化历史；在较为微观的层面上，考察了与行政主体的行政行为相联系在一起的经验、习惯、理性等。这样一来，虽然贯穿于全书的重心是行政精神，而在层次展开的过程中，则使行政精神蕴于其中的结构清晰地展现了出来，也使行政文化体系的整体面貌变得非常清晰。所以，可以认为，这是一本重心突出、叙述丰满的著作。

二、为服务型政府研究提供一条路径

与实证研究不同，理论叙事的著作应当有历史感，或者说，需要在历史的线索中展开。看不到历史的著作，很难具有理论深度。这本书是一部在历史的线索中去进行叙事的著作，所以，是合乎理论叙事的标准的，也可以说是一部理论色彩很浓的著作。阅读这本书，可以发现，王锋教授努力在人类历史的流变中去揭示行政精神的演进，并从中归纳出了行政精神的三种基本类型，而且也在理论框架的建构方面做了令人满意的工作。我们知道，行政精神是一种观念性的东西，但它并非不可捉摸的，只要确立起一个历史演变的框架，也就能够把握行政精神的演进规律，并区分出不同的类型。这对于面向未来的行政精神自觉建构来说，是非常有益的探讨。因为，这样做，一方面使行政精神变得有规律可循；另一方面，可以针对不同历史阶段的行政精神揭示出它们的内在特性，并把不同的行政精神归纳出来，从而准确地把握行政精神的不同类型。

黑格尔曾说过，精神是一种观念性存在，行政精神也是如此。作为一种观念性的存在，行政精神又是行政管理实践的反映，是在行政管理实践中形成的观念形态的东西，是对丰富多彩的行政管理实践的总结与反思。但是，以行政文化出现的和作为行政文化构成部分的行政精神却不是具体的行政管理者个人的认识或意识，而是一种客观精神，属于行政体系，是行政体系的构成部分。也就是说，行政精神是一种为全体行政人员所承载和能够贯穿到所有行政行为中的一种精神。对于行政人员个人而言，无论是自觉的还是不自觉的行动，都会受到这种精神的支配或引领，会在每一项行动中都包含着和体现出这种精神。所以，也可以认为，行政精神是行政体系中的一种虽然隐蔽却又无处不发挥作用的因素，甚至会以行政体系的基本特征的形式表现出来。也就是说，一方面，对行政精神这种观念性的东西，人们会本能地感觉到它以一种支配性的力量在发挥作用，而且让人们感觉到它是一种客观性的力量；另一方面，行政精神在通过具体的人而发挥作用时，在每一个人那里又都会表现不同，甚至会表现出巨大的差异。这说明，行政精神本身是无形的，所发挥的作用以及发挥作用的过程也是不确定的。正是由于这个原因，关于行政精神的研究是比较困难的。王锋教授的著作所探讨的显然就是这样一个富有挑战性的课题。

黑格尔写过关于"精神现象"的皇皇巨著——《精神现象学》，为我们留下了研究精神现象的范例。其后，关于精神现象的研究一直是勇于探索和愿意接受挑战的学者们投注激情的领域。在20世纪，正是这一传统与人类学研究的汇流而掀起了一波文化研究热潮。但是，如上所说，在文化研究热潮中，在某种意义上却使精神现象的研究受到了忽视，研究者往往并不去涉及精神这个概念，更不用说在文化研究的总体框架中去对精神进行专门的探讨。现在，王锋教授重拾精神这一文化研究应当重视的研究重心，并贡献了这部著作，是可喜可贺的。我们说这些，是针对文化研究的状况而言的，也包含着对行政研究应当补足文化方面内容的预期。特别是对于行政研究而言，自公共行政的研究成为一门科学以来，这个领域中表现出了某种对"科学"一词的迷信，相应地，行政精神和行政文化的研究受到冷落。今天，可以说人人都对行政研究中的知识碎片化以及理论无处不在的悖论感到不满，然而对科学的迷信却又限制了人们的眼界，束缚了人们的手脚。其实，如果人们不是对科学作出过于狭隘的理解，那么，也就会把行政精神以及行政文化的研究看作是科学的。那样的话，就会把行政精神以及行政文化的研究作为一项非常重要的课题承担起来，也就会实现对行政知识的整合，对行政体系及其运行过程的认识和理解融通，从而矫正行政知识的碎片化问题。

我们必须承认行政研究的科学化所取得的成就，在20世纪，社会治理所取得的进步，甚至整个社会发展中所创造出来的非凡业绩，都证明了行政研究科学化的贡献。但是，所存在着的对科学理解狭隘化的问题也是必须正视的，我们当前所感受到的理论以及社会治理实践中的许多不尽如人意之处，大都与对科学理解的狭隘化有关。就实践而言，20世纪的社会基本上还是一个低度复杂性和低度不确定性的社会，作为行政的环境和治理对象并未因为行政研究对科学理解的狭隘化而引发不可挽回的后果，但是，当人类进入21世纪后，我们的社会呈现了高度复杂性和高度不确定性，如果行政研究依然耽于对科学理解的狭隘化的定位上，就会对社会治理造成极坏的影响，甚至把整个社会乃至整个人类带入风险社会之中。就此而言，行政研究需要调整对科学的理解，需要把行政精神以及行政文化的研究纳入到科学范畴中来。对于行政研究而言，可以认为，行政精神以及行政文化的研究既是关于行政之科学发展提出的新要求，也是新时代社会治理实践提出来的新要求。

我们已经指出，服务型政府的理论与实践是中国对人类行政发展作出的新贡献。从行政发展史来看，服务型政府是作为一种新型行政模式提出来的，不同于统治型政府，也不同于管理型政府，是人类社会后工业化进程中社会治理的必然选择。中国学界在服务型政府的理论探索方面走过了20多年的历程，服务型政府建设的实践也经历了10多年的历程，但是，严格说来，作为一个课题，尚未真正破题。因为，从研究以及实践来看，出发点和着力点都带有明显的旧痕迹，许多人更多的是从制度、运行机制和行为三个层面去思考和阐发服务型政府的构想。这对于作为一种新型行政模式的服务型政府研究来说，实际上并未找到一个好的视角和研究切入点。关于这一问题，我们可以作出这样的比较：统治型政府虽然没有系统的理论探讨问题，但在实践上是有重心的，那就是关注权力的运行；管理型政府研究涉及方方面面，但是，其重心无疑放在规则方面。如果说服务型政府研究需要突出一个重心的话，我们认为，应当放在文化方面。关于行政精神的探讨，正属于行政文化研究的一个构成部分，而且是行政文化研究的切入点。恰恰是在这方面，中国的服务型政府研究存在着不足，而王锋教授的这项研究，可以说弥补了这一不足。在此意义上，我们倾向于把王锋教授的这本书看作是关于服务型政府研究的一项具有突破性意义的著作和研究成果。

三、出于规划社会治理模式的追求

研究过往需要有归纳和概括能力，构想未来需要有丰富的想象力，王锋在这两个方面都表现出了很强的能力。从这本书来看，主要是在历史的纵向比较中去阐发对未来的构想，是一项立足于后工业化时代而面向未来的行政精神建构工作。应当说，王锋教授在借鉴前人成果的基础上，在占有丰富文献资料的基础上，着力对后工业社会中的服务型政府所应有的行政精神进行了大胆构想，属于一项建构性的探索。事实上，王锋教授所作出的虽然是初步的研究工作，却勾勒出了后工业社会行政精神的图景，为我们进行服务型政府的行政精神建设提供了一个参照点。

如果说工业社会是一个以交换关系为基本规定的社会，那么，后工业社会则超越了工业社会的社会关系，它把原来的生产与消费的分离重新整合起来，出现了领域融合的趋势。这样的话，由于生产与消费的分离而产生的人们不得不进行交换的这种主导性社会关系第一次发生了根本性的变化。在后工业社会里，生产与消费之间的刻意分离已经失去了意义，取而代之的是服务关系在整个社会中占有核心地位。服务关系之所以能够在后工业社会第一次占据社会的中心，并不意味着生产失去了重要性，而是因为工业社会生产的巨大发展和取得的保证再生产能够得以延续和提升，人类在实现了对工业社会的超越之后依然继承了工业社会的这一成果，从而能够保证解决人的生存问题，或者说生存问题不再是社会的焦点。事实上，科学技术的飞速发展，特别是人的劳动的可替代性，在一定程度上展示了人与生产可以分离的趋势。当人能够从生产活动中脱身时，就会转向自我服务和相互服务中来，那样的话，服务关系也就必然成为基本的社会关系，从而成为研究者关注的社会焦点。也就是说，当我们研究工业社会时，应当把生产关系放在研究视野的中心，而当我们转向对后工业社会的研究时，则应当将社会关系的主要内容理解成服务关系。由于社会关系的内容发生了变化，研究工作的重心以及展开的框架都不同了。

客观上看，社会关系的这一根本性的变化意味着一个全新的社会类型的出现，因而，也必然会提出社会治理变革的要求。由于这场社会变革是前所未有的，是社会关系的根本转变，是新的社会类型的创生，也就意味着与之相应的社会治理变革不可能是对建立在工业社会基础上的社会治理模式的修补，而是社会治理模式的根本变革，是要建立起适应于后工业社会特点的社会治理模式与治理体系。正如我们所熟悉的那样，当下运行的社会治理结构是适应工业社会的特点而建立起来的。工业社会的基本特征是社会的低度复杂性与低度不确定性，因而，我们既有的社会及其社会治理结构正是适应这一社会特征而建构起来的，表现为我们在社会生活和社会治理中要求"化简"和"追求确定性"。从后工业化所呈现的各种迹象来看，可以相信，人类社会正在走进一个高度复杂性和高度不确定性的社会中。这样一来，一个非常容易理解的事实就是，人在低度复杂性和低度不确定性的行动与在高度复杂性和高度不确定性的行动将会完全不同，围绕着人的行动的社会建构以及物化设置也都会完全不同。所以，在全球化、后工业化进程中，在人类正在走进高度复杂性和高度不确定性社会的背景下，我们提出社会治理变革的问题，事实上，我们也正在践行着社会治理变革的事业。而且，这种社会治理变革是根本性的变革，是要建立起适应后工业社会的高度复杂性和高度不确定性的治理体系。

既然人类社会正在发生着全球化、后工业化的历史性转型运动，既然我们正在走进一个高度复杂性和高度不确定性的社会形态之中，既然我们正在承担着社会治理变革的历史使命，那么，对在后工业社会场景中的社会治理体系进行前瞻性的规划，特别是对政府进行整体性重塑，就成为题中应有之义。在经历了服务型政府理论20多年的研究和传播之后，我们已经能够接受一些基本认识，那就是，可以在历史的维度上把人类社会治理机构归结为三种类型：统治型政府、管理型政府和服务型政府。显然，在工业社会这个历史阶段中，所建构起来的是管理型政府，它既是一种类型的社会治理机构，也代表了一种行政模式，还是一种社会组织方式。就管理型政府的基本职能来看，是为了保证和保持社会的稳定而建立起自上而下的控制体系。甚至当社会中出现了新的部门和领域后，为了维护既有的社会秩序，管理型政府所作出的选择也会是设立专门的机构来加强对这一领域的管制。从工业社会的发展现实来看，应当说管理型政府把对社会的控制发挥得淋漓尽致。然而，如前所述，在从工业社会向后工业社会转变的过程中，社会关系发生了根本性变更，整个社会关系出现了生产与消费之间的融合，出现了领域之间的融合。这种融合意味着在某种程度上生产与消费之间的分离不再那么重要了，也说明在生产问题得到基本解决的社会里，由于人在一定程度上从生产过程中脱身出来，使得人与人之间的关系上升到了历史上从未有过的重要地位。也就是说，这个时候的人们，将把人与人之间服务与被服务的关系看作是第一位的事情，因而，这个社会事实上也是建立在人的服务关系的基础上的。相应地，也就要求建立起一种不同于工业社会那种建立在人的生产关系基础之上的社会治理模式。总之，在社会关系发生了根本性变化的境况中，当人的服务关系在整个社会关系体系中处于主导地位的时候，建立起服务型政府也就是一项必然选择。就服务型政府作为一种新型的行政模式而言，又会拥有一种完全不同于管理型政府的行政精神。

在上述这一服务型政府研究的思路中，王锋教授对后工业社会的行政精神类型作出了大胆建构，从社会构成、组织形式及公共管理者三个层面对与后工业社会相适应的行政精神进行了探索。而且可以看到，王锋教授并没有拘泥于行政精神本身，而是始终在社会系统中思考行政精神，认为行政精神的确立需要将与之相应的社会结构、组织构成及公共管理者所需要的相应的精神气质联系在一起思考。社会关系的根本性变化为社会变革提供了基础。也就是说，没有社会关系的根本变化，我们对于社会治理变革、行政精神及行政文化的重塑至多是种想象而已。正如我们所看到的那样，社会的多元性、社会的高度复杂性和高度不确定性正在向我们呈现一个完全不同于工业社会的社会类型。无论我们以什么方式来命名这个社会，社会关系的根本性变化都无法否认，那就是服务关系在整个社会关系中居于主导地位。正因如此，我们才看到了政府类型、社会治理方式以及行政文化变革的必然性。如果说社会变革为政府治理变革提供了基础的话，那么，要使新的治理方式顺畅运行，还需要有与之相应的组织形式。

总的说来，行政精神以及行政文化为人们理解服务型政府、理解服务型政府下的社会治理体系提供了一个可供参考的新视角。王锋教授在这一新视角中所作出的观察和思考是有价值的，既有学术价值也有理论意义。王锋的研究虽然还是一项初步的探索，但就其发掘出这一视角来说，打开了服务型政府研究的视野。具体地说，从历史演进本身去思考行政精神，使得行政精神这种观念性存在的演进本身具有历史必然性，也让我们看到了建构后工业社会的行政精神这一工作的意义之所在。当然，正如我们前面所说，这项研究仅仅是对行政精神的初步探索，还存在着诸多不足之处，尚待拓展的空间还很大，特别是如何把对服务型政府行政精神的呼唤转化为实际行动，都是需要去研究的课题。目前看来，王锋教授所呈现的只能说是一个初步框架，也更多地流于一般性的和粗线条的勾画，精细的和深入的研究都还有待持续的坚持去证明。不过，有了开头就会有一个行走着的行程，我们相信王锋教授会持之以恒地将这项研究工作做下去，以取得更多更好的成果。

我国文化内容管理制度的建构历程研究 *

杨传张 **

摘要： 文化内容规制涉及规制目标的确立、规制框架的构建和规制举措的实施。在计划经济体制下，我国文化内容在规制目标、规制框架和规制举措上具有显著的"一元化"特征。在市场化改革时期，由于规制目标的转变，形成了"纵向分立"的政府框架，即按照纵向的行业边界进行分业规制，以及基于"产业分工"的规制举措，即对创作、渠道、硬件、技术、播出、发行、进口等产业链不同环节实施不同的准入规制。但是，由于颠覆式的技术创新，文化产业尤其是互联网文化产业呈现新的生产消费关系、传播方式、产业组织形态，导致传统的规制体系与新的产业发展需求的不适应性，亟待顺应新的技术和产业特征进行优化调整。

关键词： 文化内容；政府规制；变迁逻辑；未来指向

一、引言

文化是形成一个国家和民族认同的重要载体，也是主流意识形态的重要表现方式。正是文化的这种政治属性和意识形态性，决定了一个国家和民族的文化安全问题，也决定了对文化内容创作生产进行监管的必要性。政策的普遍目标是服务于"公共利益"，但是，定义"公共利益"的各类价值评价元素在不同时期或国家有着不同的平衡关系，文化内容规制也不例外。库伦伯格、麦奎尔将传播政策的"公共利益"目标区分为政治福利、社会福利和经济福利三个子目标或三种价值标准：政治福利包括与民主政

* 基金项目：北京市社会院 2024 年院课题"数字技术赋能北京市传统文旅空间转型路径研究"（KY2024D0196）阶段性研究成果。

** 作者简介：杨传张，北京市社会科学院传媒与舆情研究所助理研究员，北京观恒文化发展研究院副院长、博士。

治、民主机制有关的言论出版自由、平等参与等价值观念；社会福利包括社会秩序、凝聚力，防止公共传播的负外部性；经济福利包括传播媒介作为经济的组成部分，存在的诸如效率、盈利、就业等问题。在不同时期政治、社会和经济三种福利的博弈结果，影响着该时期政策目标的走向。

文化的特殊属性，决定了文化内容规制政策的制定和实施不是一个简单的成本和收益分析的技术问题，而是一个涉及不同利益主体多方博弈的结果。我国文化领域的发展经历了计划经济时期、市场化改革时期，以及当前社会主义市场经济体制下数字文化产业蓬勃发展时期。对文化内容的监管也经历着从单一注重"喉舌"功能和"国有专营"的事业体制到兼顾市场化、注重经济效益和社会效益双重功能的变革历程。在这一过程中，政府对文化内容的管理，也从单纯的意识形态宣传、文化安全和政治原因，发展为兼顾经济效益的发挥和人民多样化精神文化消费需求的满足等多元政策目标。这也决定了我国文化内容规制政策的相对复杂性。

二、计划经济体制下"一元化"的文化内容规制

1949—1978年，我国文化领域与其他领域一样，实行的是高度计划的管理体制。以"文艺服从于政治"为基本理念，高度政治化是计划经济体制下文化领域政府监管的主要特征。这种以实现意识形态宣传功能为核心的文化系统，决定了计划经济下文化内容监管政策的"一元性"。

（一）"文艺服从于政治"的"一元化"规制目标

政策目标决定着政策体系的特点和倾向。新中国成立初期，文化领域政府规制的目标是服从和服务于初期阶段性的革命任务的，有着深厚的政治背景。蒯大申等认为，新中国文化管理体制其背后的基本文化理念在延安时期已经成熟。[①]1942年是文艺政策、文化政策和知识分子政策形成的标志性年份。1942年5月2日至23日，在延安文艺座谈会上，围绕文艺为什么人服务、如何服务进行了明确。其中，文艺工作与党的整个工作的关系

---

① 蒯大申、饶先来：《新中国文化管理体制研究》，上海人民出版社2015年版，第16页。

问题，对新中国文化管理体制的形成产生了深远影响。关于文艺的功能问题，与党的整个工作关系问题，在《在延安文艺座谈会上的讲话》已经明确，即"就是要使文艺很好地成为整个革命机器的一个组成部分"。"文艺服从于政治""革命文艺是整个革命事业的一部分，是齿轮和螺丝钉"等一系列结论。

在明确文艺与党的整个工作关系的同时，文艺为什么人服务、如何服务的问题，也是需要解决的核心问题。在毛泽东看来，文艺要想很好地成为整个革命机器的组成部分，就必须发挥"团结人民""教育人民"的作用。因此，在《新民主主义论》中，强调新民主主义文化性质是"民族的""科学的"文化之外，还特别强调其性质也是"大众的"，应该为全民族百分之九十以上的工农劳苦民众服务，并逐渐成为他们的文化。同时，从中国革命的总任务出发，文艺与人民群众的关系，亦即文艺"与一般革命工作的关系"，文艺必须使之成为宣传民众、组织民众的有力武器。由此可见，文艺成为团结、教育人民，打击、消灭敌人的有力武器，成为民族的、科学的，特别是大众的文化。这对文艺服从于党的领导、服从于政治的理念的确立，以及后来新中国文艺管理体制和政策的构建产生持续深远的影响。

由此可见，这一时期文化领域规制的目标是"服从党在一定革命时期内所规定的革命任务"。因此，以马克思主义为指导思想、文艺服从于政治、文艺是革命机器的一部分，以及文艺作为宣传民众、组织民众、团结人民和教育人民的有力武器，是新中国文化领域政府规制的主要目标。围绕这一目标，政府规制的核心任务就是通过产权改革、组织调整和生产调控，实现对文化内容的管制。

（二）实行党的"一元化"领导规制框架

文化作为组织动员群众和宣传党的路线方针政策的有力武器，必须适应政治体制，建立集中管理的领导体系。新中国成立后，我国在政治体制上建立了从中央到地方高度集中统一的党的"一元化"领导体制。这种文化领导体制的核心是确立党对文化建设指导思想、发展路线，以及政治方向的"一元化"领导。首先，在党政关系上实行分口领导、归口管理。与其他领域一样，文化领域的一元化领导体制，也是通过分口领导、归口管理实现的。新中国成立后，中宣部与国务院各职能部门建立了对应关系。中宣部主管全国文化、科学、教育、卫生、新闻、出版等政府部门，并在政府文化管理机构中设立党委制度。其目的是加强党对政府和文化领域工作的指导，保证党中央的文化方针、政策、路线贯彻执行。同时，中宣部在业务上指导国务院所属宣传、文化、出版单位的工作。其次，在中央和地方关系上实行双重管理，即地方文化行政管理部门在接受同级党政部门领导的基础上，还须受上级文化主管部门指导。

文化领域规制的权力呈现"从政府向党委的横向集中，从地方到中央的纵向集中"①。从横向关系上看，由于要加强党的"一元化"领导体制，各级党委不仅在文化领域的方针路线上进行指导，而且对文化行政管理部门的业务进行督促，文化行政管理部门实际上是党的文化方针政策的执行机构。从纵向关系上看，地方文化行政管理部门必须接受中央文化行政管理部门的领导，随着党政关系的一体化，最后也意味着地方文化行政管理权力向党中央的集中。

这种党的"一元化"的文化领导体制的主要特征有三个：一是文化管理体系的高度组织化，文化领域的方针政策能够高效贯彻推广；二是文化管理中凸显强烈的意识形态色彩，主流文化产品和社会文化生活因此也呈现高度政治化的倾向；三是国家对文化事业的高度干预，党的政治领导由党政合一的管理体制直接介入具体业务管理，同时，也对文化领域的生产组织方式、资源配置方式产生了决定性的影响。

（三）实施全领域"一体化"进入规制举措

"文艺服从于政治"的一元化政治目标、党的"一元化"领导体制决定了对文化内容实行全领域"一体化"进入规制举措，即国家通过计划和行政的方式进行全国文化生产和分配的控制，国家掌控庞大的文化生产、传播和销售渠道，充当生产、监督和调控的角色，实现对文化内容的绝对

---

① 杨立青：《上下联动的中国文化管理体制创新——基于制度变迁理论的探索》，博士学位论文，武汉大学，2013年。

控制。

首先，在组织结构上，新中国成立初期通过组织化和单位化实现文艺团体的国家化。在1949年7月，全国文学艺术工作者第一次代表大会上，周恩来对文艺界的组织问题作了专门要求，"不仅成立一个中华全国文学艺术界的联合会，还要分部门成立文学、戏剧、电影、音乐、美术、舞蹈等协会"[①]。不管是联合会，还是各类专业协会，其运行都是由国家财政拨款，在地方均设立分会，组织健全、规章明确，且有党组或者党支部领导，实质上也是官方或者准官方的组织。其次，在产权改制上，通过重新登记整顿、专业分工、公私合营、公有制改造等方式逐步实现社会主义改造。最后，在运营管理体系上，通过一系列集中管理制度实现内容规制。例如，对国营出版社实行计划出版制度，规定了出版物的内容审查制度，对中央和地方的国营出版社进行严格的两级分工。总之，计划经济条件下文化领域的政府规制与其他国民经济领域相对单一的所有制性质变革不同，文化领域由于其属于精神领域且具有意识形态宣传功能，要实现对文化内容的全面管制，由分散走向集中统一，必须从领导制度、组织结构、内容管理、产权制度和生产调控等方面全面转型，构建文化领域的计划结构。

三、市场化改革时期文化内容规制政策的转变

1978年，党的十一届三中全会把党和国家的工作重心转向经济建设。文化领域各行业的双重属性，即意识形态属性和商品属性，重新被认识。相应地，文化领域从管理体制、运营机制、市场准入、经济政策等多个方面进行市场化改革，文化的经济效益快速凸显，文化市场快速形成。在此过程中，原有计划经济时期一元化规制体系，在市场经济条件下，其规制目标、规制框架和规制举措都产生相应变化。

（一）规制目标价值取向的转变

改革开放以来，随着中国特色社会主义市场经济体制的建立和完善，

---

① 《中华全国文艺工作者代表大会纪念文集》，新华书店1950年版，第32页。

以及人民群众多层次、多样化文化需求的不断增长，文化发展所面临的经济、制度以及社会环境发生了深刻变化。对文化属性的认识逐步超越单一的意识形态属性，文化兼具产业属性的理论判断逐步确定。我国文化产业始终贯彻的是党的领导原则，党和行政机构的社会效益优先原则始终是一个不变的价值取向。但是，在市场化改革时期，文化这种单一规制目标开始转变，与经济和社会福利有关的经济、社会价值取向开始发挥作用。这一发展理念在国家层面的正式文件中逐步确定，2002年党的十六大报告就明确提出"文化生产力"、"文化事业"和"文化产业"分类改制等理念，并将文化产业作为市场经济条件下，满足人民日益增长的精神文化需求的重要途径。这体现了在政治福利的前提下，社会福利和经济福利的重要程度明显提升。这种兼顾多元利益的规制价值取向，体现于一系列文化领域的政策文件中（如表1所示）。

表1　文化领域改革前期重要指导性文件

时间	文件名称	重要内容
2002年	《全面建设小康社会，开创中国特色社会主义事业新局面》（党的十六大报告）	文化事业、文化产业、文化体制改革
2003年	《中共中央关于完善社会主义市场经济体制若干问题的决定》（党的十六届三中全会决定）	文化事业、文化产业协调发展
2003年	中共中央办公厅、国务院办公厅转发《中央宣传部、文化部、国家广电总局、新闻出版总署关于文化体制改革试点工作的意见》	文化体制改革试点
2004年	《中共中央关于加强党的执政能力建设的决定》（党的十六届四中全会决定）	深化文化体制改革，解放文化生产力
2005年	《中共中央、国务院关于深化文化体制改革的若干意见》	转企改制
2007年	《高举中国特色社会主义伟大旗帜 为夺取全面建设小康社会新胜利而奋斗》（党的十七大报告）	提升文化软实力、推动社会主义文化大发展、大繁荣

（二）构建"纵向分立"的规制框架

政府规制以什么样的策略或者主线，实现多元利益诉求的平衡，是市场化改革时期文化产业政府规制的核心问题。学者关于文化产业领域分业监管、条块分割、以块为主、纵向一体化等政府规制特征和规律的研究散见于很多文献之中。但是产生这些规制特性的决定性因素和底层逻辑是什么，却未能详细阐释，处于一种"黑箱"状态。而关于这方面的研究，是了解文化产业规制底层逻辑，分析互联网文化产业政府规制特征和规律的重要依据。

如图1所示，传统文化产业所依赖的印刷技术、卫星传输技术、有线和无线传输技术、声光和舞台技术等，衍生出相应的广播电视业、新闻出版业、娱乐演出业等产业业态。各类业态均有相对独立的技术设施、传输网络和终端设备，且文字、音频、视频、图像等高度依附于不同的技术轨道，自成分工体系，各个业态间的边界明确，很难外溢。如表2所示，传统的广播电视行业、出版业以及娱乐演出业三大部门之间存在很多产业分类特征。技术分类、专业分工、行业分系统的产业链分工体系[1]，决定了传统文化产业领域政府规制的基本范式，即顺应纵向的技术结构，垂直分立的产业分工体系，实施"纵向分立"的政府规制框架。

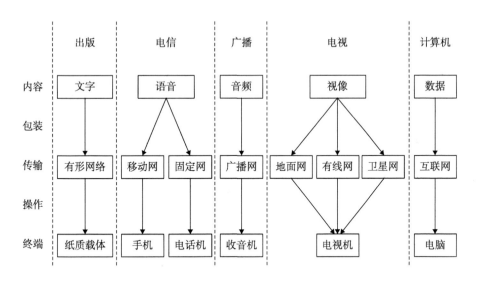

图1　产业纵向一体化结构示意图[2]

---

　　① 傅才武、申念衢：《当代中国文化政策研究中的十大前沿问题》，《华中师范大学学报（人文社会科学版）》2019年第1期。

　　② 肖赞军：《西方传媒业的融合、竞争与规制》，中国书籍出版社2011年版，第45页。

表2　传统广播电视、新闻出版与娱乐演出的产业分类特征

特征	广播电视	新闻出版	演出娱乐
技术分类	模拟技术、有线/无线卫星网络、电视终端	印刷技术、发行网络、纸质终端	声光电技术/舞台技术、院线网络、无特定终端
资产专用性	很高	很高	很高
产品类型	音视频、图片	文字	表演
内容传输机制	线性点对多	线性点对多	线性点对多
替代及转换成本	很大	很大	很大
产业价值链	制作、渠道、播出、广告	采编、印刷、发行、广告	创作、销售、演出
进入门槛	很高	较高	较低

　　传统文化产业各类业态特定的技术类型、垂直化的专业分工，以及不同的产品和服务形态，决定了政府规制的"纵向分立"框架。"纵向分立"的政府规制框架，主要是指按照纵向的行业边界进行规制，也被称为"竖井式"的规制模式。传统文化行业的管理分工是以传播介质为依据的，广电系统管理依据的介质是胶片，管理的是影视等音像制品；新闻出版单位管理依据的介质是纸张，管理的是图书、报刊等；文化系统管理依据的介质是舞台，管理的是演艺等。

　　这种规制框架具有相对静态和稳定的特性，主要原因有：其一，由于在传统技术条件下，各行业的市场结构是相对稳定的，如广播电视行业由于其传输渠道的自然垄断特征，以及频谱资源的稀缺性，而使得竞争相对缺失，市场结构相对稳定。其二，在传统技术分类和行业分工的体系中，技术的创新往往是在特定技术轨道和行业边际内优化提升，或者是在原有技术分类之外新增的技术类别以及相应的行业种类，从未对已经建立的技术分类体系和产业分工格局形成颠覆式的影响，因此对"纵向分立"的政府规制框架也很难形成破坏性的冲击。

（三）基于产业分工的规制举措

　　文化产业规制重点指向的是文化内容的管制。文化产业政府规制主要还是出于其较强的外部性特征，通过政府规制来抑制文化内容传播的"负

外部性",提升其传播的"正外部性",实现宣传、引导作用。因此,这一文化的特殊性,决定文化产业领域政府规制需解决的核心问题是如何在放宽进入领域的同时,保持对各行业文化内容的监管和引导。

1. 放宽进入领域

2004年以后,政府有关鼓励、支持和引导非公有制经济的一系列举措,推动我国文化产业政府规制改革开始打破"体制内坚冰",逐步深入文化产权领域的变革,"体制内"和"体制外"开始逐步融通。[①] "体制内"国有文化单位转变为合格市场主体的改革举措不断深化,"体制外"通过产业进入规制的改革,文化市场准入领域逐步拓展,大量非公有制经济迅速发展。文化产业竞争性的"市场结构"在"体制内"和"体制外"的相互融通中,形成一种相互共生的市场化生存方式。同时,文化产业规制的放松与内容管理、市场秩序监管的加强是相互结合的。

从政府放松进入规制的特点来看。第一,加大对文化产品内容制作环节的规制放松,包括电影电视剧的制作发行,广播电视台的体育、科普、音乐等娱乐节目内容的制作,以及新闻出版单位的广告制作发行。如广播电视行业的"制播分离"制度,其核心就是将广播电视行业的节目内容制作、广告经营的部分分离出来,引入竞争机制,按照市场化的方式运营。第二,加大对文化装备设施和技术环节的规制放松,如对演出场所、电影院、院线、互联网上网服务场所、广播影视技术开发、游戏游艺设施设备等领域放松限制。第三,加大对文化中介机构的规制放松,如艺术品的经纪机构、演出经纪机构。目前自贸区和北京等城市已经放开外资进入演出经纪领域的限制。第四,加大对发行分销环节的规制放松,如图书报刊的发行分销、音像制品的发行分销等。第五,允许非公有制资本以非控股的方式投资参股国有文化企业,主要是在影视制作发行放映,出版物的印刷、发行,以及广播电台和电视台的体育、科普、音乐等娱乐节目内容的制作等环节。

---

① 傅才武、陈庚:《我国文化体制改革的过程、路径与理论模型》,《江汉论坛》2009年第6期。

2.加强进入规范

梳理传统文化产业相关政策法规文件，政府对传统文化产业是以产业链的分工环节为依据进行准入规制，主要分为制作、播出、渠道、发行、销售等环节。

第一，以分业的方式建立市场主体的准入制度。主要是对广播电视、新闻出版、演出娱乐、电影等领域的市场主体实行进入审批制度。如对图书出版单位、音像出版单位、演出场所经营单位、广播电视节目和电影制作单位、电台电视台等文化市场主体的设立实行行政许可审批制度。对于各类文化市场主体，在审批单位上实行"分业管理"的方式，不同行业所属行政主管部门不同，涉及文化、广电和影视等行政主管部门。对于市场主体的准入制度，其最突出的特点是在业务管理上，对于涉及较强意识形态业务的单位，都要求具有主管单位或主办单位，如报纸、期刊、图书、音像制品和电子出版物单位的设立等，且对主管单位或主办单位国有资本性质具有严格要求，以保证核心领域的可管可控。同时，在申报条件上，对于市场主体的专业技术人员（从业人员）、资金、场所和设备都有具体的准入门槛。

第二，在产业链各分工环节建立不同的准入规制。各行业的文化业务大致可以分为内容创作、渠道建设、研发制作、发行销售，以及进出口等业务类型。围绕文化内容的可控，在不同行业内部通过对产业链关键环节的规制，实现对文化内容的监管和引导（如表3所示）。

表3　传统文化产业基于产业分工的规制划分

规制内容	规制范围
主体进入规制	新闻、出版、广播、电视、演出、娱乐等
内容规制	内容版权、内容审查、内容引进
制作规制	影视剧、新闻、电视节目内容的制作
渠道规制	广播电视传输网络建设
传播/发行规制	频谱资源、发行许可
技术规制	技术标准、设备制造管理、设备接入
进口规制	国外相关文化产品和服务的引入

一是在产业进入环节，对进入市场主体的产权结构、业务范围、主管单位进行规制，尤其是在新闻出版领域，实行较为严格的所有权规制，对进入的市场主体具有严格的国有资本属性要求。

二是在内容和制作环节，实行审查制度、许可制度。内容提供商承担着很强的事前内容的制作或编辑责任，需要对其提供的内容合法合规性承担相应义务。因此，政府对内容提供商的内容制作资质进行许可、登记备案规制，颁发相应的内容编辑、制作许可资质；同时，对于传播的文化内容产品实行严格的事前审查。

三是在渠道和传播/发行环节，实行特许经营、许可制度。渠道和传播/发行环节主要是指内容的承载和传输的通道，主要包括传输网络运营商、内容集成商、平台运营商、技术设备的供应商等，它们相对于内容提供商，具有很低的内容编辑责任，主要承担内容的承载、传输和发行等功能。但是，这一环节是内容传播的重要窗口，对于规制主体来说，是管控内容传播最直接有效的途径。因此，在此环节政府对其进行较为严格的进入和退出规制。例如，对于书号、频谱资源等稀缺性资源的控制和配给；对于广播电视传输网络实行严格的进入规制，只允许少数特定的市场主体进入；对于广播电视接收终端设备制造和安装进行严格的准入限制；等等。

四是在进口环节，实行允许、禁止和有条件的进入许可。出于国家文化安全的考虑，目前对传统文化产业各行业的进口业务实行较为严格的准入制度，即在节目创作、设施场所、发行销售等业务上都实行较多的准入限制。如表4所示，目前对外资仍有较多禁止进入、有条件进入，以及实行进入审批的业务领域。

表4　国家对外资进入传统文化业务领域的准入规定一览表 [1]

进入条件	领域	具体细则
禁止进入	广播影视	广播电台、电视台，广播电视传输覆盖网络，广播电视频道，广播电视视频点播，卫星电视广播地面接收设施生产、安装，广播电视节目制作（含引进），电影制作、发行、院线和引进业务，境外组织和个人在境内独立从事电影片摄制
	新闻出版	新闻机构（包含但不限于通讯社），书籍、报刊的出版、进口，音像、电子出版物的出版、制作和进口业务
	演出娱乐	文艺表演团体
	文物	文物拍卖、商店，国有文物博物馆
有条件进入	广播影视	建设、改造电影院（合资合作）
	新闻出版	印刷企业（中方控股）
	演出娱乐	娱乐场所（中外合资合作），中外合资经营的演出经纪机构、演出场所经营单位（中方控股）
需进入审批	广播影视	举办国际性广播电视节目交流交易活动，中外合作摄制电影片及需要进口的相关设备等，与外方合作制作电视剧
	新闻出版	举办境外出版物展览活动，用于广播电台、电视台播放的境外影视剧和广播电视节目，进口出版音像制品、电子出版物，与境外机构合作出版电子出版物

四、我国文化内容规制的未来指向

我国文化内容规制与产业技术特征具有很强的关联性。传统文化产业领域由于不同技术类型衍生的具有明显技术边界的文化行业，决定了政府规制"纵向分立"的主线和基于产业分工环节的具体规制举措。

综上所述，文化产业的技术特征对产业形态具有决定作用，进而影响政府规制基本框架的形成。在印刷和电讯技术阶段的文化产业，由于不同技术类型具有明显的边界，决定了出版、演艺、广播、影视等不同行业的产品和服务具有明显区别。同时，从产业的生产组织方式来看具有明显的

---

① 根据《外商投资准入特别管理措施（负面清单）（2019年版）》《国务院确需保留的行政审批项目设定行政许可的目录》（2016年）、《关于文化领域引进外资的若干意见》（2005年），以及《广播电视管理条例》《电影管理条例》《印刷业管理条例》《音像制品管理条例》《出版管理条例》《营业性演出管理条例》等各行业政策法规整理。

垂直一体化产业链分工特征，以及从创作生产者到消费者的线性传受关系，形成了传统文化产业领域主要实行"纵向分立"的政府规制主线。同时，在特定的技术轨道和行业边际内，按照行业内产业分工环节实施具体规制举措。所谓纵向分立的政府规制主线是指按照纵向的行业边界进行规制，也被称为"竖井式"的规制模式，这种规制框架具有相对静态和稳定的特性。所谓按照行业内产业分工环节实施具体规制举措是指以产业链分工环节为依据，建立文化业务准入制度，即传统文化产业各行业的规制政策涉及内容、制作、渠道、硬件、技术、播出、发行、进口等产业链不同环节的规制。但是，值得关注的是，由于颠覆式的技术创新，文化产业呈现新的生产消费关系、传播方式、产业组织形态，导致传统的规制体系与新的产业发展需求的不适应性。

以互联网技术为代表的信息技术阶段，不仅改变的是文化产业的业态、产品的形态，更重要的是关乎生产消费、传播方式、组织形态，乃至社会文化价值的变化。新的业态以其新的技术属性、产业特征对传统政府规制体系，进行着"规制突破"。首先，互联网文化产业业态虽然有明显的产业分工环节，但是其更重要的特征仍然是技术创新带来的融合发展趋势，特别是不同行业之间在文化内容、传输渠道、接收终端不同环节内的相互横向融合，打破了传统政府规制体系明显的"纵向分立"规制框架。其次，传统文化产业规制的主体主要是政府部门。各行业行政主管部门对文化内容、文化市场主体的准入和退出、市场行为等实行自上而下的规制。但是互联网技术架构导致创作传播的去中心化，使得传统规制主体和企业组织对文化内容规制能力弱化，规制权力分散化。最后，很多互联网文化市场主体利用政府规制的缺位，迅速发展出各类新的业态、产品和服务，对传统政府严格执行准入规制的领域进行"边缘进入"。

当前互联网文化产业的政府规制虽然能够达到内容管制的目的，但是总体上还存在传统文化产业的规制思路与互联网文化产业的发展特征不相适应问题。主要表现在以下方面：沿用传统规制手段，规制方式创新不足；规制法治化程度不高，法律和监督机制不健全；市场进入规制过严，限制行业发展空间；奉行管制，规制举措简单化；等等。如何进一步制定和实施适应互联网文化内容复杂特点的具体规制举措，是当前我国互联网文化产业政府规制面临最为紧迫的问题。互联网文化产业的政府规制必须适应产业横向分层、融合发展及去中心化等一系列新的特征。综合调整政府规制的思路、框架、机构及方式，对规制主体的权力重新配置，对规制制度进行重新构建。互联网文化产业的特征决定了其市场繁荣发展亟需相对宽松的规制环境，互联网文化产业的政府规制在整体思路上迫切需要改变传统自上而下单一的政府管制方式，亟待从重视管制、监督向激励性规制转变，要兼顾多元价值，调动多元主体的自治能力，引导和推动复杂系统有序演化。在明确政府规制基本思路和原则的基础上，探索构建横向分层的规制总体框架，建立独立融合的规制机构，同时充分发挥各主体自治能力，形成复杂多变的互联网文化生态系统的适应性规制举措。

中国行政文化建设
路径和机制探索

新时代行政文化建设面临的问题及解决路径

黄建 *

摘要： 行政文化建设对深化政府管理体制改革、推动行政体制运行、建设人民满意的政府具有重要意义。当前，我国行政文化建设面临不少突出问题，主要表现在官本位意识依然浓厚、人治思维尚未消除、特权思想依然严重、圈子文化在不同范围存在、懒政思想有所抬头等方面。解决这些问题，需要加大先进行政文化宣传教育，规范权力运行机制，完善选人用人机制，建立官员容错纠错机制，以及建设民本法治、公正平等、积极有为的行政文化。

关键词： 行政文化；问题；路径

行政文化有广义和狭义之分。从广义上讲，行政文化是指行政意识形态，以及与之相适应的行政制度和组织机构；从狭义上讲，行政文化主要是指在公共行政管理实践中，行政人员所奉行的基本理念、追求的共同目标和遵循的基本原则。[①] 狭义的行政文化是本文的研究对象。文化能够反作用于政治，毛泽东指出，"一定的文化是一定社会的政治和经济的反映，又给予伟大影响和作用于一定的政治和经济"[②]。作为文化的一个组成部分，行政文化建设状况深深影响着行政人员的言行。新时代，我国处在全面深化改革的关键时期，能否建设人民满意的政府，实现干部清正、政府清明、政治清廉，加强行政文化建设至关重要。本文从探讨新时代行政文化建设的重要意义入手，重点分析当前存在的突出问题，探讨解决这些问题的主

---

　　* 　作者简介：黄建，河南广播电视大学（郑州信息科技职业学院）人文与公共管理学院副院长、副教授。

① 周文彰主编《建设中国特色行政文化》，国家行政学院出版社2014年版，第108页。

② 《毛泽东选集》第2卷，人民出版社1991年版，第663—664页。

要路径。

一、新时代加强行政文化建设的重要意义

新时代行政文化建设，就是要构建服务型行政文化、效能型行政文化、法治型行政文化和廉洁型行政文化。建设优秀的、健康的行政文化，对于发展社会主义民主政治、建设社会主义政治文明，具有十分重要的意义。

（一）有助于深化政府管理体制改革

行政文化具有导向功能，直接影响着政府机关和行政人员的行政理念、行政心理和行为准则。行政文化决定管理方式，没有行政文化的变革，就没有管理方式的变革。而没有管理方式的变革，就没有真正意义上的政府职能转变，机构改革也难以取得实质性进展。我国之前的某些行政体制改革实践，就是因为对观念上的文化因素没有给予足够的重视，以至于一些改革措施不能有效发挥作用，制约了政府管理体制改革深入推进。王沪宁指出："任何行政系统的活动和关系都不能撇开一定的政治、社会、文化环境。而且，只有在与政治、社会、文化环境的充分平衡之下，行政系统才使其效能趋向优化。"[①] 新时代寻求这一平衡，就要在政治和社会环境发生深刻变革的同时加快实现文化环境的变革，而实现文化环境变革的主要推动力还是行政文化建设。当前，我国政府管理体制改革进入关键阶段，不少深层次的矛盾和长期积累的问题集中显现。破除这些矛盾和问题，亟须行政文化变革。而且改革越往前走，就越需要行政文化的跟进。

（二）有助于推动现代行政体制的运行

党的十九届三中全会通过的《中共中央关于深化党和国家机构改革的决定》对优化政府机构设置、科学配置权力、实现职能整合等系列任务提出明确要求，目的就是要建立现代行政体制。体制建立之后贵在运行，行政体制的运行本质上是特定环境中的行政文化外化到行政体系的过程和结

---

① 王沪宁：《行政生态分析》，复旦大学出版社1989年版，第24页。

果，没有行政文化作支撑，看似完美的体制也难以产生预期的效果。能否构建民本、法治、高效、廉洁的行政文化，是实现政府机构间协调机制畅通高效的前提条件。例如，我国推动大部制改革多年，虽然取得了较为显著的成效，但是部门之间和部门内部的良性协调机制并没有建立起来，其中一个重要原因就是现代行政文化的缺失。如果把完成了的机构设置和职能配置看成硬件，行政文化就是软件。没有这个软件，再先进的硬件也发挥不了作用。只有行政体制中的软件变革和硬件变革协调推进，两者才能形成合力，使改革取得突破性进展。因此，巩固当前机构改革成效，实现行政体制良性运行，切实提升国家和政府治理能力，行政文化建设是任务，也是保证。

（三）有助于建设人民满意的政府

坚持和发展中国特色社会主义需要充分发挥政府的作用，尤其需要建设人民满意的政府。具体来说，就是建设服务型政府、高效能政府、法治政府、廉洁政府。而这一切，都需要加强行政文化建设。

党的十八大以来，我们党通过培育服务型、效能型、法治型、廉洁型行政文化，努力建设人民满意的政府。服务型行政文化是公共利益至上的一种行政文化，其核心就是全心全意为人民服务。它要求政府综合运用多种手段，与市场、社会和公众一起协同共治，深化"放管服"改革，推进政府治理的有效性，让人民满意。效能型行政文化是融合行政能力、行政效果、行政效益于一体的一种行政文化，[1] 它不是简单意义上的投入和产出的比率，更多强调的是效能的公共性，重点考察行政行为产生的社会效益。效能型行政文化要求政府及其行政人员改变以 GDP 为中心的政绩观，在制定绩效评价体系时把改善民生、环境保护和居民幸福感等指标纳入进去，提高人民对政府管理的满意度。法治型行政文化体现了依法行政理念，要求政府活动必须在宪法和法律框架范围内开展，保护企业、公民和其他组织的合法权益。在全面依法治国背景下，充分发挥法治型行政文化的作用，营造政府治理法治氛围，依法作出让绝大多数人满意的公共决策，显得尤

---

① 廖振民：《行政文化创新：实现有效政府治理的进路》，《前沿》2018 年第 3 期。

为重要。廉洁型行政文化体现了廉洁从政理念，要求行政人员既要忠于职守、勤政为民，又要廉洁自律，自觉接受社会和公众的监督。

二、新时代行政文化建设面临的突出问题

党的十八大以来，在全面从严治党的背景下，我国的政治生态发生深刻变化，"以人民为中心"的行政文化建设取得重要进展。然而，与新时代要求相比，行政文化建设依然存在不少问题，突出表现在以下五个方面。

（一）官本位意识依然浓厚

"所谓官本位意识，简而言之，就是把是否为官、官职大小、官阶高低作为衡量个人社会地位高低、个人社会价值大小首要标准的一种价值观念。"[①]作为一种文化现象，官本位意识有着深层次的社会根源和制度根源。从社会根源上看，我国长期以来都是农耕社会，重农抑商，在广大的农村社会，那些渴望出人头地、光宗耀祖或者实现理想抱负的读书人是不屑于从商的，入仕为官就成为他们的首要甚至唯一的选择，官职大小、官阶高低也就自然成为他们衡量自身价值和社会衡量他们的标准。从制度根源上看，历经千年不断强化的中央集权体制使官僚阶层垄断了政治资源、经济资源和文化资源，他们通过资源分配进行价值输出，不断强化官本位意识，使其渗透到社会的方方面面。

当前，确有一些行政人员，尤其是党政干部的内心深处存在官本位意识。在现实生活中，他们官僚主义和形式主义作风严重，习惯于高高在上，脱离群众，依靠文件和会议落实工作，工作重"痕"不重"绩"、留"迹"不留"心"。个别领导干部家长制作风严重，习惯于一言堂，决策时听不进不同意见，缺乏民主意识，导致决策失误。他们缺乏群众观念，不是把自己看作人民的公仆，不是把为群众办事当作自己应尽的职责，而是把自己当作人民的父母官，把为群众办事当成恩赐，居高临下，办事推诿扯皮。[②]官本位意识极大地影响党群干群关系，影响党和政府在人民群众中的形象。

---

① 李太淼：《当代中国官本位意识表现分析》，《中州学刊》2014年第2期。
② 李太淼：《当代中国官本位意识表现分析》，《中州学刊》2014年第2期。

（二）人治思维尚未消除

人治与法治相对立。所谓人治，就是指依靠个人的主观意志治理国家或公共事务。在这方面，我们有深刻的历史教训。改革开放以来，随着依法治国基本方略的制定实施，社会主义法治建设取得重大进展，公民的法治意识有了很大的提高。但同时我们也要看到，在整个社会运行过程中，全民法治意识还不强，人治思维依然较为突出。一些领导干部对法律缺乏尊重和敬畏，采取实用主义态度对待法律，法律和个人意志相一致时讲法律，法律对自己不利时，把法律抛在脑后。有的甚至把个人意志凌驾于法律之上，以权压法、以言代法，严重损害了政府权威和公信力。从近些年媒体的报道中不难发现，无法无天的"我就是法"的闹剧时有上演。这表明，人治思维在某些领导干部心中仍然根深蒂固。

（三）特权思想依然严重

特权思想是我国传统文化中官本位意识和人治思维的必然产物，是指领导干部公权私用，超越法律和政策之上为个人或小集团谋取政治、经济或其他方面私利的意识。党的十八大以来，习近平总书记多次尖锐批判领导干部中存在的特权思想和特权现象，他指出："在我们的国家中，人们只有分工的不同，没有尊卑贵贱的分别。谁也不是低人一等的奴隶或高人一等的贵族。那种认为自己的权力可以不受任何限制的思想，就是腐朽的封建特权思想，这种思想必须受到批判和纠正。共产党员和干部应该把谋求特权和私利看成是极大的耻辱。"[①] 近年来，中纪委在对一些高级领导干部违纪违法情况通报中，经常使用"大搞特权""特权思想严重"等措辞，这说明特权思想并没有消失，依然在不少干部身上存在。当前，特权思想主要表现在以下三个方面。一是政治上的特权思想。在用人上个人说了算，一旦他人插手干预或有不同意见，就认为是对个人权威的挑战；在决策上独断专行，没有集体领导的意识，没有民主集中制的概念。二是经济上的特权思想。搞权钱交易，利用管理权、审批权、执法权为特定关系人谋取不

---

① 《十八大以来重要文献选编》（上），中央文献出版社2014年版，第136—137页。

正当利益，或让亲属经商办企业，自己做后台老板，利用职务影响争揽项目。三是生活上的特权思想。把权力当成个人可以恣意占用、享受的个人资源，在住房、乘车和其他方面追求享受，搞"封妻荫子"，利用权力"荫庇"亲友甚至"泽被"他人，为他们入学、就业、提拔等提供便利。

特权思想是滋生不正之风乃至腐败问题的"温床"，领导干部一旦有了特权思想，就会走向腐败堕落。特权思想和特权现象不仅严重损害了社会公平正义，而且引起了群众极大不满，必须高度警惕和坚决抵制。

（四）圈子文化在不同范围存在

在日常生活中，那些因感情交流需要形成的一些圈子，倒也无可厚非。但是官场上形成的圈子就变味了，它不再是纯粹的感情共同体，而是公权力与利益相互交换的帮圈。这种帮圈在古代社会表现为朋党，正所谓"朋党兴，政事乱"。官员圈子文化是一种落后的行政文化，其之所以能够滋生，主要是缘于不正常的人身依附和利益输送。习近平总书记多次发表重要讲话对圈子文化进行剖析。他曾尖锐指出，圈子文化使不少干部整天琢磨拉关系、找门路，分析某某是谁的人，某某是谁提拔的，该同谁搞搞关系、套套近乎，看看能抱上谁的大腿，这极大地破坏了党和国家的政治生态，必须坚决予以反对。党的十八大以来，党中央多次明令禁止党内搞团团伙伙、结党营私、拉帮结派，并开展帮圈文化集中整治活动，最大限度地压缩了圈子文化的滋生空间。《中共中央关于加强党的政治建设的意见》进一步要求狠刹权权交易、权钱交易等不正之风，坚决防止和反对宗派主义、圈子文化、码头文化。[①] 这从一个侧面表明，圈子文化仍然是当前政治生态中一个不容忽视的问题。圈子文化的产生有社会土壤，其作为一种文化现象不可能在短期内消失，依然在一定范围内存在。圈子文化具有很强的排外性，圈子内部运行着和外面不一样的规则，成员之间存在密切的依附关系，往往一荣俱荣、一损俱损，它极大挑战了我们党集中统一领导的优良传统，败坏党风民风，且极易诱发塌方式腐败，产生严重的社会影响。

---

① 《中共中央关于加强党的政治建设的意见》，人民出版社2019年版，第21—23页。

（五）懒政思想有所抬头

懒政本质上是为官不为，消极作为。懒政思想既是一种文化现象，也是一种社会现象。说它是文化现象，是因为我国传统文化历来讲中庸，人们不管是对待生活还是工作都深受这一思想的影响，不出头，走折中调和路线。说它是社会现象，是指在特定的社会环境中，人们不愿积极担当，害怕干事越多，错误越多，于是就消极作为，不求有功，但求无过。当前，不少公职人员在本该积极作为的领域消极作为，甚至不作为，产生懒政思想。首先，高压反腐给官员极大震慑，有些自觉有问题的官员忧心忡忡，无心投入工作，抱着宁肯不干事也不能出事的心态对待工作。只要不影响自己官位的事情，能推就推，不能推的就绕行，绕不过的就拖延。凡有难度有风险的事情，议而不决，决而不行。其次，面对复杂的问题不愿意深入调研、不能科学论证、不去积极制定解决方案，为了稳定不出事，打着积极作为的旗号，脱离社会实际，搞决策"一刀切""一锅煮"。例如，为了应对环境督查关停小饭馆，为了创建卫生城市就禁止摆摊设点等。最后，对上级安排的工作口号式、机械式地传达，不加消化、囫囵吞枣；在工作中做表面文章，表态多调门高、行动少落实差；单纯以会议贯彻会议、以文件落实文件，缺乏实际行动和具体措施。

三、新时代行政文化建设的主要路径

行政文化建设是新时代中国特色社会主义文化建设的重要内容，是提高公职人员综合素质、塑造良好政府形象的有效途径。针对当前行政文化建设中存在的突出问题，坚持问题导向，需要从以下方面作出努力，使新时代行政文化建设取得新成效。

（一）积极开展先进行政文化的宣传教育工作

关于优秀的、健康的行政文化理念，古今中外都有很多精彩论述，我们要深入挖掘和阐发中华优秀传统文化讲仁爱、重民本、守诚信、崇正义、尚和合、求大同的行政价值，积极借鉴外来优秀文化中的民主法治、权力监督等思想成果，紧密联系我国经济社会发展实际，形成中国特色社会主义先进行政文化。作为当代中国的马克思主义，习近平新时代中国特色社会主义思想蕴含着丰富的行政文化理念，是指导我们建设行政文化的根本指南。

内化于心，方能外化于行。先进行政文化只有被普遍接受，才能体现在经济社会发展的各个环节。为此，要积极开展先进行政文化的宣传教育工作。一是充分发挥各级党校（行政学院）和干部培训中心的宣传主阵地优势。在课程设置上，开设先进行政文化专题，精心设计教学环节，提高领导干部这一关键少数群体对先进行政文化的接受度，然后由他们向下传导，使先进行政文化入脑入心。二是进一步提升报纸杂志、广播电视等传统媒体的宣传作用。在报纸杂志开设行政文化栏目，大力宣传各地各单位践行先进行政文化的成果；利用广播电视，播放先进行政文化公益宣传片，在传统的官员问政、官员访谈节目中加大先进行政文化的宣传，在收视率高、听众多的节目中体现相关内容。三是充分发挥网络新媒体在宣传先进行政文化中的作用。依靠有影响力的学习平台，如学习强国，宣传先进行政文化；加大对微博微信、网络营销平台、直播平台、短视频平台等的引导，营造风清气正的网络文化。

（二）规范权力运行机制，建设民本法治的行政文化

行政文化的核心是对行政权力的态度。只有抓住这个根本，规范权力运行机制，才能有效消除官本位意识和人治思维，最大限度减少特权现象，建设民本法治的行政文化。规范权力运行机制，除了切实转变政府职能、实现权力科学配置、推进权力公开依法行使外，还要加大对权力腐败的治理力度。一是持续保持高压反腐态势。针对权力腐败现象的反复性、顽固性，要通过巡视、审计、明察暗访常态化、制度化，推进反腐的常态化、制度化，让腐败分子无处遁形。从抓小入手，对苗头性、倾向性权力腐败现象早发现、早纠正、早查处，消除腐败滋生的土壤。二是健全党和国家监督体系，加强对权力运行的制约和监督，通过改革和制度创新，切断利益输送链条。特别要针对管人管钱管物管项目的单位和岗位，查找廉政风险点，通过科学管理、严格监督和发挥巡视利剑作用，切实管住权力，坚

决反对特权行为和特权现象，让人民群众真正感受到清正干部、清廉政府、清明政治就在身边。三是强化公职人员不想腐的自觉，对权力知敬畏、存戒惧、守底线。加强政治伦理和行政伦理学习，注重家庭家教家风，自觉做廉洁自律、廉洁用权、廉洁齐家的模范。[1]

（三）完善选人用人机制，建设公正平等的行政文化

圈子文化的出现，与选人用人机制不完善密切相关。小到一个单位，大到一个国家，当选人用人机制不完善时，社会成员就会寻找其他途径获取个人发展的资源，途径之一就是进入特定的圈子，利用圈子中其他人的权力为自己谋求私利。整治圈子文化，营造公平竞争的文化氛围，迫切需要完善选人用人机制。一是严格坚持正确的选人用人标准。党的十九大报告明确指出："要坚持党管干部原则，坚持德才兼备、以德为先，坚持五湖四海、任人唯贤，坚持事业为上、公道正派，把好干部标准落到实处。"[2]当前要格外突出政治标准，提拔重用政治过硬的干部。二是坚持不懈整治选人用人上的不正之风。对任人唯亲、说情打招呼、跑官要官、买官卖官、拉票贿选等行为发现一起查处一起；对"带病提拔"的干部实行倒查，对政治标准把关不严的严肃处理；严格执行干部选拔任用工作纪实制度，对私自干预下级或者原任职地方和单位选人用人的，记录在案并严肃追究责任。[3]三是落实干部能上能下机制。通过规范干部激励、奖惩、问责等制度，形成干部能上能下良好的用人氛围，解决好"能者上、庸者下、劣者汰"问题。

（四）建立官员容错纠错机制，弘扬积极有为的行政文化

所谓容错纠错机制，是指"党政机关及其工作人员在改革创新过程中未能实现预期目标或出现偏差失误，但符合法律法规和政策，未谋取私利，无主观故意，且能及时纠错改正，可免除相关责任或从轻、减轻处理

---

[1] 《中共中央关于加强党的政治建设的意见》，人民出版社2019年版，第21—23页。

[2] 习近平：《决胜全面建成小康社会 夺取新时代中国特色社会主义伟大胜利——在中国共产党第十九次全国代表大会上的讲话》，人民出版社2017年版，第64页。

[3] 《中共中央关于加强党的政治建设的意见》，人民出版社2019年版，第21—23页。

的一种机制"①。作为一种正向激励，容错纠错机制为那些敢于担当、踏实做事、勇于创新但又不谋私利的官员提供制度性保护，最大限度消除懒政现象，有助于建设风清气正、积极有为的行政文化。党的十九大报告明确要求，坚持严管和厚爱结合、激励和约束并重，建立激励机制和容错纠错机制，旗帜鲜明为那些敢于担当、踏实做事、不谋私利的干部撑腰鼓劲。

建立容错纠错机制首先要界定"错"的情形。习近平总书记提出的"三个区分开来"明确了容"错"的三种情形：一是干部在推进改革中因缺乏经验、先行先试出现的失误和错误，二是上级尚无明确限制的探索性试验中的失误和错误，三是推动改革发展的无意过失。其次要明确容错的要件。一是改革必须建立在满足群众对美好生活的需要上，二是所犯的失误和错误必须没有主观的故意，三是不存在谋取私利的情形，四是官员能够及时发现错误并自觉改正错误，五是容错要在法律法规和政策的框架下进行。最后要完善容错纠错的程序和原则。容错纠错机制必须建立严格、周密的程序，如免责的申请、主管机关的核实、认定、反馈及报备等。除法律规定的保密情形外，容错纠错的申请、认定必须公开进行，给相关利益人知情权。同时，容错纠错机制还要有配套的申诉救济制度，实现当事人责权平衡。

---

① 薛瑞汉：《建立健全干部改革创新工作中的容错纠错机制》，《中州学刊》2017年第2期。

行政文化嬗变下的腐败心理及治理 *

刘爱卿　许欢 **

摘要： 本文从行政心理的视角研究行政文化嬗变如何影响国家公职人员的心理以及腐败心理滋生的若干方面表现，分析在行政文化嬗变条件下腐败心理的内生机制、机理和规律，探寻重塑行政文化对遏制腐败心理并弥补刚性制度的缝隙的重要作用，提出通过提供专业的心理辅导、强化廉政的价值认同、建构合理的需要结构等措施，形成结构化、机制化的反腐心理防线，遏制腐败动机，以实现有效治理腐败心理的目标。

关键词： 行政文化；腐败心理；腐败治理

中国改革开放40多年来行政管理体制改革的实践，改变了人们的国家功能观和政府职能观，丰富了中国特色社会主义政治文化、经济文化和行政文化。与此同时，经济的快速发展使得政治文化、经济文化和行政文化出现了某种程度的嬗变，带来了一些负面影响。本文就社会转型期行政文化嬗变中出现的认知与价值偏差导致大量腐败案件发生的现象，深入心理层面进行解析，并提出有效治理腐败心理的思路与对策。

一、国家公职人员腐败心理的发生机制

20世纪80年代以来，我国把工作重心从阶级斗争转向经济建设，大刀阔斧地改革行政机构，集中大量资源进行现代化建设，政府的行政效能获得快速提高。但假如政府的体制机制和公务员的思想观念不能相应地转型

　＊　国家社会科学基金重大招标项目"地方政府党风廉政建设责任制考核评价体系研究"（11&ZD056）后期研究成果。

　＊＊　作者简介：刘爱卿，武汉大学公共管理学院2012级博士研究生；许欢，清华大学公共管理学院博士后。

升级，行政文化无法匹配政治经济的高速运转，那么政府就可能无法承载超强负荷，甚至会面临系统崩溃的风险。就近年来频频出现的腐败案件来看，政府的行政文化尚未得到全面升级和完善，甚至出现了明显嬗变，并直接反映在部分国家公职人员的心理和行为上。

（一）国家公职人员腐败心理发生的社会机理

行政管理体制改革的核心命题就是正确划分政府、市场、社会的边界，既要简政放权，大力破除计划经济时期政府独大的格局；又要加强管理，以适当集中的行政资源推动各方面建设。在这一过程中，主要有三个方面的转变对公共管理的思想观念和行政价值观产生了深刻的影响。

1. 国家功能观从单一型向综合型转变

党的十一届三中全会以后，传统的单一国家功能观发生了改变。随着现代化建设事业的发展，国家的综合功能观逐渐成为大部分国家公职人员认识和评价国家机器作用的重要依据。同时，也使部分公职人员产生了"权力膨胀"意识，失去了自我监控的能力，一旦有机会就在市场中将手中的权力"变现"。从改革开放以来国家公职人员的腐败情况，可直观地看到在国家功能转变过程中国家公职人员行为异化的程度（见图1）。

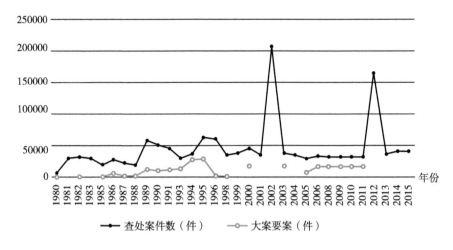

图1　1980—2015年国家公职人员贪污受贿等职务犯罪数量

数据来源：1980—2015年《最高人民检察院工作报告》

2. 政府职能观从指挥命令型向公共服务型转变

与国家功能观转变相对应，改革开放后经济体制改革的实践推动了政府职能的转变，新的政府职能模式逐步得到认同。特别是在政企分开、市场经济体制发展完善过程中，政府管理的传统方式受到根本性触动。大多数国家公职人员都能够正确认识这种转变的必要性，积极投身改革、转换角色、优化服务，简化行政审批事项和手续，降低行政成本，强化行政责任。但政府职能转变也遇到很大阻力，一些官员仍然越权、越位，并以各种方式反对和抵制改革，因为改革使他们产生了"失落感"。从权力中获取"好处"的私利主义心理及在改革进程中面临的"末班车"心理导致这些官员在以权谋私、贪污腐败的道路上越走越远，最终锒铛入狱。①2015年，党中央加大"打虎"力度，令计划、苏荣、白恩培、朱明国、周本顺、杨栋梁、何家成等41名原省部级以上干部被立案侦查，周永康、蒋洁敏、李崇禧、李东生、申维辰等22名原省部级以上干部被提起公诉。官员的腐败带来国家财产的巨大损失，根据《最高人民检察院工作报告》公布的部分年度的腐败涉案金额，数额之大令人惊愕（见图2）。

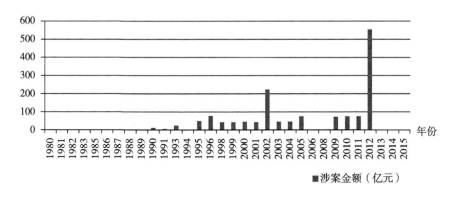

图2 《最高人民检察院工作报告》公布的部分年度的腐败涉案金额

数据来源：1980—2015年《最高人民检察院工作报告》

3. 干部人事制度从僵化型向优化型转变

我国传统干部人事制度的一大弊端是领导干部职务的终身制，这不仅

---

① 许欢：《官员群体性腐败的机会——基于"寻租"理论》，《特区实践与理论》2015年第5期。

导致干部队伍的老化，不利于领导层的更新，不利于人才的成长和年轻人的选拔，而且导致思想僵化、行政效率低下。改革开放以来，我国稳步推进干部人事制度改革，打破了人们多年来形成的干部领导职务观，使干部队伍增强了生机和活力。但也有少数国家公职人员从另一角度看待干部人事制度改革，产生了"有权不用，过期作废""为官一任，享受一生""末日感""天花板效应""组织欠了我，我要补回来"等错误思想。

（二）国家公职人员腐败心理发生的个体机理

德国心理学家勒温提出心理学"场"的理论，并提出行为公式：B=f（P·E）。其中，B 是行为，P 是个人，E 是环境，f 是函数，即人的行为是个人与环境相互作用的结果。心理学研究证明，动机是行为的直接原因，动机一旦产生就必然会带来相应的行为，而动机则源自主体的需要。

心理学研究揭示了这样一条规律：当人们体内的生理平衡及心理平衡被破坏或失去时，就会导致生理性和心理性的紧张与不安，并由此产生一种内驱力，使个体进行活动以恢复原有平衡。这种内驱力在个体心理和意识中的反映即是需要。当这种需要的强度很高，并具备一定的条件，达到激发人去行动以求满足的强烈程度时，需要就转化为动机，它驱使人选择目标，并进行实现目标的活动。[①] 腐败心理的形成是腐败主体内外因素相互作用和转化的结果，是一个由初始的量变到心理结构总体质变的过程。腐败行为是腐败心理的外象，反映了腐败意识，也反映了腐败心理调节并支配主体行为的必然结果。

（三）国家公职人员腐败的心理异化机理

社会快速发展带来了行政文化价值观的突变，使得部分国家公职人员逐渐丧失了原本的公共性行政文化精神，发展出一种具有"矢量"的心理状态，这种心理状态具有走向腐败的方向性和内在强度，即原来的"为人民服务"的高尚的行政素养和认知被异化的"私利最大化"经济人意识所影响、干扰甚至取代。这些人会通过建立错误认知和不合理需求，为走向

---

① 王煜民：《官员腐败行为的心理机制及其防范》，硕士学位论文，中共中央党校，2006年。

腐败营造心理准备。譬如，有的为了实现对亲情的回报，利用权力达到某些目的，其心态虽有"人性化"的一面，但实质却是自我意识的超重；有的不讲政治规矩只讲哥们儿义气，不讲道德法律只讲私人感情，呈现了常见的"前腐败心理"，在制度和法律尚不健全的行政环境中，极易走向腐败。

腐败行为的心理异化是行为主体在腐败行为完成前对腐败行为及其后果所表现出的心理状况，是腐败行为及其结果的一种观念形态。实际上，由于人的需要随着实践的发展不断丰富，个体的动机也是此起彼伏的。[1] 腐败人员所形成的消极的反社会的需要结构是社会环境及行政文化中的不良因素、消极条件不断作用的结果。

腐败从宏观上来讲是一种社会综合症，要从根本上铲除需要一个较长的历史进程。如果作为个体行为看待，可以通过行为的前端控制进行预防和遏制。人类区别于动物的基本特征就是其行为具有意志性和目的性，并可通过自我心理和外部力量进行调控。[2]

二、行政文化嬗变与腐败心理滋生

40多年的改革开放冲垮了阻碍人们思想、阻碍社会发展的堤坝，使中国的发展势不可当。但同时，也冲击了一些国家公职人员的道德底线和纪律红线，冲淡了红色行政文化。笔者将行政文化嬗变条件下国家公职人员的腐败心理滋生概括为以下五个方面。

（一）行政道德的沦丧

道德是人们在长期共同生活中形成的共同的认知和处事标准，并通过群体的价值观念体现出来，对个体的行为产生潜移默化的作用。在市场经济条件下，道德认知出现了多元化，一旦国家公职人员的行政道德认知出现偏差，必然导致是非不明、善恶不辨、好坏不分，甚至完全颠倒是非、

---

[1] 许欢、高小平、李和中：《"圈内化""类型化"：科层制弊端与腐败心理发生机制及对策》，《行政论坛》2016年第1期。

[2] 蒋云根：《政治人的心理世界》，学林出版社2002年版，第53页。

以恶为善，最后走上腐败道路。

大凡腐败人员在自我道德认知体验中都经历了一个逐步嬗变的过程。行政道德在人群中具有潜移默化的导向和他律作用。导向作用表现为好的道德观念感召人心，给人以向上的示范和引领；坏的道德观念侵害腐蚀人，并产生连锁反应，降低社会集体道德水准。他律作用表现为道德的意志控制，不仅能控制道德主体的行为，而且能对其他主体的行为产生控制，要求别人也和自己一样践行某种道德。如果国家公职人员缺乏坚定正确的行政道德观念，那么自我约束力就会减弱，将自己与他人同流合污视为合理、合群、合规，这种与行政道德明显背离的行为往往成为腐败动机的导火索。

（二）行政观念的变质

社会转型造成了社会结构变动，在改变社会元素的同时影响着人们的观念和行为。我国正处于社会转型关键时期，经济结构、政治体制的转变引起了社会结构的改变，原有社会关系在新的形势下有了新变化。

在缺乏完善的社会组织情况下，大政府依然是主要的管理模式，因此大量公共事务的终端处理都由政府部门执行，管理不善让政府充斥着低效率、低效能现象，群众办事"门难进、脸难看、事难办"现象依然存在。当面对办事难而束手无策时，某些群众就希望通过贿赂的方式去解决问题，即通过贿赂、私相授受把事情顺利办好，这比按僵化繁杂的程序办事而言成本可能更低，这样的观念同样催生了腐败行为。

（三）行政心态的扭曲

人的意志行动总是源于心理需要和由需要引发的动机，需要的实质是意识、心态对活动的调节或者制约。对于国家公职人员而言，公职身份要求其应以满足社会整体需要为出发点和目标，在此基础上满足个体需要。但有部分人却片面强调个体需要，在日益膨胀的不良心理需要支配下，将个体需要凌驾于社会整体需要之上，通过掌握的权力优先满足个体需要。

腐败都具有以物质满足为基本特点的需要结构，腐败行为的内驱力即腐败动机便是在这样一种以物欲满足为特征的不良心理需要和外部不良环境刺激的双重作用下形成的。基于这样的不良心理需要，当事人将一直处于一种强烈的欲望和不安状态中，费尽心思寻找机会获取利益以求满足，随着这种欲望不断膨胀，当事人便触发了腐败犯罪的动机，一旦出现腐败机会，就会将腐败动机转化为腐败行为。

（四）行政角色的错位

心理学认为，构成社会群体的每个个体，都是处在一定社会当中担任一定社会角色的。因此，每个个体对自己所处的社会地位会相应地产生认知和反应，即人的角色知觉。国家公职人员作为担负一定公职的社会个体，对自身的职业和群体会产生角色认知，从而影响其权力使用的情况。由于中国传统的"官本位"特权思想和观念依然有所遗留，很多国家公职人员内心并不认同自身的公仆本质，从而对于所掌握的权力和扮演的角色产生了错误的心理体验，认为自己是特权阶层，掌握一定的权力就应该享受特殊待遇，具有高人一等的社会角色，牟取个人利益是理所应当的。

这种角色认知错位会支配主体对行为方式的选择，并支配其价值判断的合理性。有的国家公职人员认为虽然人人都痛斥腐败，但人人又都在牟取私利，党内和社会的腐败范围是非常广的，自己应该同流合污。

（五）行政评价的困扰

在社会转型期，特别是在新媒体出现后，公众对国家公职人员的负面评价从一个侧面打击了他们的工作热情，同时，收入增长一度缓慢甚至停滞，也使得国家公职人员心理失衡。

随着改革开放和经济发展，社会结构不断调整，国家公职人员这一群体社会声望较高但经济收入较低，对于经济收入状况的强烈不满导致有人产生了"相对剥夺感"，即认为自己本应获得的利益没有得到、被他人或社会"剥夺"的主观心理感受，而这种否定性的感受带来两种行为方式：一是回避矛盾，发牢骚或者消极怠工；二是将不满通过其他消极途径进行宣泄，如腐败。

三、行政文化嬗变下腐败心理的治理

通过以上对行政文化嬗变与腐败心理滋生之间关系的分析可以看出，从道德沦丧到观念变质，从心态扭曲到角色错位，最后综合性地导致心理认知的误判，体现了行政文化的嬗变所带来的腐败心理异化的系统性特点，因此，治理腐败心理也必须采取系统方法，综合施策。

行政文化包括宏观、微观两个层次：宏观的行政文化是政府公共体制所具有的行政文化氛围，亦即集体的心理认同；微观的行政文化是国家公职人员的品质修养，亦即人的心理素质。这就要求腐败心理治理一方面要从改变社会风气、政府作风入手，推进制度变迁；另一方面必须在行政文化的建设中关注国家公职人员的主观意识和隐性作用机制，从心理层面遏制和消弭腐败因子。

（一）提供专业的心理指导，建立系统的评价体系

从积极的心理指导入手，就是要建立公共心理咨询体系，借助专业心理咨询帮助国家公职人员排除认知障碍，建立正确的心理评价体系。纵观很多官员腐败堕落的轨迹，都有一个漫长、痛苦、复杂的心理演变过程，这种心理的蜕变源于主体痛苦的自我否定。假如在他第一次想尝试腐败、内心在激烈斗争的时候，有人给予恰当的疏导和善意的指引，通过心理危机干预帮助其走出矛盾的心理并重新站在阳光下，对其保持廉洁的行为和健康的心理有重要意义。

建立国家公职人员心理体检制度，是建立正确的心理评价体系的前提。要定期对中高级领导干部和处在重要岗位上的国家公职人员进行"体检式"心理辅导。通过在保密状态下进行的诊断和治疗，发现其心理问题，维护其心理健康。这种"心理体检"与纪律检查、司法监察等违纪违法调查没有任何关系，纯粹是从关心爱护的角度出发，为上述人员提供失误忏悔、心理保健和消解情绪的机会，指导他们充分了解和正确把握自己的心理需要变化，学会解决心理问题的方法和技巧。通过"一对一"的方式，为他们提供专业的心理辅导和服务，解开他们的心结，释放他们的压力，强大

他们的内心，并植入正确的价值认知和行为认知，使其保持和回归到正常的心理状态，从而遏制腐败心理的产生。

（二）强化廉政的价值认同，建立正确的观念体系

心理判断，是建立在价值评价基础之上的。行为除了受到心理因素的影响，同时也受到行为主体价值观的驱动，还受到文化的深层制约。廉政是一种政治文化，廉政建设在一定意义上是政治心理塑造。社会主义政治文化是健康政治心理的重要基础，完善社会主义政治文化的目的在于引导国家公职人员形成正确的廉政价值取向，强化其对人生的价值、奋斗的价值、亲情的价值、自由的价值的认同，让贪婪的人性回归到理性的价值体系中来，使其具有强烈的责任感、使命感，摒弃官本位意识，真正地为人民、为国家服务。

要建立廉政的价值体系，需要廉政教育的有效实施，这既是廉政的重要途径，更是廉政的必要前提。廉政教育是指根据一定的社会政治要求和受教育者的廉政认知水平，通过有目的、有组织的活动，对受教育者施加身心影响，以提高其对于廉洁从政的认识，并将廉洁意识转化为实际行动的过程。[①] 因此，从本质上来说，廉政教育是政治伦理与行政伦理教育，应该引导国家公职人员树立"执政为民、依法行政、权为民用、利为民谋"的权力观，通过拓展廉政价值的认同途径，消除各种腐败心理。

（三）改变潜在的不良心态，建立正向的态度体系

态度是价值观的直接体现。社会心理学家认为，要改变某个人的行为，首先要改变他的态度。美国心理学家墨菲通过实验证明，沟通对态度的形成和改变会产生有效影响。遏制潜在的腐败动机，一个重要的途径就是加强对国家公职人员的教育和引导，要不断宣传抗腐拒蚀的先进人物，弘扬廉洁奉公的高尚气节。

态度一旦形成，将在持续的一段时间内保持稳定，并成为个性的一部分。消除潜在的腐败意识，要有"提前量"，应在国家公职人员尚未形成腐

---

① 乔德福等：《廉政教育论》，中国社会出版社2015年版，第16页。

败倾向的态度或者这种态度尚未稳定的时期提前对其进行廉政教育，这个阶段态度尚未固化成个性，通过教育和引导，容易促成态度改变。

（四）搭建合理的需要结构，形成良性的目标体系

人的心理状态是结构化的。针对主体的不良心理需要，通过合理性想象、教育引导、道德提升和完善监督等方式，是完全可以预防腐败动机的形成的。搭建合理的需要结构，首先要强化节俭的意识。党中央提出规范领导干部行为的"八项规定"等，突出强调了这方面的要求。如果追求奢靡的生活方式，强调高档的物质消费，自然入不敷出，很容易导致通过非法渠道收敛财物，以满足内心不合理的需要。其次要发扬勤奋的精神。列宁曾说："政治上有教养的人是不会贪污受贿的。"[①] 不读书、不看报、不认真学习，是导致很多腐败分子精神空虚、道德滑坡的根源。提倡勤奋工作，闲暇时间多"充电"，对于抵制享乐思想的侵蚀是有一定帮助的。

（五）打造自律的心理防线，建立完善的机制体系

凡是腐败者，必定是思想防线失守在前，腐败行为出现在后。一个正常人的心理，具有发动机和制动器双重功能，既能够产生动力，也能够产生制动力。有自控力的人，心理健康、人格完整，他的意志、信念、品格、观点、态度等都能够成为产生制动力的重要元素。

廉政心理建设就是要健全制动力，适时自动启动思想上的"刹车"，并控制到位，实现"自律心理"机制化。打造心理制动机制，一是要树立理性精神。正确看待自身利益，合理行使权力，在诱惑面前运用理性进行审视，这是心理制动机制的基石。二是要保持兴趣爱好的纯洁性。不良心理的出现大都伴随着不良的嗜好。在复杂的社会中，保持一份纯洁就相当于在车轮轴上安装一个可以产生"制动力矩"的轮，保证在高速运行时沿着正确的路线行驶。三是要建立将心理评价、价值认同、心态调节、态度转变、需要优化融为一体的廉政心理控制体系。廉政心理控制体系必须按

---

① 《列宁选集》第4卷，人民出版社1995年版，第588页。

照整体性、系统性要求，以齿轮式"降档"的方式进行制动，通过连续降档来减轻"欲望"狂奔的力量，让国家公职人员增强心理综合抗拒力，形成自觉抵制腐败的内在动机。

基于节约文化重塑的行政成本治理"软动力"机制探微 *

徐振华 **

摘要： 行政成本有效治理不仅是"硬性"制度约束与技术运用之产物，更是"软性"节约文化激发行政主体内生动力之结果。节约文化之于行政成本治理具有节约导向、节约凝聚、节约衍射等功能。然而，面对节约悖论误导、消费主义侵蚀和官本位观念掣肘等因素的干扰，基于节约文化的行政成本治理"软动力"机制构建遭遇困境。为此，可从节约精神文化、节约行为文化、节约制度文化三个维度探求节约文化重塑之路。

关键词： 行政成本；节约文化；"软动力"机制

　　行政成本是行政学的基本命题，也是衡量当代政府行政效率与执政水平的重要依据。1887年，行政学之父伍德罗·威尔逊在《行政学研究》中提到，行政管理学"旨在发现如何使政府以最少的成本为代价、以最高的效率来完成政府的本职工作"①。因此，针对如何降低行政成本，实现行政效率与成本投入配置的"帕累托最优"，一直是国内外学者孜孜不倦探索的话题。当前，虽然精简机构、优化职能、制度约束、权力监督、电子政务等制度、技术范式的行政成本治理策略的确成效显著，但从动力源头看，此类举措多为"被动式"因素，是一种由外而内的压力型动力机制。行政

---

　　* 基金项目：2021年度国家社科基金项目"党政机构改革背景下的政府职能优化协同高效运行"（21BZZ064）。

　　** 作者简介：徐振华，中共辽宁省委党校（辽宁行政学院、辽宁省社会主义学院）领导科学教研部副主任、教授，研究方向为政府治理、领导科学、政治哲学。

　　① 彭倩、胡子岚：《我国行政成本理论的历史沿革与发展探析》，《行政事业资产与财务》2011年第4期。

成本治理绝非单凭压力就能一劳永逸，如果行政主体对节约行政成本缺少发自内心的认同感，那么所有治理举措皆可能演变为"为节约而节约"的形式化努力，外部压力解除之时便是节约行为终止之日。为此，需重塑节约文化，为行政成本治理寻得一种深层持久的"软动力"支撑，通过节约文化的理念熏陶和价值引导，增强行政主体节约成本的自觉性，促使行政主体由"能节约"走向"愿节约"。

一、节约文化内涵的三维解析

在行政学视域下，节约文化特指节约型行政文化，是指以节约作为公共行政的规则依循，在行政管理活动中经由行政环境长期作用而形成的，能够持久影响行政主体行政行为的节约思想意识、节约心理习俗、节约价值理念等的总称。研究节约文化须以人的节约意识为原始起点，据此，从行政文化研究的逻辑起点——行政意识出发，将节约文化的内容构成按照人的节约文化形成逻辑分为彼此独立又相互依存的三个环节：节约行政心理、节约行政价值、节约行政意识。

（一）节约行政心理

所谓节约行政心理，即行政主体在与行政对象相互作用的过程中所形成的对节约行政的态度、情绪、动机、感觉、知觉等认知形式的总和，是对节约行政活动的一种自发的感性反应。由于这一认知仅仅是行政主体与行政对象经初步接触而生成的对节约行政的浅层感知，难以在行政主体大脑中获得长久停留，所以尚不足以构成对行政主体节约行为的有效影响。此时的节约行政心理仅仅是节约文化这棵"参天大树"的一粒"种子"。

（二）节约行政价值

行政主体初步形成的节约行政心理，在经受大量的节约行政活动正向或负向的刺激与诱导之后，形成指向节约的行政态度、行政感觉、行政知觉等，在行政主体的大脑中得以进一步强化，并逐渐显露出其对行政主体节约行为的有效影响。此时，"节约"作为一种公共行政过程中的价值秉持与原则依循在行政主体的头脑中完全形成，节约文化初具雏形。所谓节约行政价值，就是在节约行政心理不断得以定型的基础上，行政主体对一定行政环境下的节约行政所作出的倾向性理解、判断和抉择。思维决定行动，价值观引领行政观，当节约成为行政主体自觉的行政思维时，节约文化就实现了在行政主体身心领域的"常驻"。

（三）节约行政意识

以节约行政心理与节约行政价值为代表的对节约行政相对表层的认知，会在行政主体的行政活动中进一步得到强化，进而内化为融入行政主体血液与灵魂的节约行政意识。有研究表明，意识本身并无思维能力，真正的思维都发生在潜意识的诸脑区中，我们所感知到的思维，其实是潜意识将其思维呈现于意识脑区的结果。也就是说，当节约演化为人的一种意识时，其对行为的引导作用是"不令而行"、潜移默化的。如果说节约行政心理与节约行政价值对行政主体节约行政行为的影响源自行政主体的刻意安排，那么节约行政意识对行政主体节约行政行为的影响就不再是刻意的，"这种无意识状态的出现标志着深层次的行政文化在主体头脑中内化的完成"[①]。

二、节约文化于行政成本治理之功能分析

节约文化作为一种精神文化形态，具有相对稳定的特质，构成促使行政主体采取节约行政行为的氛围。在这种节约氛围中，人们自觉地以节约作为理所当然的行为守则并贯彻执行。由此可见，节约文化能够产生绝大多数物质力量都难以匹敌的精神力量，节约文化重塑于行政成本治理而言功能显著，是降低行政成本的一种特殊的柔性路径。

（一）节约导向功能

节约导向功能，即通过节约文化对行政主体的价值引导，使行政主体的行为与价值取向趋于节约。节约文化对行政主体的节约导向功能不同于

---

① 颜佳华、王升：《地方政府决策中的行政文化障碍分析》，《理论探讨》2007年第2期。

传统的刚性制度或纪律，它所发挥导向作用的机理在于通过节约文化的塑造、节约氛围的营造来引导行政主体的行政行为趋向节约。在节约文化潜移默化的熏陶下，行政主体最终从情感、意志、理性等层面接纳一种共同的节约价值，进而形成节约型行政人格。"行政人格作为行政人员的一种现实存在方式，是行政人员'群体人格''角色人格'与'个体人格'的完整统一。"[①] 因此，节约型行政人格不仅是行政主体的个体特性，也是整个行政体系的群体特性。在节约文化形成的群体节约意识、节约道德准则、节约价值规范等无形准则体系下，行政主体会自觉地将群体节约价值观作为自身行政行为的选择标准，此时，节约文化成为行政主体节约行政行为的指示器。

（二）节约凝聚功能

节约凝聚功能，即通过节约文化对行政主体形成一种拥护、坚守并践行节约行政理念的团结动员效力。从行政伦理、人性道德、生态保护以及可持续发展等诸多角度看，节约的积极价值不容置疑，但将节约要求施加于行政主体之时，一方面意味着行政主体的行政行为被约束，处处需要精打细算，不符合人的自由之本性；另一方面在节约行政过程中，个体利益不仅可能没有增加，甚至还有可能受到损失。如果对行政主体此类细腻的"反节约"心思不加关注，节约行政很可能面临重重隐性阻力而最终流于形式。那么，如何扭转行政主体的"反节约"观念呢？单纯依靠制度难以真正奏效，只有通过节约文化的浸润，才能使得行政主体超脱个人利益得失，形成对节约文化的高度认同和自觉遵循，充满活力、步调一致地走节约行政之路，从内心深处认同节约、践行节约。

（三）节约衍射功能

"衍射"是一个物理学名词，意指波在遇到障碍物时偏离原直线而进行传播的一种物理现象。节约衍射功能，正是借用"衍射"现象来描述节约文化不仅对行政机关及其成员具有节约化成作用，而且对行政机关系统

---

①　郭冬梅：《行政人格及其塑造》，博士学位论文，河北师范大学，2009年。

之外的社会系统也会产生同样的化成功效。1961年，美国著名行政学家弗雷德·W.里格斯的《行政生态学》一书出版，书中构建了极富洞察力的行政生态理论体系，认为要了解一个社会的行政行为，就必须跳出行政本身的范畴，而从其社会背景去了解，也就是去了解公共行政与其环境之关系。因此，实现节约行政不仅仅是行政机关系统一家之事，而是需要整个社会环境的支撑与配合。节约文化的无形力量恰好使其具备这一功能，其不仅在行政机关系统内部发挥作用，而且对整个社会节约习俗的养成也具有一定的影响作用。由此，在一个全社会崇尚节约、倡导节约、履行节约的行政生态环境中，节约行政方可获得现实的实践土壤，才能避免行政主体的节约行为陷入孤立无援之境，从而更加有利于节约行政行为的延续与推进。

三、当前我国节约文化重塑的困境

在有着几千年农耕文明的中国，勤俭节约是历代先人共识性的操守，也在世代中华儿女传承下成为整个民族的传统美德。但伴随着工业文明的发展，高效率、高科技、高利润等逐渐成为人们关切的焦点，与此相应的消费理念、增长路径、执政风格等也正在发生深刻变化。不可否认，工业文明及其创造的技术、倡导的某些价值具有进步性，但当一种文明遭遇另一种文明，原文明必然受到冲击，并带来相应的价值操守的弱化乃至被取代。节约作为一种行政文化形态在我国的重塑，虽然顺应人类可持续发展之长远要求，但在当前面临着诸多困境。

（一）节约悖论误导

尽管在绝大多数人心目中，节约是一种不言自明的优良传统，但随着1929年世界经济危机大爆发，一种"逆节约"现象开始泛滥。1936年，现代西方著名经济学家凯恩斯的代表作《就业、利息和货币通论》出版，书中提出了著名的"节约悖论"，认为高消费有益于经济发展，而高储蓄会导致有效需求不足、损害经济发展。"节约悖论"的提出，对节约传统而言可谓当头一击，其在大危机土壤里迅速获得生长，许多国家对之备加推崇，改革开放之初的中国也不可避免地受到影响。如今，我国经济发展取得巨大成就，短缺经济不再，部分商品出现生产过剩，为消化生产过剩，国家实行扩大内需、鼓励消费系列政策。诚然，重视消费、倡导消费、刺激消费无可厚非，但也有人趁机批判节俭。比如，有学者提出，"浪费的生活习惯才支撑起了我们经济牢固的基石"[①]。就是在这种观念的误导下，"浪费有功"思潮蔓延开来，出现了"浪费无人心疼"的奇怪现象。须知，节俭的对立面不是消费，而是浪费，厉行节约与合理消费并不矛盾，生硬片面地将消费等同于浪费，必然导致对节俭与消费关系的错误认知。正如北宋史学家司马光在《训俭示康》中所讲，"由俭入奢易，由奢入俭难"，浪费行为和习惯一经养成，其影响将深刻而持久。因此，节约文化重塑在一定程度上仍要面对"节约悖论"曾经的误导对当下形成的困扰。

（二）消费主义侵蚀

发展是为了满足人民对美好生活的向往，所以消费结构升级也在情理之中。但是，如果固执地将消费结构升级视作背离节约，不仅违背了发展的初衷，而且会陷入对节约的机械理解中。然而，人的欲望需求是无止境的，当人的生理、安全等基本需求得到满足之后，还有较高和更高层次的社交、尊重、自我实现需求。于是，建立在社会商品极大丰富基础上的消费主义应运而生，也作为一种消费文化左右着人们的日常消费行为。受消费主义思潮的侵蚀，人们的消费心理和行为出现如下典型倾向：一是商品拜物倾向，这是"一种毫无顾忌、毫无节制地消费物质财富和自然资源，并把消费看作是人生最高目的的消费观和价值观"[②]，在此种倾向下，人们以物质财富多寡评判他人和自身价值；二是感官刺激倾向，认为"幸福就是消费更新和更好的商品，如饮食、音乐、电影、娱乐、性欲、酒和香烟"[③]，在此种倾向下，人们以感官享受作为人生的终极追求目标和价值；三是虚荣炫耀倾向，在此种倾向下，附属于商品的象征价值取代了商品的使用价值，消费者关注的是商品能否为其撑起"面子"、抬高"身份"，而非商品

---

① 苏洪涛：《走出节俭的误区》，中国城市出版社1999年版，第2页。

② 唐能赋、杨志学、程荣尧等：《经济伦理学：市场经济运行中道德问题研究》，西南财经大学出版社1997年版，第255页。

③ 弗洛姆：《健全的社会》，欧阳谦译，中国文联出版公司1988年版，第330页。

本身具有哪些实实在在的功能属性。行政主体作为现实生活中的一员，也不可能置身事外，这些带有伦理缺陷的消费价值观至今仍在一定范围内指导和调节着行政主体的消费行为，成为节约文化重塑的一道屏障。

（三）官本位观念掣肘

20世纪80年代，"官本位"一词出现，意即"以官为本、以权为纲、以仕途为个人事业的选择导向的一种意识和价值取向，以及在此基础上形成的一种对权力、官位、官员的崇拜和敬畏"①。从表面看，官本位观念似乎与节约并无直接关系，但深究之不难发现，其对节约文化重塑的困扰极其巨大。首先，官本位观念会破坏政治生态，扭曲执政宗旨，一切唯上级是从、唯权力是从、唯升迁是从，不知不觉中漠视了群众的主体地位，在此种从政理念下，有几人能静心考虑节约行政、强国富民问题？其次，官本位观念引发腐败。当"做官""做大官""高升"等成为行政主体主要或唯一的价值追求时，"不择手段往上爬"在一些干部当中就会成为常态，一些已身居高位者也会打起"权力变现"的主意，通过权力寻租、卖官鬻爵、贪污受贿大肆捞取好处。众所周知，腐败对公共财政、资源、财产等方面的侵吞和消耗是难以计量的。最后，官本位观念会导致人治作风盛行。官本位实乃权力本位，其结果就是权大于法、独断专行，难以形成对权力的有效监督，由此，一些领导干部作风随意、盲目决策，造成巨大的决策浪费。

四、基于节约文化的行政成本治理"软动力"机制构建之策

行政成本治理不仅是工具理性意义上相关制度的精细设计与忠实执行，而且是节约价值关怀在行政机关及其成员身心领域的深度浸润，是工具理性与价值理性的有机合一。在此，基于节约文化的基本内涵，借鉴一般行政文化建构框架，从公共行政中的节约精神文化、节约行为文化、节约制

---

① 马欣：《"官本位"对干部队伍建设的消极影响及防范》，《领导科学论坛》2017年第19期。

度文化三个维度探求节约文化的重塑路向。

（一）节约精神文化重塑

一是节约行政价值观培育。行政价值观从深层次上决定了公共行政的宗旨、目标和运行模式，有何种行政价值观就有何种行政信念以及建立于此种信念基础之上的价值取舍。将节约因素有机融入现代行政价值体系，充实节约精神文化，这是节约文化重塑的首要之举。当前，公共行政的主流价值在于廉洁、公平、效率、服务等，而从中西方公共行政发展史看，鲜有将节约明确作为行政价值加以对待的。实际上，节约与这些价值元素不仅不矛盾，而且有机统一。例如，于廉洁而言，节约意味着严禁高昂的"三公"消费、严禁奢靡腐败、严禁行政挥霍；于公平而言，节约意味着公共权力与资源的合理分配；于效率而言，节约意味着以较低行政投入获取较高行政产出；于服务而言，节约意味着合理有效地使用公共行政资源，这本身就是一种节约为民的服务理念。因此，不妨将节约明确地上升为公共行政的主流价值观，内化为行政主体的行为指针。

二是节约行政道德重建。行政道德，是行政机关及其成员在行政管理实践中行使国家权力、执行国家公务以及处理同级、上下级和公私之间利害得失关系时所遵循的一种调节行政行为的道德规则体系。将节约视作行政道德规则体系的一种规则加以突出强调，即为节约行政道德。道德的独特功能在于它可"绝恶于未萌，而起教于微眇"。节约是中华民族的优良传统，在历朝历代的朝堂上作为一种行政道德而存在，因此现在才将节约行政道德建设称作"重建"，其实质是对古已有之的关于崇尚节俭行政思想与行政实践的呼唤与回归。为此，一方面，应通过内生型的教育感化，宣扬"以节约行政为荣，以浪费行政为耻"的主张，在整个行政机关系统形成一种关乎节约的廉耻观，并将之内化于机关成员的心灵深处；另一方面，要通过外生型的制度激励，提倡节约行政，反对浪费行政，对行政主体的行政行为发挥引导作用。

三是节约行政心理塑造。行政心理，即行政主体在行政管理过程中所具有的感觉、情绪、动机、个性和态度等心理活动内容的总和。在节约文化重塑中，节约行政心理的塑造是不可或缺的重塑基点。当行政主体对节约行政的认知、情绪和动机与行政活动目标一致时，就会产生对节约行政的肯定性情感；否则，就会产生否定性情感。节约文化重塑需要的正是对行政主体节约行政肯定性情感的调动与激发。为此，首先要做好行政主体的心理健康调适，为节约行政心理营造"宜居"的生态环境。面对竞争压力、利益诱惑以及他人奢侈消费所形成的"相对剥夺感"，养成阳光、乐观、积极的心理是行政主体提高自身"免疫力"的基础，只有行政主体心理健康，才能最大限度地避免被各种不良社会现象侵蚀。其次要做好行政主体的行政心理引导，剔除官本位心理、急功近利心理、人身依附心理等。

（二）节约行为文化重塑

一是人治作风向法治作风转型。按照治国理政行为依据的不同，行政行为文化大体可分三类：其一，人治行政行为文化，主张国家主要应由具有高尚道德的圣者、贤人通过道德感化进行治理；其二，法治行政行为文化，主张国家治理应凭借强制性法律；其三，混合型行政行为文化，即人治行政行为文化与法治行政行为文化的混合运用。在现代行政管理实践中，没有绝对纯粹的人治，也没有绝对纯粹的法治，有的只是人治与法治的此消彼长。随着国家政治体制改革的不断深入、全面依法治国方略的推行实施，人治作风渐弱渐远，法治作风渐强渐近。但不得不承认，人治作风在一定范围内依然存在，与法治作风不断上演着拉锯战。在人治作风下，个人品质的不确定性、个人理性的有限性、个人权力行使的不受监督性等，均对节约行政构成极大威胁，也给社会带来诸多弊病。因此，必须实现由人治向法治的作风转型。在法治作风下，法律至高无上，是行政主体自身行为的基本准则，公权力的行使要受到法律的严格管控，可以有效避免长官意志带来的行政浪费、腐败、决策失误等现象。

二是管制作风向服务作风转型。在政府治理模式方面，人类社会主要经历了统治行政、管制行政和服务行政三个阶段，并相应地在不同阶段生成了统治、管制及服务作风。随着我国社会主义市场经济的不断推进、政治文明的不断进步，统治作风正在逐步淡出治理领域，目前正经历着管制作风向服务作风的转型。政府与公众是服务与被服务的关系定位早在新公共管理阶段就已成型，只不过这种关系下的公众被视作政府的"顾客"，这种纯经济理性思维消磨了政府所应具有的行政取向与价值追求。20世纪90年代，美国亚利桑那州立大学教授罗伯特·B.登哈特与珍妮特·V.登哈特夫妇合著的《新公共服务：服务，而不是掌舵》出版，提出了新公共服务理论，主张服务"公民"而非"顾客"。从"顾客"到"公民"的切换，回归了"政府更加关注民主价值和公共利益、更加适合于现代公民社会发展和公共管理实践需要的新的理论选择"①，为当代行政行为文化转换奠定了理论基础。只有摆脱官本位思想，由管制走向服务，才能真正对公共财政及各类公共资源负责。实现管制作风向服务作风的转变，关键在于加强民主监督，"让权力在阳光下运行"，提高行政权力行使过程的透明度，将行政主体的行为置于"玻璃屋"中考察。

三是全能作风向有限作风转型。政府并非万能的，但没有政府万万不能。在我国历史上，集权原则在行政中一直占据着重要席位，与其相应的全能政府理念直至今天依旧对行政管理实践产生着不容小觑的影响。在全能理念下，政府大包大揽，最终因为政府提取公共财力和调动资源能力的有限性与其所承担责任的无限性之间的矛盾，不但使得政府在某些领域出现管不住、管不好的局面，而且加剧了行政成本的上升，同时也牵扯了政府在管得住、管得好的事务上的精力。为此，一种适应时代节奏的新型管理理念——有限政府理念应运而生。这是一种更具客观性的对"政府应该干什么"问题的解答，其主张政府所能承担和应该承担的只是社会治理中的一小部分职能，大部分职能要由不同性质的社会组织或力量来行使，政府的过多干预反而不利于社会的良性发展。

（三）节约制度文化重塑

节约精神文化与节约行为文化重塑，离不开行政主体的个性风格、道德自律、胆识气魄等人为因素的推动。但就行政文化建设而言，节约文化重塑更需一种能够超脱于人性的外在力量——节约制度文化的介入。客观地讲，"中国现代行政文化从理论建构到制度设计的框架和规范已然形

---

① 丁煌：《政府的职责："服务"而非"掌舵"——〈新公共服务：服务，而不是掌舵〉评介》，《中国人民大学学报》2004年第6期。

成，但……没有精神的内核，制度的外壳即使再厚重也承载不起现实的压力"①。为此，一要确立法治型制度文化。没有法治型制度文化作支撑，朝令夕改、有令不行，势必会破坏制度威信，增加因制度冲突、变更、废止等带来的无效行政成本。二要确立廉洁型制度文化。廉洁之于行政成本，如同健康之于肌体：身体不健康或亚健康，需投入很多资金用于肌体康复与诊疗；同样，行政主体做不到廉洁，则行政成本自然会徒增于非廉洁行政行为中，最终为非廉洁行为"买单"。廉洁型制度文化就是将"干部清正、政府清廉、政治清明"的要求贯穿于各项制度的制定与执行中。三要确立参与型制度文化。这是对全能行为文化的摒弃，其基本意涵为行政主体充分尊重、承认并发挥各类主体参与行政过程的主体性、积极性、创造性，是一套具有互动、回应、对话特性的行政制度文化体系。"通过公众、舆论和媒体对官员进行集体监督，促使权力的行使更加公开和透明"②，不仅可以规范行政行为、减少权力行使过程中的"暗箱操作"，而且可以提高公共财政资源的使用效能。为此，应拓展参与渠道、提供制度保障，为公众和各类组织参与公共行政营造简便宽松的环境条件。

①　李红、朱静：《行政文化创新与行政生态优化》，《武汉理工大学学报》（社会科学版）2004年第2期。

②　胡庆亮：《行政文化的价值依归与设计逻辑：中西比较与自我重塑》，《理论月刊》2011年第8期。

重塑与减政放权相适宜的行政文化

李冰心 *

摘要： 行政文化，作为公共行政的灵魂，是我国行政体系背后深层次的影响性因素，对当代中国的行政体制改革有着重要的影响和作用。减政放权作为深化行政体制改革、转变政府职能的重要方面，离不开行政文化的浸润和塑造，建设与"减政放权"相适宜的行政文化，是实现简政放权价值目标的重要保障。

关键词： 行政文化；减政放权

一、问题的提出

从哲学意义上讲，任何事物的发展，都有一定的价值目标。目标是一切行为选择的前提，从根本上制约和决定着解决问题的措施与模式。行政文化作为行政系统的灵魂，对公共行政的目标起着定向、动力、规范、评价作用。党的十八大以来，以习近平同志为核心的党中央，对深化行政体制改革提出了明确要求，党的十八届二中全会指出，转变政府职能是深化行政体制改革的核心。党的十八届三中全会强调，经济体制改革的核心问题是处理好政府和市场的关系，使市场在资源配置中起决定性作用和更好发挥政府的作用。党的十八届四中全会进一步提出了依法治国的战略目标，党的十九届三中全会提出，转变政府职能，优化政府机构设置和职能配置，深入推进减政放权和加强事中事后监管，提高行政效率、建设人民满意的服务型政府，是深化党和国家机构改革的重要任务。从党的一系列重大会议中我们不难看出，政府管理在改革开放的 40 多年，在不同的历史阶段，其所履行的职能范围以及职责执行程度，对应着不同的治理目标，也产生

---

    * 作者简介：李冰心，中共甘肃省委党校（甘肃行政学院）公共管理教研部主任、教授。

着不同的行政文化。2015年，时任国务院总理李克强在全国减政放权电视电话会议中明确指出，以"敬民爱民之心，行减政之道"，充分说明了减政放权的价值目标，是实现改革的人民性；减政放权，根本要解决的问题，是以人民的需要出发，建立人民满意的服务型政府。因此，要实现减政放权的价值目标，必须重视与减政放权相适宜的行政文化建设。

二、行政文化对减政放权的影响

文化是任何体制改革的先声，是价值理性实现的工具。马克思曾经指出："价值"这个普遍的概念，是从人们对待满足他们需要的外界的物的关系中产生的，是人们所利用的并表现了对人的需要的关系的物的属性。[①]在行政系统中，行政文化的价值，就是"公共行政"的价值。而公共行政的价值是公共行政对人类社会的积极意义和有用性，它是公共行政追求的一种应然状态，[②]是人们在行政活动中所持有的各种价值观念。这种观念是从公共行政文化的认知中衍生出来的，是政府及其工作人员的一种习惯和道德活动的准则体系和评判标准。它决定了政府工作人员共同的行为取向，一旦这种行为取向成为该行政组织全体成员行为的共同价值观，就会构成行政组织内部强烈的凝聚力和整合力，成为统领行政组织成员共同遵守的行政指南。因此，行政文化作为政府在行政实践活动中的反映，其基本功效不仅通过建立行政系统内部的以及行政系统与其环境之间的信息交换，指导和制约人们的行政行为，以促进行政系统中某种行政价值的形成、实施、运行和实现，同时也在很大程度上促使这种价值的实现。

减政放权，作为政府在特定时期的分权化调整。它是新时代形塑政府权力结构的一种改革，其价值目标在于调整政府与社会的关系，调整政府与市场的关系。其核心是释放市场的活力，为政府民主化治理搭建广泛的平台，促进政府治理的科学化、高效化。这一前提，必然会打破旧有制度的藩篱，形成新的现代性制度。而新的现代制度必然要求有与这一制度相

---

① 《马克思恩格斯全集》，人民出版社1956年版，第406、139页。

② 袁洪英：《公共行政工具性价值和终极性价值的整合与统一》，《哈尔滨学院学报》2009年第2期。

谐和的文化的支撑。在制度与文化的互动过程中，并不总是表现为一种均衡的对应。① 正如阿尔蒙德所说的那样，"政治文化并不与一个给定的政治体系或社会完全一致，对政治的导向类型可能或一般地总是超越于政治体系的界限之外"②。从某种意义上说，当一定的文化不能够与相对应的制度变革相适应时，必然形成"制度硬肠梗"与"文化软堵塞"现象，从而生成甚至加剧其反向的作用和运动。因此，要实现简政放权的价值目标，就必须消除制度与文化之间可能产生阻塞的各种因素和环节，而使两者重新恢复到一般性意义上所具有的互动对应，使改革中的制度与文化在各自完善的基础上重新建立起来。制度选择文化，文化生成制度。于此种意义上讲，行政文化与行政体制改革有着天然的联系，行政改革的过程，也是行政文化重构的过程。③ 因为行政体制改革目标的确立并非是孤立存在的，除去在制定和确认过程中受多重环境和影响因素制约外，其自身也是作为一个系统体系而存在，在横向、纵向和点、面、体多个维度上有所体现。④ 行政文化作为一种软实力，与政府管理性质和效能同构、互镜。

　　一直以来，我国现有政府的职能，是在我国计划经济的基础上产生的。政府职能受到全能政府的影响，使政府过多干预了本应该由企事业单位和社会承担的事情，管了许多不该管的事情。这种现实，不仅导致权力本位的特点极为突出，也形成了权力本位的文化。而权力本位的文化，内蕴的"行政体系"结构基础是权力的金字塔，这种文化使得一切行政行为都需要权利的支撑才能行使。⑤ 因此，权力的运行情况不仅决定公共行政目标的实现，同时对行政效率等都有一定的决定作用。权力本位的情态，使得人们所能看到的，不管是行政体系之中还是行政体系之外，都有权力的影子在人们的观念中留存。无论是政府的行政行为还是现实中的人们，都是在权

---

①　许和隆：《冲突与互动——转型社会政治发展中的制度与文化》，中山大学出版社2007年版，第103页。

②　加布里埃尔·阿尔蒙德：《比较政治体系》，《政治学报》1956年第8期。

③　《马克思恩格斯选集》，人民出版社1995年版，第307页。

④　周文彰：《用行政文化创新推动行政体制改革》，《北京联合大学学报》2013年第4期。

⑤　宋世明：《向"点"要深度，向"线"要长度》，中国政府网，http://www.gov.cn/zhengce/2015–03/13/conten_2833518.html。

力运行的形态中，对权力作用的一切现实性和可能性加以承认和接受。[①] 在长期的心理积淀下，这种观念逐渐成为一种公共领域中的固有文化，政府在这种权力本位的文化中，形成了天然的履职心态和模式。一时间，权力寻租膨胀、变异扭曲现象丛生，严重影响着政府的公信力和形象。纵观现阶段发生在我国行政系统中的种种乱象，我们不难发现不良的行政文化在减政放权中的"阻梗"作用，证明"你妈"是"你妈"的典型个案，公章"旅行"、公文"长征"的冗政行为，都无不从另一个侧面呼唤着建设与实施良政相匹配的行政文化的重要性。美国政治学者阿尔蒙德提出：研究任何一个政治体系，不应只限于研究政治结构及其过程，还应了解"政治体系的心理"方面。[②] 基于此，实现简政放权的价值目标，就必须建设与减政放权相适宜的行政文化。

三、建设与减政放权相适宜的行政文化的切入点

（一）建立与减政放权相适宜的理念文化

行政理念，是指政府工作人员和社会大众基于对"行政的本质和特性的认知而产生的行政思想、观念、意识和价值"[③]。深化简政放权等改革不仅是基于近几年的有效实践，而且是基于历史的启示，特别是我国40多年来改革开放内在成功逻辑的启示。中华民族几千年文明史中有很多优秀文化，值得我们借鉴。2014年的《政府工作报告》中指出，"大道至简，有权不可任性"，我国的《礼记·礼运》说："大道之行也，天下为公。"《论语·雍也》中讲，要"居敬行简"，可解释为心里牵挂着百姓，做事有敬畏，但行为是"简"的，不扰民、不烦民，这是政府应该做的。因此，简政放权，必须对现有行政文化的理念进行创新。否则，简政放权，也只会重复往日

---

① 易昌良：《国家治理现代化进程中的行政文化建设与创新》，《经济研究参考》2014年第63期。

② 加布里埃尔·阿尔蒙德、宾厄姆·鲍威尔：《比较政治学——体系、过程和政策》，曹沛霖等译，上海译文出版社1987年版。

③ 周文彰：《建设中国特色行政文化》，国家行政学院出版社2014年版，第4页。

的印记，或者是"明减"而"实不减"。因为简政放权的本质，是一场利益关系的重构与调整，简政放权，无论是"政"还是"权"，反映的都是复杂的利益关系。"政"作为政府部门主管的社会公共事务，反映出的利益关系不仅包括行政机关之间的利益分配协调关系，而且包括行政机关与行政管理相对人之间的利益供给与消费关系；"权"的本质是利益制约关系，具体到行政权力，反映的就是行政机关之间的利益分配协调关系，以及行政机关与行政管理相对人的利益供给与消费关系。"政"和"权"，所体现的利益关系表现在行政机关内部的利益分配协调关系与行政机关和行政管理相对人之间的利益供给及消费关系两个方面。① 因此，简政放权意味着在简化行政管理事务，减少行政权对经济社会主体行为束缚的同时，必然涉及对这两个方面利益关系的调整和转换。在行政机关内部，简政放权会牵涉包括行政机构、职能配置、权责体系等利益关系的调整和转换；在行政机关与行政管理相对人之间，简政放权的过程则体现为"简放"和"承接"的关系，即当政府精简管理事务，下放权力之后，政府转移的社会管理事务和下放的行政权力能否顺利承接，实现减政放权所要达到的目标，很大程度上是由行政理念所决定的。有什么样的行政理念，就会有什么样的行政行为，培育与减政放权相匹配的行政文化理念，才能真正做到为民服务，做到减政放权。

（二）建立与减政放权相适宜的责任文化

责任，是任何现代性国家政府在社会管理中必须承担的义务。"责任"一词，在英语中可译为"liability""duty""responsibility"等。而政府责任相对应地译为"responsibility"，其有两种意思：一是责任，负责；二是职责，任务，义务。政府责任在政治活动和公共管理中，最一般的含义是指与某个特定的职位或机构相联系的职责。从此种意义来讲，减政放权，是一个事物的两个方面。一方面，要求政府在审批中按规制守责；另一方面，要在放权中尽放权后的监督之责。简政放权，并不是减而不管，而是规范政府职责，科学定位政府的角色和权责，使政府更好履职尽责。只有依据

---

① 周文彰：《建构和弘扬法治行政文化》，《光明日报》2014年11月14日。

正确的权责行政，才能医治政府行政过程中的"缺位"与"越位"现象，进而树立良好的政府形象。在放权的同时，采取措施加强事中事后监管，不仅是减政放权的责任要义，更是尽职守责的行政文化的实践选择。因此，在行政系统中养成尽职守责的行政文化，是简政放权从另一个层面落到实处的重要保证。

（三）建设与减政放权相适宜的行政行为文化

人类心理研究显示，人的行为是由内在和外在两个方面构成的。内在的方面是指引发外在行为的心理活动或过程。行政行为文化是行政决策、行政执行力、行政管理等行政行为所体现的行政风格、行政态度、行政作风、行政风气等内容的综合。[①] 减政放权，行为要素既是手段又是路径。从管理学的学科角度进行探究，可以发现，在行政学的范畴中，行政行为作为核心要素之一，是动态存在的，并且可以被观察和考量，行政行为是促进行政目标实现的手段和路径。可以说，行政行为文化，与政府行政改革目标的达成，具有相同的价值目标。一段时间以来，我国行政系统中出现的不良行政行为文化，导致政府的权力无限扩张，"以事养权"凸显审批部门的权力存在。审批事项成为行政权力介入社会经济生活的重要手段，在内控机制软弱和监督机制乏力的情况下，行政机关及其内设机构"根据需要"设定或者变相设立审批事项，导致职权扩张，权力寻租，将工作变事权、以事权变职权的不良行政行为，"办事难""难办事"成为老百姓颇为诟病的社会现实。因此，实施简政放权的一个内在逻辑，就是要强化政府行为程序，促使政务公开，增强公共行政活力。倡导政府公务人员的执行力文化、协同力文化，成为减政放权的必然选择。尤其是政府行为是社会行为的向导，政府更应该以身作则，只有政府规范自己的行为依法行政，才能树立自己的良好形象，成为社会的榜样，对社会的发展起到一定程度的促进作用。因此，建设与简政放权相适宜的行为文化，也是减政放权的又一要义所在。

---

① 周文彰：《建设中国特色行政文化》，国家行政学院出版社2014年版，第4页。

（四）建设与减政放权相适宜的法治行政文化

法治，是治国理政的基本方式，是规则之治、公正之治、人本之治。法治政府所体现的，不仅是一种制度，还是一种理念，更是一种境界，是一切现代国家的底线。党的十八届四中全会，是我党历史上第一次专门研究部署依法治国的重要会议，在我国走向法治国家的进程中具有里程碑意义。要实现法治国家科学立法、严格执法、公正司法、全面守法的愿景，依法行政是依法治国的关键。实行法治，需要法治文化的支撑。法治行政文化，是指依法行政的观念形态，它以行政法律法规为载体，以行政法治理念为内核；政府作为依法主体，其行政的过程，就是对法治精神、方式、过程的践行和实践的过程。早在1978年，党的十一届三中全会就提出了"有法可依，有法必依，执法必严，违法必究"的法治行政价值观，[①] 法治行政的价值观要求公权力机关及其管理者，依法公正地行使权力，充分表达社会公众的利益，使整个行政管理走向秩序化、程序化和法治化。党的十八届四中全会又一次将依法治国作为治国方略，现如今的减政放权的基本遵循就是要求政府在行政管理的过程中，遵从法无授权不可为的基本原则，在履职行政的过程中，形成遵从法律的自觉理性和文化，以法律为准绳来行使自己的主体职权，从而使简政放权在法制的轨道上得以良性运行。

四、结语

减政放权是一个高协调、系统性的过程，是对政府权力结构的全盘调整。它不仅涉及权责和利益结构的调整，更涉及价值理念的更新。它在很大程度上，内在要求着精神层面的行政文化、行政价值观、行政行为的同步转变。我国正处于社会发展的新时期，40多年的改革开放，在经济取得长足进步的同时，不同的行政价值观、行政行为等非理性因素，在某种程度上也严重损害了政府履职尽能的形象。在新的历史时期，塑造优良的行政观念、行政理念、行政文化是推进政府职能转变、深化政府改革的内在

---

① 《邓小平文选》，人民出版社1983年版，第136页。

要求，也是减政放权的内在要求。减政放权，如果没有稳定、持续、有效的行政文化的理论指引和支撑，减政放权的制度改革就必然是"障碍性"的条件反射，改革也会一次次地陷入"循环怪圈"的泥潭，而无法取得改革的制度成果。因此，简政放权，不仅要张扬管理方式与工具的变革，更应该重视价值层面的行政文化建设。正如钱穆所说的那样，"任何问题由文化所引起，任何问题也由文化所解决"。政府改革只有实现由"管制"文化向"治理"文化的转变，才能更好地实现真正意义上的简政放权，实现政府职能转变，实现深化行政改革的价值目标。

新时期少数民族地区法治行政文化建设问题研究 *

巢陈思　丁颂 **

摘要： 法治行政文化作为行政文化的基本形态，伴随依法治国的全面推进而被提出。我国少数民族地区由于受社会环境、文化氛围、经济状况以及民族传统等因素的影响，其行政生态以及行政文化具有一定的特殊性，在长期的社会演进过程中既具有同依法治国精神相通之处，同时在某些方面也存在一定的背离。因此，在全面依法治国的新时代，构建既与依法治国精神相通，又有利于维护少数民族群众合法权利和民族地区和谐发展的法治行政文化，成为少数民族地区法治建设的重要任务。

关键词： 少数民族；法治；行政文化

　　党的十九大报告明确指出，全面依法治国是中国特色社会主义的本质要求和重要保障，要坚持依法治国、依法执政、依法行政共同推进，建设社会主义法治国家。法治国家的建设需要法治行政作为基础性保障，而法治行政的全面落实也离不开法治精神的培育和法治文化的熏陶，离不开公职人员以及社会民众对法治的坚定信仰，换言之，建设社会主义法治国家以及全面推进依法治国离不开社会主义法治行政文化的精神支持。我国少数民族地区由于受社会环境、文化氛围、经济状况以及民族传统等因素的

　　* 基金项目：吉林省社科基金项目"监委留置措施的法律属性及适用研究"（2019C54）；长春师范大学人文社会科学基金资助项目"地方法治评估中权利指数的设计及应用研究"（长师大社科合字[2018]003）阶段性成果。

　　** 作者简介：巢陈思，东北师范大学博士后研究人员，长春师范大学讲师，研究方向为法学理论、廉政理论与制度、高等教育；丁颂，长春师范大学工程学院副教授，研究方向为廉政理论与制度、高等教育。

影响，其行政生态以及行政文化具有一定的特殊性，在长期的社会演进过程中既具有同依法治国精神相通之处，同时在某些方面也存在一定的背离。因此，在全面依法治国的新时代，构建既与依法治国精神相通，又有利于维护少数民族群众合法权利和民族地区和谐发展的法治行政文化成为少数民族地区法治建设的重要任务。

一、社会主义法治行政文化的内涵

行政文化是行政实践活动中逐渐形成的，反映着人们对行政行为以及行政关系的看法、态度、感情和价值观。内容包括行政意识、行政观念、行政思想、行政原则、行政传统等。法治行政文化作为行政文化的基本形态，伴随依法治国的全面推进而被提出。法治行政文化以法治为核心，将法治精神和要求融入行政文化体系，剔除忽视以及违背法治的不利因素，使行政文化最大限度满足依法治国以及社会主义法治国家建设需要。社会主义法治行政文化植根于社会主义制度，服务于广大人民群众，承载着推进国家治理体系与治理能力现代化的重要任务，在新的时代背景下具有深刻的价值内涵。

第一，社会主义法治行政文化同社会主义法治一脉相承，体现着社会主义法治的基本精神和基本要求。社会主义法治以全体人民的利益及意志为旨归，是立法、执法、守法的总称。其基本要求是"有法可依、有法必依、执法必严、违法必究"，这些精神和要求在社会主义法治行政文化中均有体现。首先，在立法层面上，由于社会主义行政文化是建立在具体行政实践的基础之上，在长期的实践活动中不断修正与更新，能够反映公共行政领域的基本价值取向、原则和底线，能够为相关立法提供基础和指导。其次，社会主义法治行政文化本质上蕴含着守法的价值理念。法治行政文化要求政府的行政活动以及行政关系的构建要在法律框架下进行，要以法律和制度作为行动指南，不能无视法律、逾越法律，也不能以领导人的意志为转移，也就是"有法必依"。最后，从执法层面而言，社会主义法治行政文化要求行政执法人员从群众的根本利益和合法权益出发，在具体行政活动过程中根据现实情况灵活采取从宽以及从严的处置措施，保障群众平等权利及利益诉求。同时，对违法犯罪等行为予以坚决打击和制裁，以维护法律权威。

第二，社会主义法治行政文化包含着依法行政的内在要求。政府部门是行政活动的重要主体，也是立法、普法以及守法的实践者和领头人，但在法律实践以及守法过程中又不可避免地受到行政传统、观念、思想等行政文化要素的影响，而这直接关系到行政行为的合法程度。社会主义法治行政文化以合法合规为根本，强调行政权力的授予、行使以及监督都必须有理有据、合法合规，要以法律和制度为准绳，不得逾越。同时，社会主义法治行政文化坚决摒弃官本位思想，反对"权大于法"以及个人凌驾于法律之上等行为，要求在行政活动中依法办事，学法、尊法、守法，通过不断提高行政执法人员的能力素质，提升行政执法水平和效率。唯有如此，才能营造良好的行政执法环境，提升政府部门政治文明建设整体水平。

第三，社会主义法治行政文化同社会主义行政精神共同推进社会主义法治建设。社会主义行政精神以社会主义核心价值观为引领，吸收了优秀的传统文化思想，体现了公共利益与法治理念。而社会主义法治行政文化包含着法治意识和法治思想，能够在一定程度规范法律制度安排、行政实践以及行政行为，对法治建设也具有积极的促进作用。两者统一于依法治国的基本框架下，既有联系又有区别，相互作用、相互影响。法治行政文化能够间接对行政组织思想、目标产生潜移默化的影响，进而将法治精神贯彻到具体行政活动当中，帮助行政主体树立正确的行政信念与行政价值观。在依法治国以及政治体制改革逐步推进的背景下，社会主义法治行政文化逐渐被社会大众所接受并认可，依法行政、廉洁奉公、人民利益至上、民主集中制以及平等和谐等思想逐渐成为社会主义行政文化的主流价值观，而这离不开社会主义行政精神的支持。因此，社会主义行政文化与社会主义行政精神相互作用、相互影响，共同推进社会主义法治建设。

二、构建民族地区法治型行政文化所面临的现实困境

少数民族独特的历史、文化以及社会环境决定了法治行政文化的形成与发展具有其内在的特殊性，也会面临着不同的矛盾与阻力。目前，少数民族地区的行政思想、行政观念同社会主义法治行政文化还存在一定的脱

节和矛盾，需要加以识别与应对。

（一）行政文化中的"人治"观念还未根除

"法治"同"人治"相对立："法治"强调法律至上，权力要服从法律；"人治"则以权力为中心，崇拜权力和个人权威。现代民主政治建设必须消除"人治"，全面走向"法治"。但我国少数民族地区由于长期受传统文化观念以及宗教思想的影响，导致在社会活动中形成了对权力、对个人以及对习惯的顺从和接受，这种思想和观念反映在行政活动过程中就容易带来"人治"的问题。随着社会的发展以及思想观念的更新，目前人治型行政文化在少数民族地区已经得到了极大的改善，但由于思想根基深厚，彻底改变仍需要付出很多努力，在此形势下，全面构建法治行政文化难免会遇到诸多困难和阻力。

（二）重视义务履行，忽视权利保障

法治的核心在于权利保障，由于人治型行政文化还存在一定的影响，当前少数民族行政文化重视权利的保障以及义务的履行，但对公民权利的保障还存在缺失和不足。这一观念就容易导致在行政活动过程中行政行为的主客体主观地将公权力的保障放在首要位置，过分重视履行义务以遵从公权力，而忽视行政活动服务社会、服务群众的精神本质。在这种思想观念的影响下，容易陷入权力本位的误区，使得法律法规的主体地位受到侵蚀，与法治行政文化的精神相背离，不利于法治行政文化的构建与推行。

（三）高度的文化认同感增加了行政文化建设阻力

少数民族生活环境相对封闭，社会交往更多局限于族群内部，再加上对外交流的机会较少及主动性欠缺，这就造成了少数民族个体对族群具有较强的情感依赖，反映在文化层面上则表现为少数民族群众往往对自身文化具有高度的认同感，并积极拥护本土文化。民族文化作为一种民族精神实质，具有强化族群内部的和谐与团结、增进民族情感、提升族群内聚力的积极作用，但是这种高度认同与内聚的文化特性也会在无形中阻碍文化的对外交流，长此以往就易导致民族文化故步自封、发展缓慢，甚至在社

会思想与观念日益更新的历史进程中逐渐灭失。这也会不同程度地影响少数民族群众对新思想、新观念的接受，给法治文化传播、法治行政文化的构建带来一定的阻力。

（四）公职人员乃至普通民众缺乏行政规则意识

行政规则意识要求行政主体在行政活动的过程中严格遵守法律规制，在思维观念中时刻保持规则意识，做规则允许之事。当前，在少数民族地区行政机构公务人员乃至普通民众大都缺乏行政规则意识，表现为法律意识与法律观念淡薄，在社会交往中更多地以习惯与传统为处事原则，而缺乏对法律规则的遵从，对权威人士以及传统习惯的依赖强于法律与规则，只重视法律的强制性，忽视法律的指引性。对规则的漠视也容易导致行政部门在执法过程中出现机械执法、粗暴执法以及选择性执法等问题，进一步造成民众对政府的信任危机，加剧了行政规则意识培养难度。

（五）宗教信仰与法治思维之间存在一定冲突

宗教信仰在少数民族地区普遍存在，且宗教传统与观念对民众的影响根深蒂固，对民众的生活、世界观、价值观都有着潜移默化的影响。宗教信仰具有较强的延续性与稳定性，很难加以改变，且在相对稳定的发展历史中，宗教传统中的观念和做法实际上已经与现代法治的思维产生冲突，例如，西双版纳哈尼族的支系爱尼人，老人过世后要用名贵的山桂花树做棺材，因此，就经常造成违禁伐木问题，原因正是哈尼传统宗教观念认为人的灵魂与山桂花树有着内在联系。宗教信仰与法治思维的冲突，直接影响了民众对现代法治文化以及法治行政文化的正确认知与认同，进而给少数民族地区构建法治行政文化造成冲击。

三、民族地区法治行政文化建构策略

（一）"三位一体"促进法治行政思维在民族地区落地生根

树立法治行政思维，做到人人心中有法，是普遍构建法治行政文化的基本前提，而树立法治行政思维需要从有效规避消极的宗教因素干扰，促进多元民族文化交流，加强法治宣传与教育三方面入手。首先，如前所述，宗教信仰在某些方面与法治思维之间存在一定的冲突，并且消极的宗教因素也为"人治"提供了生存空间，不利于现代法治思维的推广。当然，宗教教义中也存在一些积极因素，例如，白族本主文化极力推崇"真善美"，反对邪恶与恶行，主张族人通过自身奋斗来追求美好生活，这些观念与法治思维存在内在的相通之处。因此，在全面普及法治行政思维过程中，应将规范宗教活动同挖掘积极宗教因素相结合，减少推行阻力，最大限度促进法治行政思维与地区文化精神相结合，提高法治行政文化的可接受程度与亲和力。其次，促进民族文化交流互动，增强民族包容性，形成命运共同体。在当前社会分化加深、贫富差距扩大的背景下，民族冲突、违法行为时有发生，而冲突的背后是缺乏交流与理解。因此，加强民众交流、文化互动，在相互理解与包容的基础上形成团结互助的和谐关系，在此基础上才能树立公平、合法、有序、平等的法治意识。最后，加强法治宣传与教育。不仅要重视对政府行政人员的定期法治培训，更应该通过创新载体与形式加强社会成员的法治宣传，促进两者之间相互促进、相互监督的法治新风气。例如，云南大理巍山县以创建"南诏法治文化广场"为抓手，创新推进法治文化；此外，还推进"墙体法治文化八里行"工程建设，使得法治文化贴近生活、贴近群众。类似做法可以参考借鉴。

（二）以良法推动善治

在法治行政文化构建过程中，作为基础性保障的法律制度本身应能够保障公民权利与自由，维护社会公平正义，这样才能推动法治行政文化的可持续发展。为此，在当前少数民族行政立法过程中应将"四个全面"的基本要求贯穿其中，并结合地区实际情况，运用法治评估手段做好立法前的可行性研究，从而提高立法水平与适用性。要充分发挥地方人大在立法中的主体地位，优化与完善人大立法工作的管理体制及运行机制；在立法过程中适当引入社会公众参与，建立立法沟通协调机制与监测评估机制，提升立法的民主性与科学性。同时，还可充分学习和借鉴发达地区乃至国外类似领域的立法经验，扬长避短，提升立法质量，最终实现以良法推动善治。

此外，由良法到善治还需要创造规范、文明、公正的执法环境。为此要以"放管服"改革为基础，加快推进政府职能转变，明确界定行政机构的职权范围，制定权力清单，把权力关在制度的笼子里，防止权力滥用。要加强基层执法队伍建设，规范执法、文明执法，最大限度维护群众的根本利益。要加强执法监督，建立社会公众反馈与监督渠道，倾听群众心声，使行政权力在阳光下运行。

（三）建立法治化的行政制度

完善的行政制度建设是推行法治行政文化的必要前提。建设法治政府以及法治行政文化的根本目的在于将群众的切身利益以及社会福祉放在重要位置，而法治化的行政制度则能够规范政府行政权力，优化行政活动的实施流程，进而最大限度保障群众的合法权益。为此，要做好以下两方面工作。一是进一步优化完善民族区域自治行政法律体系及配套实施细则。要根据少数民族群众诉求、少数民族地区发展现实以及经济社会发展形势，对部分缺乏时效性的行政法律条文以及行政规则进行调整与完善。要针对民族自治政府权力边界模糊的问题，从制度层面给予明确可操作的指引，避免权力滥用和腐败滋生。二是加快推进少数民族地方政府政务公开制度建设，要制定政务公开内容目录，采用门户网站、公报、发布会以及报刊、广播、电视等多元化渠道方便群众获取政务信息，提升政府的开放水平与透明化水平，以此约束行政权力滥用。

（四）吸收优秀法治文化

法治行政文化在我国发展还处于起步阶段，少数民族法治行政文化的发展不仅受到本民族传统文化的影响，同时在民族交流过程中也同外来文化产生碰撞与交融。在民族文化、外来文化以及现代法治文化共存的大环境下，少数民族地区法治行政文化的构建与发展，既需要充分领会社会主义法治精神实质，还要扬长避短、兼容并蓄，充分学习并吸收国内外优秀行政文化思想与理念。应该认识到，传统行政文化中的民主思想、民本主义、德法并举以及情理统一等思想在现代法治行政文化构建过程中仍具有不可磨灭的价值，要加以吸收。而现代行政文化中的廉洁思想、"小政府、大社会"的行政理论等也有值得吸收与借鉴的优秀成分。

（五）扩大民族地区的公民政治参与

文化的价值在于传承和传播。法治行政文化在少数民族地区的推广最终需要落实到具体行动层面，这需要调动少数民族群众的积极性，让法治思维内化于心、外化于行。适当扩大少数民族公民有序参与地区治理和行政活动，能够提升群众的主人翁意识，进而促进他们主动学习法律知识，在参与过程中达到相互理解、相互信任。对此，一方面要拓宽公民政治参与渠道，借助互联网及新媒体等便捷化渠道，了解群众心声、倾听群众意见，引导公民主动参与法治政府建设。如在政府门户网站设置群众意见反馈专区、开通群众专线、推出政务服务公众号等方式。另一方面，要加强基层民主政治建设，构建服务型政府，要坚持在基层"交朋友、办实事"的理念，深入基层、深入社区，倾听群众心声、接受群众监督，对于涉及群众切身利益的政策法规积极听取群众意见。要强化群众的政治参与意识，通过法治思想的宣传以及建立常态化的制度体系，在少数民族群众中树立"人民是依法治国的主体和力量源泉"的观念。

技术进步推动行政文化创新的作用机理研究

——基于耗散结构理论的视角 *

颜佳华　王张华 **

摘要： 技术进步是行政文化创新的重要动力。从耗散结构理论的视角看，行政文化是一个开放的系统，行政文化创新可视为一个开放能量交换的系统耗散过程。技术进步通过强迫改造机制、反馈调节机制和能量传输机制的内外共同作用，不断强化行政文化系统的耗散结构属性，触发行政文化系统内部的非线性作用，诱发系统内外随机因素的"涨落"，推动行政文化系统跃迁到另一个稳定状态，进而形成新的有序结构，实现行政文化创新。

关键词： 技术进步；行政文化创新；耗散结构；作用机制

一、问题的提出

技术进步推动了人类社会发展。行政文化作为社会文化系统中的构成部分和行政生活的文化样式，镌刻了社会发展的历史痕迹与行政实践的文化脉络，同样深受技术进步的影响。当下，新技术正以前所未有的速度涌现，以互联网、大数据、云计算、区块链和人工智能等为代表的新技术形态正以其极强的不可逆性和难以预测性形塑着未来社会的基本面貌，带来了行政实践和行政生活的转型。行政主体行为方式也在发生变革，引致行

---

　　* 　基金项目：湖南省教育厅重点项目（16A216）；湖南省研究生科研创新一般项目（CX2018B016）。

　　** 作者简介：颜佳华，湘潭大学公共管理学院教授，博士生导师；王张华，湘潭大学公共管理学院讲师，硕士生导师。

政文化的变革和创新，而行政文化创新正是在行政行为发生变革后，逐渐在行政主体认知层面内化为一种共同认识，进而升华为一种制度、观念和思想上的稳定形态的过程，是对行政现象的属性、关系和规律形成的新认识。技术进步与行政文化创新的关系是社会实践向我们提出的，需要深入思考和认真解答的现实课题。然而，学界对技术进步在行政文化创新中的重要作用，特别是对技术进步推动行政文化创新的内在机理还缺乏深入的探讨，存在着"灰箱"效应，因而相关研究成果尚不多见。本文尝试从耗散结构理论的观点出发，将行政文化视为一个开放的系统，将行政文化创新视为一个开放系统的能量耗散过程，通过阐明行政文化创新的耗散结构属性，探讨技术进步是如何通过稳定行政文化创新的耗散结构，推动行政文化的变革和重塑，为理解技术进步推动行政文化创新提供一个新的视角。

二、行政文化创新与耗散结构理论的内在契合

耗散结构理论认为一个（文化）系统要实现从无序状态向有序状态转型，必须满足四个前提：（1）是一个开放的系统，（2）系统处于非平衡态，（3）系统内部要素之间存在非线性相互作用，（4）有涨落的触发。[①] 它所提供的研究视角和方法已经跨越了学科界限，其理论价值和生命力延伸到了诸如文化、社会和经济等人文社会科学领域，展现了极强的理论解释力。不少学者将其引入文化领域的研究：吴子连、刘燕茹早在耗散结构理论引入中国之初，就敏锐地发现了其与文化发展的理论契合，指出"在文化系统这一耗散结构里，在不稳定之后出现的宏观有序是由增长最快的涨落决定的，它通过非线性作用与文化系统中的其他因素发生作用"[②]。随后，诸多学者将其运用到行业文化、区域文化和职业文化的研究中来。周丹、李亚

---

① 湛垦华、沈小峰等：《普利高津与耗散结构理论》，陕西科学技术出版社1998年版，第21、60、110页。

② 吴子连、刘燕茹：《耗散结构理论与中国文化发展》，《河北大学学报》（哲学社会科学版）1986年第3期。

静等在研究家族企业的文化时就指出了家族企业文化的耗散结构特性。[①] 张明国运用耗散结构理论及其方法，论述了技术与文化的关系，阐明了"技术—文化"系统的耗散结构属性，为研究技术与文化的关系提供了一个自组织理论的视角。[②] 张兴奇、顾晓艳从耗散结构理论出发揭示了少数民族传统体育文化进化的机理。[③] 李迪、李星明等以耗散结构理论为视角，揭示了旅游地文化空间的生成过程。[④] 这充分说明，文化的发展变迁可视为一个熵值变动、能量耗散的系统过程。基于耗散结构得以形成的四个前提，我们可以认为，行政文化创新具有耗散结构属性，行政文化创新与耗散结构理论之间是存在内在契合的。

（一）行政文化创新是一个开放能量交换的系统耗散过程

创新，准确地说就是创新性思维的外化和物化，离不开与外界自然系统和社会系统发生能量、物质与信息上的交换，是一个强化系统开放性的过程。从文化能量学的角度看，文化同样是一个复杂开放的系统，"作为支持人类社会有序运作的复杂开放系统——文化具有物质、能量及信息的属性和'自主进化'的能力"[⑤]，这种"自主进化"的能力就是文化系统与外部系统发生能量、物质与信息交换的总体呈现，而文化创新得以发生和延续就是建立在文化自身系统与外界系统发生能量、物质与信息交换的基础上，以此推动"原有价值体系、心理定势、思维方式的解构，也是新的观念、知识、体制的建构"[⑥]；与此同时，文化系统作为一种开放的系统同样具备形

---

① 周丹、李亚静、张弛：《基于耗散结构理论的家族企业文化建设》，《西南民族大学学报》（人文社会科学版）2007年第6期。

② 张明国：《耗散结构理论与"技术—文化"系统——一种研究技术与文化关系的自组织理论视角》，《系统科学学报》2011年第2期。

③ 张兴奇、顾晓艳：《耗散结构理论视阈下少数民族传统体育文化的进化理路》，《南京体育学院学报》（社会科学版）2012年第5期。

④ 李迪、李星明、时朋飞等：《基于耗散结构理论的旅游地文化空间形成过程》，《河北师范大学学报》（自然科学版）2015年第4期。

⑤ 麻勇恒：《文化能量学说视域中的"原生态文化"》，《贵州师范大学学报》（社会科学版）2010年第2期。

⑥ 田丰：《论文化创新的基本内涵与实现途径》，《学术研究》2004年第2期。

成耗散结构的条件。[①] 据此逻辑，可见行政文化创新也可以被认为是行政文化系统与外界发生能量、物质与信息上交换的外化和物化过程，本质上是指"行政主体根据社会发展和行政发展的需要，对行政现象的属性、关系和规律形成的新认识"[②]。这种新的认识就是对伴随行政实践和行政生活而生的相关制度规范、观念和思想体系所进行的结构和功能上的"解构"，以及重新"建构"新的制度、观念和思想体系的活动总和，这种认识上形成的反复循环的"解构—建构"过程可视为向外交换能量、物质与信息的系统耗散过程，构成了行政文化创新的内在逻辑。

（二）行政文化创新是突破平衡态和近平衡态的非平衡状态

耗散结构理论指出，开放系统在远离平衡态的情况下可以涌现出新的有序结构，行政文化创新就是打破原有文化形态的平衡态和近平衡态，形成新的有序结构的过程。首先，行政文化创新是一个多元价值的冲突过程。行政文化创新在组织内部所引起的价值冲突，打破了原有价值平衡的状态，使得行政组织内部的价值选择面临一个再平衡的过程。在当前深化机构和行政体制改革的实践诉求下，与行政实践相伴生的行政文化也必然遭遇革新和重塑，突破原有的行政文化状态，继而呈现远离平衡的非平衡状态，不断地从外界获得负熵流，为新的有序结构即新的行政文化生成提供可能。其次，行政文化创新是一个内部要素的整合过程。本尼迪克特认为文化的整体"多由其各个特质的整合"，将不同性质的文化要素整合在一起能够产生各要素原来不具备的、新的文化特质。[③] 行政文化创新中要素的整合并非简单的线性相加，而是通过非线性作用实现有机整合，打破原行政文化系统要素的平衡状态。最后，行政文化创新是一个兼收并蓄的融合过程。行政文化创新具体表现为三种融合状态，即传统与现代融合、国外与国内融合以及社会主义行政文化与一般行政文化的融合。[④] 传统行政文化、国外行

---

① 吴子连、刘燕茹：《耗散结构理论与中国文化发展》，《河北大学学报》（哲学社会科学版）1986年第3期。

② 颜佳华等：《行政文化新探》，湘潭大学出版社2017年版。

③ 颜佳华等：《行政文化新探》，湘潭大学出版社2017年版。

④ 颜佳华等：《行政文化新探》，湘潭大学出版社2017年版。

政文化和一般行政文化中的精华会通过打破现有行政文化的稳定状态引起行政文化建设主体的注意，进而通过继承和吸收的手段成为社会主义行政文化形态的一部分。总的来看，行政文化创新就是一个不断打破原有平衡态和近平衡态的往复循环过程。

（三）行政文化创新是通过系统内部的非线性作用得以实现的

开放系统内部存在简单的线性作用和复杂的非线性作用。系统论观点将这种系统内部的线性或者非线性作用描述为"环境向系统进行不同的输入时，系统能够通过自己的反馈调节机制去应付不同的环境，……从而产生出相同的或基本相同的输出"[①]。行政文化创新是行政文化内部系统与外部发生物质、能量和信息交换的"输入—输出"活动，在这一过程中会受到政治话语、领导意愿和技术变革所引发的非线性作用的影响。首先，政治话语对行政文化创新的非线性影响。我国的行政文化与政治文化是紧密联系的，政治话语的变化势必带来政治文化的变革，进而也会影响行政文化建设和革新的方向。党的十九大报告指出中国特色社会主义进入新时代，因此行政文化创新的一个根本方向就在于，彰显新时代中国特色社会主义行政文化的实践品格与精神内涵。其次，领导意愿对行政文化创新的非线性塑造。行政文化生发于行政生活和行政实践的具体过程中，行政领导往往会借助其在组织中的权威和话语权对组织文化进行塑造，诸如颁布制度，或以一种合法性的形式塑造成员的价值观念等，这都是行政文化创新过程中系统内部非线性作用的体现。最后，技术变革对行政文化创新的非线性塑造。以互联网、大数据、云计算、区块链和人工智能等为代表的新技术形态正在影响行政生活，变革行政实践。以人工智能等新技术为支撑的智慧治理、精准治理等范式将会逐渐成为政府治理的主流模式，与之伴生的行政文化也会发生变革，未来开放、共享、共治的政府治理的形成离不开这些新技术的支撑。

（四）行政文化创新是由随机因素"涨落"诱发的有序结构

耗散结构理论认为任何开放系统在演化过程中都会受到各种外部因

---

① 魏宏森等：《系统论——系统科学哲学》，清华大学出版社1995年版，第238页。

素的随机扰动，导致系统偏离现有的有序状态，这种随机扰动表现为"系统局部范围内子系统之间随机形成的偏离系统既定宏观状态的各种集体运动"①，这就是所谓的系统"涨落"现象。这种"涨落"会推动系统跃迁到另一个稳定状态上去，形成新的有序结构，正如普利高津所说，"涨落导致有序"②。行政文化创新也是由行政文化系统内外诸多随机因素"涨落"诱发有序结构的过程。在行政文化创新过程中，存在许多随机因素"涨落"的现象，这些随机因素的"涨落"一定程度上会影响到行政文化的走向，推动行政文化创新。通常，行政文化的走向会受到经济发展、体制机制变革、技术革新和社会文化变迁等引发的多种随机因素的影响，行政文化创新不是自发进行的，而是取决于行政文化系统内外诸多因素的共同作用。当前各级政府大力推进以反"四风"为核心的作风建设以及持续的高压反腐，逐渐改善了行政组织内部的政治生态，营造出了一种风清气正的良好生态，触发了行政组织内部文化稳定形态的随机性因素，引发了系统的内外"涨落"。当然，这种"涨落"现象最终能否引起新的有序结构，形成新的行政文化，离不开行政主体尤其是行政领导的有效把握。例如，在中央大力倡导广大干部新时代新担当新作为的影响下，"敢担当""敢作为"成为一种时尚风气，行政领导便会积极主动地在行政组织内部营造出一种"敢担当""敢作为"的文化氛围，鼓励组织成员敢干事、多干事。

三、耗散结构视角下技术进步推动行政文化创新的具体途径

行政文化创新具有显著的耗散结构属性。伴随技术进步，新的技术被源源不断地输入行政文化系统，推动行政文化系统不断地走向开放，突破原有稳定的平衡状态，触发非线性作用并诱发随机因素的"涨落"，以不断强化这种耗散结构属性，推动系统形成新的有序结构，实现行政文化创新。

① 胡皓、楼慧心：《涨落与系统的进化——兼析辩证法关于进化内部根据的思想》，《自然辩证法研究》1988年第1期。

② 伊·普利戈津、伊·斯唐热：《从混沌到有序：人与自然的新对话》，曾庆宏、沈小锋译，上海译文出版社1987年版，第46页。

（一）技术进步强化行政文化系统的开放性

行政组织内部的技术革新和进步提供了创造、表达、吸收、传播行政文化新的方式、工具和手段，改善了行政文化系统与外界进行能量、物质与信息交换的技术介质，强化了行政文化系统的开放性，为行政文化创新提供了可能。从技术扩散的视角看，技术扩散理论很好地解释了技术进步强化行政文化系统开放性的内在逻辑。由于行政组织外部系统技术的进步会促使先进技术向行政组织内部扩散，进而推动行政组织相互之间的技术转移，并逐步向周围的社会系统扩散且产生示范效应，以推动技术系统之间的交流，强化了行政组织系统的开放性。行政文化系统作为组织内部的子系统，同样受到技术进步所引发的变革效应的影响。由此可见，技术进步自身的扩散属性是加剧行政文化系统开放性，扩大系统内外的能量、物质和信息交换的重要推动因素。除此之外，行政文化更需要依托技术进步改善传播介质，以加速其在组织之间以及组织成员心中的传播和内化。对外传播是强化行政文化系统开放性的重要体现，技术进步为行政组织内部的制度规范、观念和思想体系等隐性的文化要素向外传播提供了技术渠道。一方面，随着技术的进步，行政组织文化的技术载体正在革新，传统行政组织内部通过"下文件"的方式传播、学习会议文件精神，而随着信息技术的更新换代，在线的"微信发布""微博发布"等方式逐渐成为组织传播行政理念、价值观等不可替代的手段；另一方面，技术进步提升了组织成员的信息化能力，改善了其对外信息交换的方式、效率和手段，推动了行政文化的对外交流。

（二）技术进步突破行政文化系统的平衡状态

行政文化本质上是行政实践的精神表达，行政实践形态的稳定决定了行政文化系统的稳定和平衡。当下，以互联网、大数据、云计算、区块链和人工智能等为代表的新技术正在改造传统行政的政务流程、技术手段以及权力体系[①]，正在突破传统行政实践的稳定形态，具体表现为以下三个方

---

① 何哲：《人工智能时代的政府适应与转型》，《行政管理改革》2016年第8期。

面①：一是传统而稳固的"层层传递"的科层运转链条出现松动。随着以大数据和人工智能技术为代表的新技术在政府治理中的深入应用，传统任务链条运行逐渐由"单向一元"向"双向多元"转变，传统"层层传递"的指令式运转方式会逐渐消亡，网络式的多层参与决策模式将成为主流，传统指令型行政文化逐渐会被摒弃，民主参与型行政文化将会兴起。二是传统专业化的分工模式遭受挑战。传统专业化的分工模式逐渐改变，以大数据和人工智能技术为代表的新技术在时空序位上极大地扩充了单个个体的知识覆盖和能力体系，极大地整合和扩充了行政主体原有的单向度的专业能力，单个行政主体已经可以兼顾信息收集、加工、处理和利用的全流程。不久的将来，基于人工智能等新技术的新型分工模式将会出现。三是传统信息化的技术能力式微。随着技术的进步，传统信息化的技术能力将逐渐被智能技术系统所替换，"智能＋政务""互联网＋政务""大数据＋政务"等模式渐次兴起。可以预见的是，随着技术的进步，未来的行政实践将会走向智能化、物联化和精准化。行政实践形态的变化将会引发行政文化系统的失衡和重构，信息要素、智能要素和数据要素等逐渐注入到行政文化系统中，突破行政文化系统的原有平衡状态。

（三）技术进步触发行政文化系统的非线性作用

行政文化系统的开放性和远离平衡态为系统朝着有序稳定的耗散结构发展提供了前提条件，而系统内部各要素的非线性相互作用实际决定了行政文化创新的走向。技术的进步触发了行政文化系统内部的各种非线性相互作用。当详细考察技术进步所触发的这种非线性作用时，会发现技术进步所带来的变革效应往往在组织中的个体身上有着不同的反应，这是由于个体间的个体背景、认知观念和价值偏好等差异决定了他们会关注事物的不同维度和变化，以至于不能洞察事物的全貌。这种行为主体基于所关注到的有限因素进行的有限性推理和演绎，形成自身特定的心理模式和选择路径，使得不同的行为主体在各自对待同一问题的态度上差异大，表现为认知失调的非线性关系，进而引发行政文化系统内的整体文化行为与认知、

---

① 王张华：《人工智能对传统行政文化的挑战》，《中国社会科学报》2018年8月28日。

心理需求相互之间的非线性作用。而这种认知失调的非线性关系正是由于新技术隐藏的破坏力和固有的强迫改造属性决定的，正如波斯曼所指出，"那种认为技术的使用从来就没有对风俗习惯和象征意义的生活有重新定向作用的观点实在是失之过简，因为技术潜藏着破坏之力"①。这种破坏力会催生新的行为模式。这种新的行为模式与传统的心理认知就会经历"冲突"转向"相互协调"最终"走向融合"的非线性作用过程。组织中的个体会逐渐改变旧有的认知以适应新的行为模式，并将这种新的心理认知反复强化、固化，逐渐在意识和思想观念上认同和接受新的行为模式，最终在组织中演化为一种新的、稳定的文化形态。

（四）技术进步诱发行政文化系统的内外"涨落"

系统的非线性作用会带领系统走向多个分叉点，要使得系统顺利跃迁到其中一个匹配环境的最适合的稳定解，有赖于涨落现象；系统外部的环境扰动会带来系统外涨落，系统内部要素之间的非线性作用会产生系统内涨落。那么，技术进步是如何诱发行政文化系统的内外"涨落"的呢？从技术进步和技术的实际应用路线来看，技术的革新呈现阶段性，从技术发明到具体技术的规模应用需要经历一段时间的扩散和转移。具体到技术向行政组织的扩散，技术进步的变革效应往往会先在行政组织外部发挥作用，再向行政组织内部渗透，这是由两种不同的扩散机制所决定的，传统互联网和信息技术在行政组织内部的扩散路径就是如此。行政组织外部的技术扩散大多是依靠市场机制，市场配置的趋利性法则往往会促成新的技术率先在经济领域的扩散，尤其是营利性的企业组织。当新技术成型和稳定的时候，才会经由政府主导的行政机制实现在公共性的行政组织中扩散和应用。因此，新技术的扩散和应用往往会先带来系统外部环境的扰动，形成外涨落，进而才会向行政组织内部扩散，形成内涨落。从行政文化系统的外涨落来看，技术进步带来新的技术应用，会引起宏观层面的民族文化、国家文化、传统文化以及微观方面的行业文化、区域文化、职业文化等诸

---

① 梅其君、王立平：《技术与文化关系颠倒的历程与根源》，《江西社会科学》2016年第6期。

多文化要素的变动，进而诱发系统的外部涨落。另外，技术进步所带来的行政实践的变革，会引发组织成员的不同反应，形成系统的内涨落。

四、耗散结构视角下技术进步推动行政文化创新的实现机制

从系统的角度看，技术进步推动行政文化创新是通过内外部机制的共同作用。从"技术—文化"系统[①]的观点出发，将技术进步与行政文化视为一个整体系统的内部要素，技术进步则依托系统内部的强迫改造机制和反馈调节机制来强化行政文化系统的耗散结构属性；若将行政文化与技术进步视为两个系统，那么必须通过系统外部能量传输机制来确保二者之间的能量、物质和信息的交换，以维持系统的耗散运动。技术进步依赖上述三种机制的内外共同作用（见图1），推动行政文化创新。

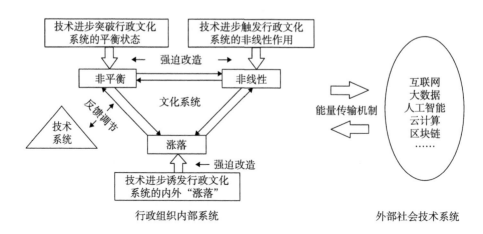

图1　技术进步推动行政文化创新的作用机理图

（一）技术进步推动行政文化创新的强迫改造机制

随着技术的不断发展和进步，技术也从"传统技术"阶段演进至"现

① 张明国：《"技术—文化"论——一种对技术与文化关系的新阐释》，《自然辩证法研究》1999年第6期。

代技术"阶段①，技术与文化的关系也随之发生了转变，"受文化约束和支配的技术反过来构造和支配文化"②。技术进步正是通过重新构造行政文化的内部结构来推动行政文化创新，有学者把这一过程描述为"首先它带来组织工作方式的变革，新的组织实践活动逐渐被固化，然后演化为组织成员思想观念上的变迁"③。细论之，技术进步便是通过不断地向行政组织内输入新的技术，且这种新的技术往往具有不可逆性，改变原有行政实践的方式、工具和手段，逐渐形成新的行政行为模式并进一步稳固下来，使得原有行政组织系统内部的技术器物、制度规范、价值观念以及行政思想面临重塑，这就是技术进步推动行政文化创新的技术强迫改造机制。④ 这种改造机制大致历经"破坏—诱导—重建"的演进阶段。技术进步所带来的"破坏力"逐渐改变整个行政组织系统的体制机制、运转流程以及分工模式，与之相伴生的整个行政文化系统也难免被"破坏"。与此同时，组织内的技术革新和进步以其潜移默化的"诱导"方式，通过"有意无意地引入新的技术，并借助随之带来的细微的、递增的甚至是意想不到的后果来改变组织的文化假设"⑤，组织内新的文化样式和形态被随之建构起来。

（二）技术进步推动行政文化创新的反馈调节机制

从"技术—文化"系统的视角看，技术决定文化或是文化塑造技术的单向决定论均不能反映技术与文化关系的全貌，而技术与文化的互动视角则被大多数学者所接受，这或许能更全面地揭示二者关系。因此，在思考技术进步推动行政文化创新的作用机制时，既要看到技术进步对行政文化

---

① 海德格尔以工业革命为界，提出工业革命以来的技术为"现代技术"，工业革命以前的技术则是"传统技术"。

② 梅其君、王立平：《技术与文化关系颠倒的历程与根源》，《江西社会科学》2016年第6期。

③ 任敏：《信息技术应用与组织文化变迁——以大型国企C公司的ERP应用为例》，《社会学研究》2012年第6期。

④ 借用任敏在《信息技术应用与组织文化变迁——以大型国企C公司的ERP应用为例》（《社会科学研究》2012年第6期）一文中研究信息技术对组织文化的作用机制时采用的"强迫改造"的提法。

⑤ 埃德加·沙因：《组织文化与领导力》，章凯、罗文豪、朱超威等译，中国人民大学出版社2014年版，第243页。

的强迫改造属性，又不能忽视行政文化对技术进步的反馈调节作用，有学者认为"每一种新的文化理念、价值观念的兴起，都会传导到技术研发环节，改变技术发展进程或轨迹，刺激新技术的研发"①。这充分说明，在分析技术进步与行政文化的关系时，要从二者的互动关系出发，避免忽略了行政文化对技术进步的反馈调节作用。技术的社会塑造理论认为，众多社会文化因素或机制就像一把巨大而无形的"模具"或"雕刻刀"，塑造着具体技术形态乃至技术世界的面貌。②技术进步推动行政文化创新的反馈调节机制大致包含三个维度：一是行政主体的价值观会决定技术进步的规模、水平和方式选择。新技术在行政组织内部的扩散会受到行政主体价值偏好的影响，新技术的具体应用是行政组织内部政治理性和技术理性互动耦合的结果。二是行政组织内部的制度和规范会干预新技术的推广和应用。新技术往往依托相应的制度、规范以及其他行政机制来确保其在行政组织内部的扩散和应用。三是行政思想会对行政组织内部的技术扩散产生影响。技术一直伴随着行政发展，从公共行政发展史上各种行政理论和行政学说的观点来看，对行政技术的关注由来已久，行政主体的行政实践离不开这些理论和学说的指导，这就会相应地影响到行政主体对技术的重视和关注。

（三）技术进步推动行政文化创新的能量传输机制

从耗散理论的视角看，行政文化系统的开放性、不平衡性、非线性作用和"涨落"的发生都离不开技术进步的推动，然而技术进步并不会直接带来行政文化系统耗散结构属性的变动以及新的稳定的文化形态的创制，如同"技术从个人技能转变为一种社会力量……需要经由社会化，方能表现出它的社会价值"③的逻辑一样，技术进步推动行政文化创新的实现必须有赖于某种类似于上述"社会化"的作用机制的有效。否则，技术进步所带来的新的技术成果将仅仅停留在器物的初级阶段，充其量不过是人们闲

---

① 王伯鲁：《技术与文化互动问题剖析》，《西北师大学报》（社会科学版）2014年第5期。

② Donald Mac Kenzie, Judy Wajcman, *The Social Shaping of Technology* (Milton: Open University Press, 1999), p.18.

③ 司汉武：《技术与社会》，知识产权出版社2013年版。

时把玩的物件（如中国古代的玉器、后来失传的地动仪）[①]，不能奢谈"技术向文化的转化"[②]进而演化成为一种影响人类社会发展走向的文化形态。显然，在行政文化创新的这一系统耗散过程中必定存在一个维系行政文化系统与外部社会技术系统进行能量、物质和信息交换的"桥梁"——这里所指称的类似于"社会化"的作用机制恰恰在其中扮演着桥梁的角色，支撑着技术进步与行政文化系统之间的互动和能量交换——我们将这种作用机制称为能量传输。在生态学中，能量传输是指生态系统中的能量从一个组分传递到另一个组分的过程；就技术进步与行政文化系统二者关系而言，能量传输机制是指将技术进步所引起的能量、物质和信息的变革效应从技术系统传递到行政文化系统的过程和方式，具体表现为"渗透、传导和扩散"[③]三种样式。

五、结语

行政文化是政府治理的灵魂，是关涉政府治理体系和治理能力现代化的内在动因。随着技术的进步，新技术对政府治理以及行政文化的影响越来越广、越来越深，尤其是随着以大数据和人工智能为代表的新技术嵌入政府治理的不断深入，我们不得不进一步深入思考技术进步与行政文化创新的关系。就系统论的观点而言，人类社会是一个复杂的巨系统，人类社会生活中的技术子系统与精神文化子系统相互渗透、相互纠缠（类似物理学的"量子纠缠"），呈现在我们面前是一种有待进一步认识的"灰色系统"现象。耗散结构理论为我们认识社会提供了一种方法论。从耗散结构理论的角度来看，行政文化是一个开放系统，而行政文化创新具有显著的耗散结构属性，由于技术进步，通过新技术不断向行政文化系统的输入，促使行政文化系统不断地走向开放，从而突破原有稳定的平衡状态，触发非线性作用并诱发随机因素的"涨落"，以强化这种耗散结构属性，推动系统形

---

① 司汉武：《技术与社会》，知识产权出版社2013年版。

② 王伯鲁：《技术与文化互动问题剖析》，《西北师大学报》（社会科学版）2014年第5期。

③ 颜佳华、周万春：《技术进步推动行政发展的作用机理研究》，《湘潭大学学报》（哲学社会科学版）2014年第5期。

成新的有序结构，从而实现行政文化创新。当然，文中的论述和观点只是一种初步探索，未来技术进步到底会呈现一幅怎样的图景难以假设和准确预知，但可以肯定的是一定会持续深刻地影响人类社会的基本面貌。因此，技术进步与行政文化的关系将会是一个值得持续关注的学术议题。

论中国特色绿色治理文化体系的构建 *

史云贵　唐迩丹 **

摘要： 从绿色发展到绿色治理，既是我国经济发展方式转变推动治理方式转型的进程，也是治理文化体系的"绿化"过程。中国特色绿色治理文化体系是以习近平新时代中国特色社会主义思想为指导，以中国梦为时代感召，以社会主义核心价值观为引领，以优化发展模式、净化政治和社会生态为基本内容的一系列社会共识、价值观念、行为规范、制度机制的总称。通过绿色治理文化体系的"制度—非制度"因素双轴联动，凝聚社会共识，让绿色治理文化内化于公民之心，外显于公民之行，促进健康和谐社会风气的形成，实现政治与社会、人与自然关系的"绿化"，以及政治生态、社会生态的共同"净化"，进而为全面推进绿色治理和实现中华民族伟大复兴的中国梦奠定坚实的绿色文化基础。

关键词： 绿色治理；文化体系；概念特征；构成要素；构建路径

绿色治理文化是社会主体践行绿色治理理念，在生产生活中形成正能量的风俗习惯、文化表征、时代符号等内容的总和。绿色治理文化体系的构建也是对国家、民族、地区优秀历史文化的传承和发扬。因此，绿色治理文化体系的建构，应把我国各地的自然禀赋、文化传统、地方习俗、文化活动等纳入绿色治理文化建设过程中，使得制度的刚性制约与文化的柔性规导有机衔接，将绿色治理文化与文化传统、集体记忆和情感认同相结合，从而更好地增进社会主体对中华民族的政治认同。

---

　　* 　基金项目：教育部重大项目"县级政府绿色治理体系构建与质量测评研究"（16JZDW019）；四川大学国家人文社科重大攻关项目培育计划"我国社会治理体系构建及其运行机制研究"（SKZD201704）。

　　** 作者简介：史云贵，四川大学公共管理学院教授，博士生导师，研究方向为绿色治理与社会治理创新；唐迩丹，重庆理工大学管理学院讲师，研究方向为地方政府治理创新。

一、中国特色绿色治理文化体系的概念内涵与主要特征

正确理解绿色治理文化体系的概念，是构建绿色治理文化体系的重要前提。而正确阐释绿色治理文化体系必须认真解读文化体系、绿色治理文化、中国特色绿色治理文化等基本概念，并在此基础上透析中国特色绿色治理文化体系的构成要素与主要特征。

（一）绿色治理文化体系的内涵

文化体系是不同文化兼容并包、融会贯通的结果，是人们在改造客观世界过程中所表现出来的时代特征、地域风格和民族样式，是一个集理念、行为、制度为一体的复合性范畴，是一个国家和民族的自信源泉。治理文化是文化体系的重要组成部分，是指"关于治理的独特知识、艺术、技术与机制，即在治理过程中通过营造文化符号，引导治理主体行为，改善治理主体间的关系，提高治理效能"①。当前，中国特色社会主义进入新时代，包括绿色发展理念在内的习近平新时代中国特色社会主义思想，正引导我国不断创新以安全、健康、公平、和谐、廉洁、生态为基本特征的绿色文化理念，激发绿色治理文化教育人民、引导社会风气、推动社会发展的功能，进而为实现国家富强、民族振兴、人民幸福的中国梦提供行动指南和精神食粮。为此，中国特色绿色治理文化建设必须以习近平新时代中国特色社会主义思想为指导，以实现中华民族伟大复兴的中国梦为时代感召，切实践行社会主义核心价值观，要以党内政治文化引领并整合社会公共文化，充分发挥中国特色绿色治理文化的软实力作用。

据此，本文将中国特色绿色治理文化定义为：以习近平新时代中国特色社会主义思想为指导，以中国梦理论为价值感召，以社会主义核心价值观为基础，以优化发展模式、净化政治和社会生态为基本内容的一系列价

---

① Foucaultm: *Security Territory Population—Lectures at the College de France 1977—1978* (Basingstoke and New York: Palgrave Macmillan, 2009).

值理念、社会共识、行为规范的总称。我们认为，中国特色绿色治理文化体系就是在我国绿色治理文化建设进程中所形成的紧密相连、相互协调的绿色治理理念、机制、制度体系，是一系列引导经济发展、治理变革、社会进步的时代符号。中国共产党的坚强领导是构建中国特色绿色治理体系的政治保障。习近平新时代中国特色社会主义思想是中国特色绿色治理文化的灵魂。中国特色绿色治理文化体系可分为主体、内容、保障等三大系统（见图 1）。其中，主体系统是指以"党委领导、政府负责、社会协同、公众参与、法治保障"为基础的绿色治理共同体和绿色治理共建共享平台；内容系统是指绿色治理文化导向下的党内政治文化、廉洁行政文化、社会公共文化、生态环保文化的结合体；保障系统是指与绿色治理文化建设有关的政策措施与绩效评估方法。

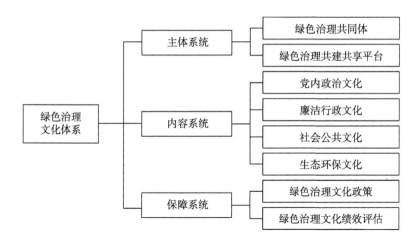

图 1　绿色治理文化体系结构

从政治生态而言，构建绿色治理文化体系是提高各级领导干部和公务员的思想觉悟、反腐倡廉意识、工作服务能力的系统工程，目的在于剔除思想之弊、提高党性修养，营造风清气正的政治生态。

从"政治－社会－自然"的关系而言，构建绿色治理文化体系要求全体社会成员都要树立绿色治理文化理念，以绿色治理价值规导各种社会治理主体的言行。通过践行社会主义核心价值观，实现社会教化和人格内化的统一，进而凝聚社会共识，打造风清气正的政治生态、健康和谐的社会生态、绿水青山的自然生态，让绿色治理文化内化于公民之心，外显于公民之行，以实现政治与社会、人与自然关系全面"绿化"的战略目标。

（二）绿色治理文化体系的主要特征

理解绿色治理文化体系的特征，既要考察绿色代表的价值理念，又要认识治理所包含的基本特征，还要看到文化蕴含的独特作用。具体而言，绿色意味着安全、健康、公平、和谐、廉洁、生态，治理包含主体多元、方式多样、过程法治等特征，文化蕴含包容协调、共生共长、潜移默化等独特作用。据此，我们认为，绿色治理文化体系是以绿色理念为导向、以文化为载体、以制度体系为方式的有机结合体。从中国特色绿色治理文化体系的内涵出发，我们认为绿色治理文化体系体现出公共性、符号性、功能性、融合性等四大特征。

1. 绿色治理文化体系的公共性

"作为一种理念，公共意味着所有的人们为了公利而非个人或家庭的私利走到一起；作为一种能力，意味着为了公共的利益而在一起工作的一种积极获取充分信息的能力。"[1]绿色治理文化体系的公共性既体现在治理目标与价值观念上的"公共性"，也体现在治理主体的多元性、治理方式的共同参与性，是对生态环境恶化、社会问题频发、政治腐败等问题的有效回应。通过建立中国特色绿色治理文化体系，进而"采取一系列政策措施和制度安排，利用和借助文化功能用以克服和解决国家发展中问题的工具化，对象是政治、经济、社会和文化，主体是政府、社会，政府发挥主导作用，社会参与共治"[2]。一方面，通过建立健全中国特色绿色治理文化体系，从行政文化的视角，改造地方政府公务员的思想意识，提升公共性，借助制度设计，使得官员不敢腐、不能腐、不想腐，打造健康、和谐、廉洁的政治环境；另一方面，通过提倡绿色文化，发展绿色经济推动绿色产业，倡导绿色生产生活方式，让绿色文化在乐民、惠民、育民、富民中增进公共性。

---

① 乔治·弗雷德里克森：《公共行政的精神》，张成福等译，中国人民大学出版社2003年版，第47页。

② 胡惠林：《国家文化治理——中国文化产业发展战略论》，上海人民出版社2012年版，第4—7页。

2. 绿色治理文化体系的符号性

"文化是一组独特知识，是治理的专门艺术、技术与机制——透过符号系统的技艺与权力技艺协调人与人的关系。"[1]绿色治理文化体系的符号性是绿色、治理、文化等价值理念的有机结合和集中体现，是一套集认知、情感、评价为一体的价值观念。政府治理的前提在于了解人们的需求，即预判人们的思想、愿望和热情，并采取一系列特定的理性活动。而文化既是人们风俗习惯、行为方式的集中反映，又能动地塑造和建构一系列经济、政治、社会关系。作为绿色治理的重要符号，绿色治理文化体系不仅是绿色治理理念，还是现实社会关系的形象化表达。通过媒体宣传、教育推广、广告营销、品牌植入等一系列绿色治理活动，可以在社会营造绿色治理文化氛围，发挥符号对人们潜移默化的影响，将绿色治理制度规范的刚性约束转化为人人遵守的自觉性行为规范。

3. 绿色治理文化体系的功能性

在新媒体时代，信息交流的空间被打破，文化领域摆脱了自上而下的单向控制，转向基于"国家－市场－社会"多维主体共同配置文化资源与权力的文化治理过程，并成为在文化制度、文化政策和具体文化管理中有关权力规则的生产领域，也成为意义的产生、资源的分配、认同的建立、价值的契合等多种力量相互交织的重要治理场域。作为一定时期内制度、喜好、风俗习惯的集中反映，文化能够创造出具有导向功能和控制功能的"场域"，进而改变社会风貌，重塑人们的行为习惯。绿色治理文化的功能在于以符号为载体，为多元社会治理主体的良性互动打造善治的"场域"，并在此过程中充分彰显绿色治理的价值内涵，对人们进行行为规导，培养社会主体养成绿色生产生活习惯，打造和谐的社会互动结构。因此，绿色治理文化体系是绿色治理中党风、政风、社风，以及思维方式、行为模式的交融体；实质是多元绿色治理主体良性互动、共建共治共享的"软环境"，它时刻影响并决定着绿色治理的价值取向与行为选择。

---

[1] 托尼·本尼特：《文化与社会》，王杰、强东红等译，广西师范大学出版社2007年版，第161页。

4. 绿色治理文化体系的融合性

绿色治理文化体系不仅表现为绿色治理导向下政府治理体系的变革，还发挥着把绿色治理文化内容"投射到非政治性的对象或领域"[①]的作用，即通过宣传、教育等手段使社会成员普遍接受绿色治理理念，奉行绿色治理价值规范，并自觉约束其日常行为，以实现政治性和社会性的融合与统一。作为一个覆盖政治、社会的系统工程，绿色治理文化体系旨在推动个体将绿色治理文化的理念，外显为具体的绿色治理行为，通过社会成员的认识、学习、践行等一系列的加工消化，将绿色治理理念融入其人格特征以及行为方式之中。通过不断充实自我，缩小"小我"，塑造"大我"，实现绿色治理理念与个体人格、行为模式的融合，进而为完善绿色治理共同体提供必要的能力与条件。

二、中国特色绿色治理文化体系的构成要素

绿色治理文化体系作为绿色治理的重要载体，对政府治理理念、机制、模式提出更高的要求。充分认识绿色治理文化体系的构成要素，明晰诸要素之间的关系并加以改进，成为构建绿色治理文化体系的前提条件。

（一）中国特色绿色治理文化体系包含风清气正的党内政治文化

在中国特色绿色治理文化体系中，中国共产党的党内政治文化居于核心地位，并对其他文化形态起到引领与整合作用。党内政治文化是维系党的生存和发展的精神纽带。党内政治文化建设要"以加强党的长期执政能力建设、先进性和纯洁性建设为主线，以党的政治建设为统领，以坚定理想信念宗旨为根基，以调动全党积极性、主动性、创造性为着力点"[②]。党内政治文化建设要与党的思想建设高度统一。"要把坚定理想信念作为党的思想建设的首要任务，教育引导全党牢记党的宗旨，挺起共产党人的精神脊梁，解决好世界观、人生观、价值观这个'总开关'问题，自觉做共产主

---

① 加布里埃尔·A.阿尔蒙德、小 G.宾厄姆·鲍威尔：《比较政治学——体系过程和政策》，曹沛霖、郑世平、公婷、陈峰译，上海译文出版社1987年版，第45页。

② 《中国共产党第十九次全国代表大会文件汇编》，人民出版社2017年版，第64页。

义远大理想和中国特色社会主义共同理想的坚定信仰者和忠实实践者。"①
"严格执行新形势下党内政治生活若干准则，增强党内政治生活的政治性、
时代性、原则性、战斗性，自觉抵制商品交换原则对党内生活的侵蚀，营
造风清气正的良好政治生态。"② 为此，以习近平新时代中国特色社会主义思
想为指导，加强党内政治文化建设，营造风清气正的党内政治生态应是绿
色治理文化体系的建设核心。一方面，"打铁必须自身硬"，通过党内政治
文化建设帮助广大党员干部补精神之"钙"，从而把握好"总开关"。通过
落实"八项规定""三严三实""两学一做"，让党内政治文化成为绿色治理
文化体系中的引领性文化，为完善绿色治理文化体系提供方向指引，进而
在动态平衡中实现"内生态"与"外生态"的共同发展。另一方面，以政
治生态净化带动社会风气好转的绿色治理文化体系，无论是逻辑，还是内
容、方式都与党内政治文化存在高度契合。而绿色治理文化体系构建也有
助于完善党内政治文化，有助于营造风清气正的政治生态。

（二）中国特色绿色治理文化体系包含廉洁高效的行政文化

廉洁高效的行政文化是绿色治理文化体系的重要组成部分，是打造风
清气正政治生态的重要环节。绿色治理文化体系中的行政文化，主要含有
"绿色治理观念文化""绿色治理制度文化""绿色治理行为文化"。其中，
绿色治理观念文化是关于绿色治理理念、价值、精神、道德等方面内容的
集成；绿色治理制度文化是关于绿色治理的组织文化、治理体制、运行机
制、主体关系、纪律规范等一系列的制度性规则体系；绿色治理行为文化
则是绿色治理过程中各种沟通、决策、执行、审议、评估等治理行为所体
现的风格、态度、作风等内容的总和。在绿色治理文化体系中，行政文化
的核心内容就是服务宗旨，在当前主要表现为倡导廉洁高效的公共服务。
这就要求，一方面要建设绿色政府文化，引导政府行为绿色化，另一方面
要建立健全绿色治理考核指标体系，用以考核、监督政府绿色治理活动。
通过完善绿色治理考核指标体系，严格执行绿色治理考核制度与科学运行

---

① 《中国共产党第十九次全国代表大会文件汇编》，人民出版社2017年版，第51页。
② 《中国共产党第十九次全国代表大会文件汇编》，人民出版社2017年版，第50页。

绿色治理机制，从而为廉洁高效的行政文化提供制度保障。

（三）中国特色绿色治理文化体系包含健康和谐的社会公共文化

作为人类物质文明与精神文明的结晶，公共文化是"能为广大社会公众接触或享用的具有物质或精神价值的产品或设施"①。满足人民群众过上美好生活的新期待，必须为他们提供丰富的精神食粮。为此，要"完善公共文化服务体系，深入实施文化惠民工程，丰富群众性文化活动"②。社会公共文化既包括制度层面的要素内容，也包括思想道德、风俗习惯等非制度因素，以及个体价值观念等心理层面的因素。一方面，公共文化是加强党内政治文化建设的"外生态"环境，直接或间接影响党内政治文化建设的具体内容与建设方式；另一方面，在特定历史时期，先进公共文化的集中反映与结晶便是党内政治文化。二者相互影响、相辅相成。发展健康和谐的社会公共文化，是绿色治理文化被认可，进而渗透社会生活方方面面的重要环节，是绿色治理文化体系社会化的关键一步。据此，以绿色治理文化体系构建为导向，与时俱进地完善公共文化服务内容，通过政策指导、多方参与、市场化运作、群众评议等多种运行手段，不断提升公共文化服务质量，能有效地回应人民群众愈发高涨的公共文化需求，保障群众基本文化权利，促进绿色治理文化乐民、惠民、育民、富民的有机统一。与此同时，向人民群众宣传绿色治理文化价值理念，进而从思想上教育人民，让绿色治理文化不断深入人心，让绿色生产生活成为社会主体的自觉习惯，以实现政治生态与社会生态的相互影响、良性互动。

（四）中国特色绿色治理文化体系包含低碳节能的生态环保文化

党的十九大报告提出"实现生产系统和生活系统循环链接。倡导简约适度、绿色低碳的生活方式，反对奢侈浪费和不合理消费，开展创建节约型机关、绿色家庭、绿色学校、绿色社区和绿色出行等行动"③。为此，构建

---

① 夏洁秋：《文化政策与公共文化服务构建：以博物馆为例》，《同济大学学报》2013年第1期。

② 《中国共产党第十九次全国代表大会文件汇编》，人民出版社2017年版，第35页。

③ 《中国共产党第十九次全国代表大会文件汇编》，人民出版社2017年版，第41页。

和完善绿色治理文化体系必须倡导环境保护以及低碳节能的生产、生活方式。生态文化是绿色治理文化体系的名片与发展动力，更是真正实现绿色治理文化"乐民、惠民、育民、富民"有机统一的重要途径。构建和完善绿色治理文化体系要求政府必须树立绿色行政理念，制定并实施绿色生产生活标准，切实推进高质量发展。严格实施绿色治理，打造绿色政府，构建绿色治理机制，加快建设资源节约型和环境友好型的绿色社会。因此，加快绿色治理文化体系构建，实现低碳环保的绿色发展，能为政治生态、社会生态的共同净化创造良好的基础条件。可以说，绿色治理文化体系的构建过程，也是一个经济发展方式、生产形态、生活形态、治理形态全面绿色化的过程。

三、中国特色绿色治理文化体系的构建路径

我们知道，绿色治理文化体系是在以"绿色"为价值向度的治理过程中所形成的价值导向、行为规范的总称，是党内政治文化、社会主义核心价值观、公共文化、生态文化、和谐文化相互作用的集中体现。达成绿色治理文化共识，是打造"党委领导、政府负责、社会协同、公众参与、法治保障"绿色治理共同体的思想文化基础。在以绿色治理共同体建设推进绿色治理文化体系构建的进程中，要充分发挥绿色治理文化"制度－非制度"的双轴联动作用，全面提升绿色治理文化体系运作效能。应从五个维度构建中国特色绿色治理文化体系（见图2）。

（一）以中国梦为价值感召，凝聚社会共识

"'中国梦'作为具有广泛凝聚力和深远感召力的文化符号，已深深地融入社会主义现代化强国建设的伟大历史叙事中，'中国梦'的价值感召不单是着眼于国家发展的现实利益，同时被提升到国家治理的文化价值高度，成为国家治理体系和治理能力现代化的重要组成部分。"[1] 基于中国梦的绿色治理文化体系既可为实现中华民族伟大复兴的中国梦提供重要的精神支

---

[1] 范玉刚：《没有文化支撑的事业难以长久——学习习近平总书记关于文化发展繁荣的重要论述》，《光明日报》2014年1月8日。

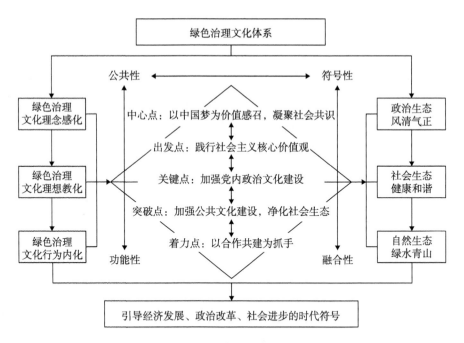

图2 绿色治理文化体系构建路径

撑，也可为我国政府治理提供持久的精神动力，还有助于我国凝聚社会共识，共谋事业发展，提升文化自信。构建绿色治理文化体系，不仅给绿色治理共同体成员提供安全感和归属感，还有助于治理共同体内部秩序和谐与有效合作。构建以中国梦为基础的中国特色绿色治理文化体系，必须不断"推动中华优秀传统文化创造性转化、创新性发展，继承革命文化，发展社会主义先进文化，不忘本来、吸收外来、面向未来，更好构筑中国精神、中国价值、中国力量，为人民提供精神指引"①。在实现中华民族伟大复兴的进程中，构建中国特色绿色治理文化体系，必须以中国梦为感召力，才能有效凝聚全体社会主体的绿色治理共识，从而真正实现党内政治文化、社会公共文化和生态环保文化的有机衔接和良性互动。

（二）以社会主义核心价值观为引领，重塑绿色价值理念

"培育和弘扬核心价值观，有效整合社会意识，是社会系统得以正常运转、社会秩序得以有效维护的重要途径，也是国家治理体系和治理能力

---

① 《中国共产党第十九次全国代表大会文件汇编》，人民出版社2017年版，第19页。

的重要方面。"① 要充分"发挥社会主义核心价值观对国民教育、精神文明创建、精神文化产品创作生产传播的引领作用,把社会主义核心价值观融入社会发展各方面,转化为人们的情感认同和行为习惯"②。社会主义核心价值观是中国特色绿色治理文化体系构建的精神旗帜,指引绿色治理文化体系的建设方向。我国社会主义核心价值观分为三个层面:国家层面的"富强、民主、文明、和谐";社会层面的"自由、平等、公正、法治";个人层面的"爱国、敬业、诚信、友善"。③ 构建绿色治理文化体系是践行社会主义核心价值观的具体体现。风清气正的政治生态、和谐健康的社会生态、绿水青山的自然面貌,是符合全国人民意愿的最大公约数,与社会主义核心价值观高度契合。构建绿色治理文化体系为践行社会主义核心价值观提供现实路径,是社会主义核心价值观在国家–社会–个人"三位一体"运行中的集中表现。其中,国家层面的"富强、民主、文明、和谐"既是绿色治理文化的宏观向导,也是建设"自由、平等、公正、法治"社会的前提;而"自由、平等、公正、法治"是绿色治理文化体系中的社会文化建设目标,为个人的发展提供良好的社会生态环境;"爱国、敬业、诚信、友善"既是国家、社会层面对个人践行社会主义核心价值观提出的基本要求,也是构建绿色治理文化体系的重要内容。

因此,从国家层面而言,构建绿色治理文化体系的顶层设计、具体内容、路径选择都必须遵循社会主义核心价值观,为优化发展方式、厚植政治生态、净化社会风气作出顶层设计和战略安排。从社会层面而言,要积极运用教育引导、舆论宣传、文化浸透、习惯养成、制度保障等方式,充分发挥互联网、微信、微博等现代新媒体的作用,生动具体地展现绿色治理文化,将绿色治理文化嵌入人民群众生产生活的方方面面。从个人层面而言,社会成员要积极参加绿色治理文化活动,主动体会绿色治理文化的概念内涵、发展脉络、基本走向,进而自觉践行绿色治理文化理念,在

---

① 《把培育和弘扬社会主义核心价值观作为凝魂聚气强基固本的基础工程》,《人民日报》2014年2月26日。

② 《中国共产党第十九次全国代表大会文件汇编》,人民出版社2017年版,第34页。

③ 《中共中央办公厅印发〈关于培育和践行社会主义核心价值观的意见〉》,《人民日报》2013年12月24日。

生产生活中身体力行绿色生产、绿色出行、绿色消费、廉洁自律等绿色行为。

（三）以党内政治文化建设为关键，厚植政治生态土壤

构建绿色治理文化体系的关键在于厚植良好的政治生态土壤，进而带动社会风气的根本好转与治理模式的优化。在此过程中，加强党内政治文化建设是营造风清气正的政治生态、社会生态的前提条件。为此，在绿色治理文化体系构建过程中必须高度重视党内政治文化建设。首先，应将绿色治理文化融入党内政治文化的学习内容中，改善学习方式，让广大党员加深对"绿色"价值导向的理解，树立绿色治理理念，引领绿色治理的舆论导向，将绿色治理文化用于指导生产生活实践，从而实现政治生态与社会主体间的相互影响、良性互动。"要着力把严肃党内政治生活的成果转化为促进党的事业发展的持续动力，把广大党员干部的精气神引导到改革发展上来，让干净的人有更多干事的机会，让干事的人有更干净的环境，让那些既干净又干事的人能够心无旁骛施展才华、脱颖而出。"[①] 其次，要发挥党员领导干部示范带头作用。"领导干部的作风，历来是社会行为规范的风向标。"[②] 要切实遵循绿色治理的要求，着力打造"信念坚定、为民服务、勤政务实、敢于担当、清正廉洁"的"五好"干部队伍[③]，大力培养领导干部践行绿色治理的能力与水平。在绿色治理文化体系建设中，党员干部"喊破嗓子，不如做出样子"，只有干部以上率下，才能使得广大党员认真学习与实践绿色治理。最后，必须充分发挥制度建设的功能。党的规章制度、纪律规矩，既是党内政治文化的制度化形态，也是绿色治理文化的重要内容。构建绿色治理文化体系，必须将绿色治理文化与制度建设相结合，以绿色治理的制度体系形塑绿色生产、绿色生活、绿色消费等习惯，构建"以先进性建设为引导、以中国梦为中心、以执政能力建设为主线、以厚植

---

① 《扎扎实实做好改革发展稳定各项工作，为党的十九大胜利召开营造良好环境》，《人民日报》2017年6月24日。

② 习近平：《领导干部要带头树立八个方面的良好风气》，《党建研究》2007年第5期。

③ 孟祥夫：《建设一支宏大高素质干部队伍》，《人民日报》2017年9月15日。

党内政治生态为手段的'不敢腐、不能腐、不想腐'"①的制度文化体系，真正将"权力关进制度的笼子"，为领导干部营造"想干事、能干事、干成事、不出事"的绿色成长环境。

（四）以公共文化建设为重点，净化社会生态

公共文化的基础是群众文化。人民群众是构建绿色治理文化体系的力量之源。要打通绿色治理文化体系构建的"最后一公里"，不但需要党和政府自上而下地推动，发挥绿色治理文化的教化作用，而且需要基层群众自下而上地认同绿色治理文化。党委、政府要"引导人们树立正确的历史观、民族观、国家观、文化观。深入实施公民道德建设工程，推进社会公德、职业道德、家庭美德、个人品德建设，激励人们向上向善、孝老爱亲，忠于祖国、忠于人民"②，并在此过程中培养公众参与绿色治理的文化自觉。为此，要在党的领导、政府的主导下，将群众公共文化纳入绿色治理文化体系的发展规划、项目实施、活动推行、评估监督等过程，引导、规范、培育好群众自发形成的绿色自组织，充分运用村（居）民议事会、民情恳谈会、社区论坛、文化节，以及网站、微博、微信等现代信息传播手段切实推进绿色社会公共文化建设。在此基础上，"深入实施文化惠民工程，丰富群众性文化活动"③。可以通过区域"人、文、景、地、产"的有机衔接，改造当地自然人文景观，使绿色治理文化与区域民俗文化有机结合，以此为契机形成绿色文化产业链，开发绿色旅游，带动当地群众创新创业。通过定期开展"绿色治理文化节""绿色治理文化宣传日"等活动，吸引公众广泛参与，从而为当地打造绿色治理文化提供有力的经济支持，提高绿色治理文化的水平和质量，扩大绿色治理文化影响力，形成绿色治理文化品牌。

（五）以合作共建为抓手，实现"制度－非制度"的双轴联动

构建绿色治理文化体系需要"自上而下"的党政引导与"自下而上"

---

① 史云贵：《党内政治文化建设的路径创新》，《人民论坛》2017年第8期。

② 《中国共产党第十九次全国代表大会文件汇编》，人民出版社2017年版，第34—35页。

③ 《中国共产党第十九次全国代表大会文件汇编》，人民出版社2017年版，第35页。

的基层群众实践有机结合。当前，构建中国特色绿色治理文化体系，迫切需要在完善"党委领导、政府负责、社会协同、公众参与、法治保障"社会治理体制的基础上，着力打造共建共治共享的绿色治理共同体。绿色治理共同体的打造，需要进一步完善"政府－NGO－社区"的制度化运行结构。首先，政府应加快职能转变，统筹绿色治理文化体系发展战略，打造多元主体合作共治平台，进而结成良好的"政－社"伙伴关系；其次，地方要遵循"社会治理的社会化"原则，依法赋予基层群众自治组织更大的自主权，积极推进基层绿色治理文化组织"自我管理、自我服务、自我教育、自我发展"；最后，作为绿色治理文化体系构建的协助者，非政府组织在打造绿色社会组织、提升服务质量的同时，也应充分发挥第三方的作用，对绿色治理文化体系构建与运行状况展开测评，以评促建。健全绿色治理文化体系不仅要求对绿色治理文化体系的整体效能进行测量，还应考察绿色治理文化体系诸构成要素良性互动的能力与水平。

构建和完善绿色治理文化体系不仅需要多元社会治理主体良性互动，还需要在互动过程中产生内在的维系机制和秩序化的功能配置，从而实现绿色治理文化体系乐民、惠民、育民、富民的有机统一。通过赋予基层群众开展绿色治理文化建设的自主权，一些效能好、质量高的方法措施将不断地得到重视，在多元主体的良性互动中实现机制优化与路径依赖，并最终成为绿色治理规则体系的重要组成部分，进而推动绿色治理文化体系在"制度—非制度"相互支撑中不断缩短轴距，实现"双轴联动"。

四、结语

构建中国特色绿色治理文化体系应以满足人民群众的美好生活需要为基本导向，以提升绿色治理共同体合作共治能力为逻辑起点，价值目标在于实现政治生态、社会生态的共同净化。中国特色绿色治理文化体系构建的关键在于进一步完善基于"五位一体"的绿色治理体制，打造健康和谐的绿色公共文化。构建中国特色绿色治理文化体系应以中国梦为时代感召，要以党内政治文化充分整合社会公共文化、生态环保文化等构成要素。构建中国特色绿色治理文化体系，需要从主体、内容、保障等三个端口，保持治理功能结构的多主体合作性、机制运行的全方位绿色指向性、治理效能评价的全方位监督性，加快推进中国特色绿色治理文化体系构成要素的有机衔接和良性互动，进而全面推进绿色治理体系和绿色治理能力现代化。

行政文化创新对服务型政府建设的影响 *

张韬　杨小虎 **

摘要： 行政文化作为行政管理活动的重要内容，是从文化的角度认识和研究行政管理工作，从文化深层次的底蕴来探讨行政管理高效化、制度化、法律化和科学化的途径。行政文化创新将积极带动整个行政体制和行政管理体制的改革和发展。为了适应服务型政府建设的要求，当前，中国的行政文化要从根本上进行创新，这些创新将有效推动政府行政模式的转变，从而加快中国服务型政府建设的步伐。

关键词： 行政文化创新；体制改革；服务型政府

　　行政文化作为行政活动的一种重要载体，是伴随着人类的行政活动而发展起来的一种与行政相关的文化。它是社会文化在行政活动中表现出来的一种特殊形式，包含人们行政行为的态度、信仰、感情和价值观，以及人们所遵循的行政方式和行政习惯等。具体来说，包括人们的行政观念、行政意识、行政思想、行政理想、行政道德、行政心理、行政原则、行政价值、行政传统等。中国目前的行政环境要求建立一种高效、注重服务、注重多方参与且具有法治理念的行政模式，这种模式表现在政府层面上就是服务型政府的建设。为了适应服务型政府建设的要求，当前，中国的行政文化要从根本上进行创新，而这些创新将积极推动政府行政模式的转变，从而加快中国服务型政府建设的步伐。

---

　　* 基金项目：辽宁省社会科学基金规划一般项目“建构网络协商民主的政治生态系统研究”（LI5BZZ005）；沈阳师范大学重大孵化项目“网络协商民主的政治生态系统及互动机制研究”（ZD201606）。

　　** 作者简介：张韬，沈阳师范大学管理学院教授，研究方向为政府危机管理；杨小虎，沈阳师范大学管理学院硕士研究生，研究方向为政府危机管理。

一、当代行政文化创新的意义及发展趋势

随着新经济时代的到来，加强行政文化建设和创新具有非常重大的现实意义。

第一，行政文化创新是塑造现代政府形象的重要途径。政府形象是人们对政府提供"公共产品"的直观评价和内心体验，是人们对政府客观存在的整体印象和自我认同，并且增加了人们对公共行政的信任度和支持度。良好的政府形象是政府宏观调控、市场监控、社会管理和公共服务可资利用的重要资源，是减少政策制定压力和政策执行阻力、提高政策评估动力和政策实施效益取之不尽的源泉。

第二，加快行政文化建设有利于行政改革的深化。行政文化是促使行政系统内部有效整合的凝聚剂。我国的行政改革不仅包括政府体制的革新、政府机构的精简和政府职能的转变，而且在更深层意义上还蕴含着行政文化环境的变革。行政文化建设能够引导行政改革的发展方向，可以保证行政改革沿着正确健康的轨道顺利发展，从而促进和推动行政改革的深化。

第三，行政文化创新是降低公共政策执行成本的有效手段。所谓公共政策执行成本，也称为"政策运行成本"，它既包括直接的实际耗费，也包含间接的财富损失，尤其是执行部门在实施政策中因宣传、解释、传达等所消耗的资源，以及政策对象抵制和削弱执行效率，加大政策投入而引起的损耗部分，加强行政文化创新有利于降低政策的执行成本。

第四，加快行政文化建设有利于提高行政人员的素质。行政文化是一种特殊的文化形态。一方面，行政人员按照行政文化的发展要求不断地塑造自身的心智，是"化人"的过程；另一方面，行政人员又在不断地通过提高自身的素质来创造和推动新的行政文化产生和发展，即"人化"的过程。行政文化建设的目标就是要提高行政人员的思想政治觉悟，增强他们的使命感、责任感、自豪感和主人翁意识。

因此，加强行政文化创新尤为重要。为充分适应建设服务型政府的要求，中国行政文化的发展趋势及走向主要体现在以下几个方面。

一是由管制型行政文化向服务型行政文化转变。向服务型行政文化转

变首先必须培养行政主体的服务意识，去除传统的官本位思想，建立服务理念。其次要建立广泛的全民参与监督机制。通过公民的广泛监督来提高行政主体行政管理活动的公开性和透明度，将传统的"暗箱操作"型行政模式转为公开透明型行政模式，使政府部门能够按照相关的制度、法规、程序来行使公共权力，从而表现出政府"服务大众"的态度。同时，也通过一系列措施的实施使服务行政文化在广大的行政人员中得到内化，提高政府公信力。

二是由集权型行政文化向参与型行政文化转变。所谓参与型行政文化，即要求在行政活动中，要让某种行政文化影响行政主客体积极参与到整个管理活动中。这种参与是以行政主客体的积极参与而非消极应付为特征的，而且行政客体对行政主体的行为内容及方式也会积极施加自己的影响。[①] 现代管理理论发展到今天，更加强调参与式的管理，以不断激发被管理者的能动力量。中国相应法律法规的颁布则是参与式行政文化被积极肯定和不断推动的体现。另外，这种参与式行政文化打破了以往集权型的行政文化方式，使行政活动主客体之间能够进行一个充分的交流，不再是权力高度集中的模式，而是使每一个成员都能够积极参与、共同探讨。

三是由人治型行政文化向法治型行政文化转变。党的十八届四中全会提出"全面依法治国"。当今中国已步入全面建设社会主义现代化国家的关键时期，传统的人治型行政模式必然要被法治型行政模式所替代，从人治型行政文化向法治型行政文化转变，首先要求政府的管理理念向法治文化靠拢，而这种法治文化更多的是表现在从政策的制定到实施的一系列程序间的合法性问题。其次对于管理者而言，要将法治精神作为一种常态化的标准融入日常的管理工作中，真正把"法"放在首位。

四是由松散低效型行政文化向高效型行政文化转变。在计划经济体制和高度集权的政治体制下，中国行政机关通常会表现出这一时期所特有的行政弊病，而这种弊病通常产生于低效行政文化，如政府不作为，行政效率不高。同时，行政部门还存在铺张浪费、形式主义、贪污腐败等问题。当前，随着中国经济社会的快速发展，传统松散低效的行政文化已不能适

---

① 姚玫玫：《论服务型政府建设中的行政文化创新》，《四川理工学院学报》2011年第6期。

应时代发展的要求。为了更好地适应现代化发展的需求，对于政府而言，迫切需要一种高效的行政文化来指导行政活动向着更为注重效率的方向前进，这也成为行政文化改革努力的方向。服务型政府要求行政部门具有高效的办事能力，这也使高效型行政文化成为推动服务型政府建设和发展的重要载体。

二、行政文化创新与服务型政府的关系

（一）行政文化创新是服务型政府建设的内在动力

服务型政府的最终目标是为人民群众提供高效优质的服务，这种行政理念是在行政文化基础上的不断追求和探索，是文化底蕴深层次的创新与发展。随着服务型政府建设的不断深入，政府对行政文化更为重视，行政文化所表现出的时代性、民族性、渗透性成为服务型政府建设的重要推动力，是建设服务型政府不可或缺的精神力量。

原有的行政文化主要服务于计划经济时期的管制型政府，这一时期的行政文化表现为官本位色彩浓厚、行政理念僵化、人治大于法治等，严重阻碍和制约了中国政府模式的创新。随着政府行政体制改革的不断深入，行政文化在一定程度上也进行了创新和发展，摒弃了行政文化的弊端，向着更为人性化、更为高效、更为灵活的方向发展。行政文化创新发展成为服务型政府建设的助推器，政府的行政管理模式从管制向服务的方向发展，这对服务型政府的未来发展将产生深远的影响。

（二）服务型政府建设是行政文化创新的积极成果

服务型政府建设是一个动态发展的过程。伴随着行政体制改革的不断深入，传统意义上的行政管理模式也在发生着巨大的改变。政府由过去管制型政府向服务型政府过渡，以往的行政文化将不再适应新型的管理模式，而为了寻求高效的行政理念，行政文化有必要进行创新发展，以紧跟时代发展的要求。行政文化创新过程既是一个不断追求高效型政府的过程，也是积极追求自我完善的过程。

党的十八届五中全会提出创新、协调、绿色、开放、共享的新发展理念。创建服务型政府是中国一项全新的系统工程，需要创新型行政文化的精神支撑和观念支持。服务型政府的动态建设过程不仅表明了中国追求有限行政的积极理念，同时也是行政文化创新的发展成果。事实上，通过行政文化创新可探索政府行政管理的正确价值取向，另外，也可以提高政府的道德自律及扩大权力公益的范围。

总之，行政文化创新与服务型政府建设是不可分割的一个整体，两者的关系可以用图1来加以说明。

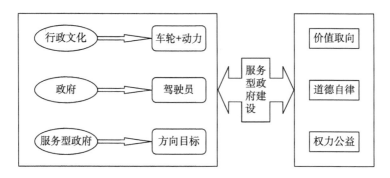

图1　服务型政府建设与行政文化创新的关系

三、行政文化创新推动服务型政府建设

（一）服务型行政文化有利于行政主体观念的重塑

传统管制型政府是高度集中的集权型模式。这时的行政主体更多地表现为采用行政命令的手段干预各个领域的活动。在这种行政体制下，行政文化仅是管制型政府的附属。随着行政体制改革及国家对政府权力的进一步下放，服务型政府建设成为当前行政体制改革的重要内容之一。为了更好地建设服务型政府，行政主体要不断强调"以人为本"、以人民为中心的服务理念。在服务型行政文化的积极推动下，行政主体要充分认识到自身的服务职能，要使各级政府机关工作人员都明确公共行政的根本目的是为了社会公共利益。服务型政府强调管理主体的多元化，政府不再是唯一的

管理主体。

政府应该在处理公共事务中懂得放权，要运用"分管结合"的管理模式将不好管、不该管和管不好的事情交给其他管理主体。党的十八届四中全会提出"全面依法治国"的治国理念，核心是处理政府与市场的关系，使市场在资源配置中起决定性作用和更好地发挥政府职能。

（二）参与型行政文化可以有效提升行政客体的参与意识

服务型政府建设是多方面的共同努力，只强调政府内部的变革是不足以完成向服务型政府转变的，有鉴于此，要将政府与人民群众的互动纳入服务型政府建设的过程中，让群众参与服务型政府建设。在传统的管制型行政文化下，行政主体采用"一刀切"的命令型管理模式，导致人民群众的主体地位不被重视，结果就是群众参与意识淡薄、参与力度不够，使服务型政府建设缺少外在动力。参与型行政文化是在传统行政文化基础上的一种重要创新，它本质上要求坚持以人为本的价值理念。通过鼓励人民群众及社会组织积极参与服务型政府建设，从而使人民群众及社会组织等行政客体参与意识和综合素质得到极大程度的提高。

首先，要加强人民群众的参政议政意识。参与型行政文化通过加强群众的思想政治教育，使其充分意识到自己在行政体制改革中的重要性，从而不断提高群众参政议政的主动性和积极性。其次，要保证行政主客体间沟通渠道的畅通，建立广泛的信访机制和网络媒介渠道。在当前大数据及云计算的信息化背景下，要充分利用计算机网络开通更加全面、更加便捷、更加迅速的沟通渠道，要将此种模式作为一种新型的管理模式进行推广和应用。最后，要不断完善政府的回应机制。"群众参与的积极性通过制度化的渠道输入给政府，这实际上是政府回应的一部分。"[1] 健全的政府回应机制，是对人民群众主人翁地位的尊重，是对行政客体积极参与的一种鼓励。政府只有对群众的意见和建议进行主动的回应，才能保证自己能够充分地满足人民的意愿和诉求，才能保证自己的政策措施符合人民群众的利益。服务型政府建设离不开行政客体的参与，只有在参与型行政文化的积极推

---

① 顾栋：《我国行政文化重构的若干思考探索》，《探索》2002年第3期。

动下，不断培育人民群众的参与意识，让其成为服务型政府建设的外在推动力，才能保证政府与群众之间的良性互动，才能推动社会不断发展。

（三）法治型行政文化有利于依法行政的规范性

服务型政府作为新型的治理主体更加强调依法行政的重要性。然而，传统人治型行政文化依然在人们的脑海中根深蒂固，如何摒弃人治观念、加强法治思想成为服务型政府建设的重要任务。在当前行政文化创新的背景下，要积极引导服务型政府依法行政的规范性。

首先，要在根本上去除人治思想，培养法治理念。法治行政的主要立足点在于对行政人员法律精神的培养。所谓的法律精神是指行政人员对于法治观念、法律平等关系的正确认识及在日常工作中运用的体现。这种法律精神是法治理念的核心组成部分，它可以促使好的法治环境的建立，增强政府的执行力度和规范度，同时也能提高政府的监督意识和质询能力。行政主体作为行政活动的主要责任者，其思维模式在一定程度上影响着政府的施政手段。当行政人员拥有良好的法治观念，在进行政府活动时则会将自己的行为约束在法律的规范之下，依法行政。其次，要不断完善法律制度，形成法治保障。服务型政府与传统意义上的政府的不同之处在于服务型政府将法律放在首位，强调法治的重要性。法治型行政文化要求政府不断完善相关的法律法规。

（四）高效型行政文化有利于政府责任机制的建立

服务型政府建设更加强调政府责任机制的建立。过去，行政人员普遍缺乏服务理念，他们将责任局限于自身，对周围的事物不管不问。这种态度是长期受消极行政文化影响的结果。新公共服务理论的代表者登哈特夫妇认为，政府的作用不在于掌舵而在于服务。因此，服务型政府建设要重塑政府的责任意识，通过高效型行政文化，政府及其公务人员要建立起相应的领导责任机制，用责任约束行政主体的缺位和越位行为。建立政府责任机制，首先，要将个人的职责落实到位，通过个人职责的落实进一步提高办事效率。应从以下三方面入手：其次，要将政府的职责扩大化。政府的职责不仅在于提高行政效率，更多的是为人民服务。因此，要将服务理念作为政府的行政文化。最后，要积极完善监督职能。政府的监督是双向监督，即政府在监督公民及社会组织的同时，也要接受这两者的监督，要将这种监督职能落实到位，保证政府行政不缺位、不越位。

服务型政府建设是对传统行政体制不能充分满足人民需要所进行的必然改革，它的形成和发展是一个长期的结果。在这个过程中，如何定位政府的角色，不断完善政府的职能是当前要解决的问题。同时，服务型政府建设也要有相应的行政文化来作为文化载体。

服务型行政文化作为新时代的一种重要的文化形式，是在传统行政文化的基础上不断变革发展形成的，它的创新推动了服务型政府建设。在这种创新型行政文化下，行政主体的观念及责任意识得到重塑，充分发挥了积极作用。行政客体通过行政文化的影响，充分意识到自己的参与责任，也可为服务型政府建设添砖加瓦。

中外行政文化
比较研究

福列特构建价值观驱动型组织的四重逻辑

周文彰　张薇 *

摘要：福列特作为百年前的管理学家，因独到且富有前瞻性的管理理论被誉为"管理学的先知"。她将构建价值观驱动型组织视为管理的理想状态和终极状态。价值观驱动型组织既是出发点，又是过程，更是结果，是个体与共同体走向融合统一的必然呼唤。价值观驱动型组织是福列特管理思想体系中至关重要的理论支撑。从组织的发展方向来看，福列特构建的价值观驱动型组织不仅是工具性的，更是终极性的，她的全部管理理论无一不指向这一命题。

关键词：价值观管理；融合的统一体；共享的权力

构建价值观驱动型组织是福列特全部管理理论的指向，她以价值观共同体、个体认知定位、关系思维下的融合统一体、共享的权力四个维度作为构建价值观驱动型组织的内容体系，为当今知识型经济环境下的管理实践提供了有价值的思路。

一、价值观驱动型组织的实体支撑：价值观共同体

共同体的性质决定了共同体的走向及个体发挥主观能动性的程度。福列特在对共同体的性质及其作用进行论述时指出，共同体产生之初无疑是为了帮助个体实现目标和价值，但是共同体的存在也可能成为限制个体意识和个体活动的枷锁，那么，将共同体视为以价值观为驱动的实体就成为

* 作者简介：周文彰，原国家行政学院教授，博士生导师；张薇，中国人民大学哲学院博士研究生。

把握共同体和个体之间关系的关键。

关于共同体与个体的关系问题，马克思从历史的角度出发，进行过精准的论述。马克思将个体与共同体的关系分为三个发展阶段：第一个阶段是以人的依赖性为特征的原始共同体状态，在这一阶段中，共同体把个体的力量凝结起来，发挥类的作用，通过群体力量实现个体无法达成的目标。第二个阶段中随着人类文明的不断进步，生产力进一步提高，共同体逐渐演化为超个体的实体，这种实体以国家、阶级等"虚幻共同体"的形式存在，个体活动受到共同体预设的规定性限制，成为为共同体服务的工具，这种"以物为基础的共同体"演变成阻碍个体发展的牢笼。而共同体与个体发展的第三个阶段是"建立在个人全面发展和他们共同的、社会的生产能力成为从属于他们的社会财富这一基础上的自由个性，是第三个阶段"。[①]这种以"自由人联合体"为存在形式的共同体是共同体的最终状态和必然状态，是通过人的主体意志的发挥内生出来的"民主联合形式"。显然，福列特着力构建的共同体属于第三种类型，是以价值观为驱动的动态整体，是个体与共同体在精神层面或更高层面有机融合的共生系统。

福列特构建的价值观共同体是在价值观驱动下形成的理性合作状态，是个体与共同体关系的一种新态势。这种新态势体现了共同体在同质性和同一性上的统一。它有别于家元共同体，并非存在于熟人社会，也不是个体意识对群体意识的混沌的、无意识的认同，而是在陌生群体中因价值观层面的融合而趋于统一的有意识的、合作精神的体现。它又不同于族阈共同体，并非通过外在的规章秩序而达成形式上的统一，而旨在构建符合人类理想的实质上的民主，是区别于工具理性的价值观层面的理性，是共同体与个体及他者间协同进化、相互融合、彼此服务的有机运行状态。

福列特构建的价值观共同体是一个动态的、有机的共生系统。在福列特看来，共同体的价值观是在共同体与个体的良性互动中，彼此互惠（reciprocal relating），循环反应（circular response），逐步走向融合统一的。受怀特海过程哲学的影响，她将个体与共同体的融合过程看作是一种关系思维下的互动机制，她强调，"个体是多种反应的统一。相互影响一方面构

① 《马克思恩格斯全集》第30卷，人民出版社1995年版，第107—108页。

成了组织，另一方面构成了个体：在这一持续而复杂的行动和反应中，个体和组织共同进化。或者，更准确地说，个体与组织的关联不是行动和反应，而是无线的互动，从而使个体和组织得以形成"①。个体依托共同体发挥其创造性，由个体价值观内生出共同体价值观，而共同体价值观又在互动中反哺个人价值观，形成了价值观共同体。这种共同体与个体的融合一方面是双方在存在形式上的彼此依赖与互惠，另一方面是价值观和目标上的循环反应与共生。在整合个体能力方面，价值观共同体既不像家元共同体那样利用天然权力来达到整合的目的，又不像族阈共同体那样通过契约的方式整合个体力量，而是通过价值观的融合发挥群体合力，实现价值层面和工具层面的双重整合。价值观共同体既实现了精神层面的统一，又具有形式上的民主，共同体与个体共享权力与目标，以合作的态度和服务的精神行使权力。规则、秩序在价值观共同体中依然发挥作用，却不再以禁锢个体意识、消磨个体差异的形式存在，共同体之于个体不再是束缚的枷锁或服务的工具，而是在价值观的融合中彼此造就。

在价值观共同体中，共同体之于个体同样兼具工具价值和终极价值，共同体对个体来讲不仅是手段，而且是个体存在的终极归属——价值观共同体中，个体间以合作的形式存在，个体在形式和实质上都拥有完整的生活以及把握生活的能力，从而成为真正的完整、独立、自由自觉的个体。在空间维度上，共同体之于个体有存在论的价值——没有人可以脱离组织独立生存。在精神层面上，人是依赖于组织并且渴望群体生活的，这种渴望并不仅限于物质上的相互依存，而是共同体的存在为人类提供了精神家园，激发了个体的创造力和融入精神。就像她在《动态管理》一书中举的例子那样，"一位工厂部门主管说过，我不是靠工资生活的人，我每天会工作很多小时；如果我半夜醒来，想到一个对工厂有益的点子，它也是属于工厂的"②。共同体对个体来讲不是外在的存在，而是由若干个体形成的融合统一体，"群体意愿通过自我实现和自我创造存在，并以一种更高级的、更

①　Follett M P, *The New State: Group Organization and the Solution of Popular Government* (London: Longmans, Green, and Co, 1918).

②　Follett, M P, *Dynamic Administration: The Collected Papers of Mary Parker Follett* (London; New York: R outledge, 2003).

协调的新形式出现"①，每个个体都可以视为共同体的代表，每个个体都是共同体的主人。

福列特将价值观共同体作为实体支撑。首先，她肯定了个体间的共同价值追求，一个人与他人能够形成共同体，一定是因为他们拥有共同的价值和目标，这是融合的基础；其次，她肯定了共同体之于人的作用，共同体是人完整和完善的根本，是人的生命之源，是人的全部自由和自我实现的基础；最后，她跨时代地提出了人类对美好生活的向往这一终极价值追求，并将它视为个体存在的意义和人类命运的归宿，在这一价值观驱动下，个体价值与共同体价值就合理、合法地走向了统一。

二、价值观驱动型组织的核心：个体认知定位

在"我"、"他者"和"共同体"的认知定位上，福列特强调要站在"他者"的立场思考问题。这是共同体中各要素是否能够有机融合，个体自由能否充分实现的关键。

首先，站在"他者"的立场是承认"我"与"他者"是作为独立的个体存在的，"我"与"他者"的区分并不是年龄、性别等自然属性上的不同，而是精神和物质需求上的不同。站在以自我为中心的立场上，"我"是中心，"他者"是为我所用的，是为实现"我"的目标而存在的工具。"他者"之于"我"只有符不符合要求、满不满足需求的概念，而没有正视"他者"的存在和需求的概念。而当在"我"之中开始引入"他者"的视角，承认"他者"并站在"他者"的立场上思考问题，那么，得到的就会是完全不同的结果。站在"他者"的立场是承认个体意识和个体需求的，是以肯定个体的主体意识为前提的，只有承认"我"与"他者"的个体性，才能有"我"与"他者"的立场之分。这种承认关系，重新定位了共同体中"我"与"他者"的关系，二者之间不再是冲突或矛盾的，而是相互承认和相互包容的，通过把承认"他者"作为自我认同的前提，从而赋予每一个"他者"以自我的地位，弥合"我"与"他者"之间的冲突，"我"即

---

① Follett M P, *The New State: Group Organization and the Solution of Popular Government* (London: Longmans, Green, and Co, 1918).

"他者"的"他者","他者"也是"他者"的自我。

其次，站在"他者"的立场打破了"我"与"他者"间的"中心－边缘"模式，既看到了"我"的立场，维护"我"的权利和利益，又能站在"他者"的立场，承认和肯定"他者"的权利和利益。从西方哲学的发展脉络来看，对他者话语的解读具有非常重要的意义。近代哲学史上，启蒙思想家提出了"天赋人权"的概念，人开始作为个体受到关注，人权取代神权走向中心位置，整个社会的组织建构都开始以人的主体性的发挥为重点。这种主体意识的觉醒和组织形态的变革无疑使压抑许久的个体诉求得到充分释放。然而，仅仅关注个体需求是远远不够的，因为当每个个体都作为一个"原子"而表达出个体需求时，"我"与"他者"的差异和矛盾就开始出现了。由于个体站在自我的立场上以"原子化"的形态存在于群体当中，这就必然在"我"与"他者"间形成"中心－边缘"的互动模式，这种以自我为中心的主体定位又把组织及组织中的个体引向了另一个极端，即自我矛盾的斗争形态。显然，这种斗争态势必将使人们将更多精力放在如何使组织及组织中的"他者"为我所用上，进而破坏人与人之间的良性交往，使组织陷入一种人人为己的失序状态。为了走出利己主义的迷沼，学者们试图在人与人的交往中引入道德与法律的向量，亚当·斯密在《道德情操论》中，强调人们在追逐个体利益时要同时保有一种利他原则，这样人类社会就会形成一种天然秩序，从而在利己与利他之间达到平衡。这种思想在当时的西方世界一直是一种主流思想，"经济人"对自我利益最大化的追求是可以在市场机制的作用下实现"我"与"他者"之间的利益均衡的，通过法律和道德的约束，人们的"利己"行为在客观上也会产生"利他"的结果。这一思想不仅合理解释和解决了个体意识觉醒导致的个体间的需求差异，同时更为"利己主义"的发展提供了强有力的理论支撑。但是，一方面，这种解决途径并没有消除"我"与"他者"之间的"争夺"关系，只是以法律和道德为工具在两者之间找到一个暂时的"平衡点"罢了；另一方面，从"利己"的视角出发，法律和道德就成为限制个体自由的枷锁，使利己主义变得不再"利己"。而对"他者"话语的重新认识，成就了一条全新的通往个体自由之路。对"他者"话语的肯定首先要从承认"他者"开始。只有承认"我"之外的"他者"，才能够关注"他者"的需求，解决"我"与"他者"之间的差异和冲突。查尔斯·泰勒的《承认的政治》一书中，就深刻地指出了"我"与"他者"之间的承认关系："我们的认同部分地是由他者的承认构成的；同样地，如果得不到他者的承认，或者只是得到他者扭曲的承认，也会对我们的认同构成显著的影响。"① 也就是说，当"我"在承认"他者"的时候也需要得到"他者"的承认，而"他者"对"我"的承认程度也将使"我"对"他者"的承认产生影响。人与人之间就是在这种承认与被承认的过程中建立联系的。这种以承认为前提的互动，虽然仍是以自我的主观意识为出发点的，但是在立足点上却发生了根本的转变。"我"不再作为世界的中心存在，"我"的存在意义和存在价值是由"他者"的承认得以实现的，"我"要承认"他者"，同样"我"也要作为"他者的他者"而被承认，因此，"我"对自己的自我认同也是要通过"他者"的承认才能够实现。

最后，站在"他者"的立场是以"我"与"他者"的组织性为前提的。在讨论"我"、"他者"与"共同体"的关系时，福列特更强调共同体与个体的共同进化和共同成长。"一个人的个性由什么组成？由他与整体之间的关系组成，而非由他的分离或差异性组成……我之所以成为个体，不是因为我不与他人接触，而是因为我是他人的一部分。"② 值得注意的是，这种对"他者"的承认和站在"他者"的立场并不是"我"与"他者"的趋同或一致化。承认关系可以有两种类型。一种是将"他者"视为与"我"相同的存在，是对"组织"和"他者"的一种毫无主观意识的认同状态，这种认同是非理性的认同，人们之间的交往不是基于交往主体的承认而实现的，而是通过对共同体中的地位、身份的天然认同而形成的。在这种以认同关系为主导的共同体中，组织、个体、他者之间的区分是模糊的，组织是以"我们"的形态存在的。因此，尽管"我们"作为一个群体有着相同的价值观，但是，这种同质性是以否定个体意识和个体差异为前提的，是机械式的统一。在这种认同状态下，是不可能实现个体自由和平等的，它作为同质化的群体先天就缺乏着构建融合统一的价值观共同体的基本条件。另一

---

① 查尔斯·泰勒：《承认的政治》，生活·读书·新知三联书店2005年版。

② Follett M P, *The New State: Group Organization And The Solution of Popular Government* (London: Longmans, Green, and Co, 1918).

种是承认"他者"作为与"我"不同的个体存在，福列特反对趋同性的认同而肯定个体间的差异，也就是说，站在"他者"的立场并不是"我"与"他者"的趋同过程，而是求同存异，在差异中看到彼此，在差异中融合彼此的过程。

站在"他者"的立场这一全新定位使个体自由自觉地融合成一个新的共同体。在这个融合统一的共同体中，"我"、"他者"及"共同体"的关系发生了根本的转变，个体在意识到自我需求的同时能够看到并承认"他者"的需求，与"他者"形成平等合作的关系，并自由自觉地融入组织目标。尽管个体间的差异和冲突仍然存在，但是由于个体间的斗争关系发生了根本转变，因此，这种差异和冲突也会依据情境规律（law of situation）找到适合个体和共同体的最优解，从而在化解冲突的过程中进一步增进共同体、个体与"他者"的有机融合。

福列特站在"他者"的立场这一认知定位为共同体中的个体关系问题提供了新的思考方式，她克服了"我"的立场的局限性，将"他者"视为"我"的一部分进行整体思考，既然"他者"是"我"的一部分，那么"我"对自己的向善之心就会延伸到"他者"身上，以"我"心去度"他者"之心，用"将心比心"的换位思考，在个体、"他者"和共同体之间搭起新的桥梁。

三、价值观驱动型组织的本质：关系思维下的融合统一体

将共同体视为关系思维下的融合统一体（integrative unity）是福列特构建价值观驱动型组织的本质，也是她的管理思想中共享的权力、建设性冲突、循环反应等要素得以实现的基础。

福列特强调，关系是以个体为构建基础的，首先是个体与共同体、个体与"他者"、个体与客观环境产生关系，进而引申出共同体间的关系、共同体内部各要素的关系、共同体与外部环境的关系。对个体的主体性的肯定，是个体与共同体、与外部环境、与"他者"之间彼此融合的前提。在这种主体认知下，个体之于共同体不是自利的，共同体之于个体不是利他

的，而是在互惠中彼此融合，你中有我、我中有你的关系。当组织中的每个个体都意识到自己与共同体中的其他要素之间是一种互惠关系时，那么他必然会以一种积极的态度去面对共同体及"他者"，这种关系思维导致的"心理革命"是构建价值观驱动型组织的基础。另外，福列特所指认的关系思维，不是单向的线性关系，而是彼此影响，通过循环反应，相互促进的关系，这种关系是一个动态的反应过程，任何一个要素的改变都会影响共同体的发展方向。"关系中的我"通过发挥主体意志影响共同体中的其他要素，要素受到影响发生改变，这些改变又将反作用于"关系中的我"，共同体中的每个个体都在每时每刻地以这种形式与其他要素进行互动，形成循环反应。个体在与共同体各要素的相互影响中实现其价值与目标，任何个体的价值观与行为方式对共同体来讲都不是毫无关联或无关紧要的，正是这种非线性的互动关系推动着共同体的发展，共同体的发展目标与发展方向是所有个体的价值观与行动的合集。在这种关系背景下，个体目标与共同体目标在互动中趋于统一，"人际交往中不应带有事先的意图。每一种关系都应是自由的，目的随之逐渐产生。我们不应刻意追求任何东西，这是警示。……当我们把结局看作过程的一部分，而非空泛的意愿时，我们看到自己不能选择结局，这会让我们选择一个原因去坚持。我们现在的责任更重大，道德更高尚，除了更大的自由，生活要远比这些丰富。人们并没有放弃选择，只是让它在过程中退后了一步"①。

福列特对关系思维下的融合统一体"是什么"进行了细致的描述，那么，这样协调统一的有机系统如何构建呢？福列特同样在实现路径上给出了明确的答案。第一步，要直面冲突，冲突不是矛盾双方的对立，而是建设性的冲突。正所谓不破不立，正是这种创造性的破坏，成为组织融合统一、协调发展的内在动力。第二步，利用情境规律，也就是客观环境，作为解决冲突的依据和出发点。消除矛盾不是靠牺牲整体或个体的利益，而是通过对客观环境的把握，找到最有利于满足各方利益和整体发展方向的解决途径。第三步，利用群体责任调和集权与分权。福列特特别强调了关系思维下的共享权力，"当一名合作管理者影响你时，你也可以影响他；工

---

① 玛丽·福列特：《福列特论管理》，吴晓波等译，机械工业出版社2007年版。

人有机会影响你，你也有机会影响他；人们一直存在互动的影响，那么共享的权力就会建立"[①]。共享的权力并不是人人享有平等的权力而各行其是，而是以共同的价值观为目标而内生出的权力，是相互作用、协同进化的产物。责任不是由管理者根据工作岗位随意分派的，而是让组织中的每个个体都意识到并承担群体责任，这一群体责任是以构建融合的统一体为目标的；组织中的每个人都有着相同的责任，并共享权力，每个人的行动准则都不是利己的，也不是利他的，既不是从孤立的自我的角度出发，也不是被动地服从命令听指挥。第四步，形成职能性整体。以情境规律为基点，依托群体责任实现职能的重新分配，使组织中的每个个体都能够在价值观的驱动下发挥各自的管理能力，履行各自的使命。管理者的职能是整合与协调，而不是发号施令。

福列特的关系思维是对共同体中各要素间客观关系的真实反映。马克思指出，人的本质是一切社会关系的总和，人的存在不仅因为他的实体性，更因为他的主体间性，这样，对共同体关系的整体思考就成为个体发展的必要条件；另外，人的目的意识性是由人的社会关系决定的，人的社会属性使关系思维成为维系共同体和个体发展的钥匙，所谓"牵一发而动全身"，在认识和把握每一个个体的时候，都需要从关系思维入手，审慎地对待，而不能孤立、片面地思考问题。

四、价值观驱动型组织的关键要素：共享的权力

从哲学的维度来看，任何共同体都是趋于统一的，然而不同的权力导向对共同体的性质和走向有着至关重要的影响。福列特认为，对权力的合理把握是构建价值观驱动型组织的关键要素，它关系到个体在多大程度上参与组织运行。

权力的分配方式有三种：凌驾的权力、均等的权力、共享的权力。凌驾的权力是将组织中的权力视为"此消彼长"的关系，管理者是组织的实际掌控者，是主人，他通过身份的制度化来掠夺并彰显权力，使劳方被动

[①]　Follett M P, *Creative Experience* (New York: Peter Smith, 1924).

地接受命令，听从指挥，从而在管理方式上形成一种命令与服从的主仆关系。在福列特所处的时代，管理学刚刚作为一个学科出现，它的理论指向还仅仅局限在如何帮助管理者消除劳资双方的物质利益矛盾，解决劳方消极怠工的现状。在这种现实背景下，权力往往与层级共生，管理者作为组织的领导者天然拥有更高的权力来发号施令。而均等的权力是将权力进行机械化的平均分割，是为了对抗权力的过分集中而形成的形式上的民主，组织中的每个个体都享有均等的一份权力。福列特特别强调共享的权力，她指出，权力均等化意味着给公平斗争提供条件，而共享的权力是一项目标，也是一种统一，在允许各种差异的同时，不仅有效体现了个体的价值，又避免因权力的均等化而产生制衡与冲突。共享的权力不是将管理者的权力"下放"给每位员工，不是由管理者限定每个人能够在多大程度上行使权力，更不是简单地将管理者的权力切割平分给每个人，而是共同体中的每个人都能够根据自己的职责来享有权力，它是根据职能需要内生出来的自生的权力，是最大限度地发挥个体的主观能动性的权力。"我们的任务不是学会配置权力，而是如何形成权力……真正的权力只能逐渐产生，它会从独裁者的手中溜走，因为真正的权力不是强制性的控制，而是共同作用的控制。强制性的权力会给大家带来不满，共同作用的权力则丰富和提升每个人的灵魂。"[①]企业的有效运行依靠的是每个人对组织的共同控制（coactive control），每个人都可以在自己的岗位上发挥创造性，组织的未来要靠每个个体积极发挥其主体作用，共同协作。共享的权力意味着每个人都是组织的主人，这种主体性体现在组织中的每个个体身上，每个人都可以在组织中发挥主体意识，每个人都是命令的发出者也是接受者。权力的存在以其服务的精神取代控制导向，以合作的态度包容差异，从而在形式上打破科层制的束缚，使主体意识的发挥具有合法性，在实质上肯定个体意识和个体价值，实现组织与个体价值观的共享。

这种共享的权力在当时乃至现在的管理理念中仍是十分先进的。在权力的来源上，她打破了凌驾的权力中权力与职级共生的关系，而将权力与职能挂钩，组织中的个体不是根据职位有限地参与管理，而是依据客观环

---

① Follett M P, *Creative Experience* (New York: Peter Smith, 1924).

境和共同的目标，通过权力的整合发挥个体最大价值，使组织成为共享权力和目标的共同体。

从领导观的角度看，共享的权力并不意味着组织不再需要管理者或管理者将无法发挥作用。福列特认为，在共享的权力模式下，管理者的权力不是来自他的职位或他的权威，而是来自共同的目标。"最优秀的领导者并不要求别人为他服务，而是为共同目标服务。最优秀的领导人没有追随者，而是与大家一起奋斗。我们发现如果领导者不常发号施令，而专家不限于建议的工作，下属（包括经理和工人们）会对领导力产生不同反应。我们希望鼓励合作的态度，而不是服从的态度，只有当我们在为一个如此理解并定义的共同目标奋斗时，才能达到这种效果。"[1] 在福列特看来，管理者的首要职能是整合。管理者发布的命令是关联方与情境的整合，是依据情境规律发出的客观化的命令。"管理者不能与区域主管、领班或者工人分享权力，但他可以提供机会，让他们形成自身的权力。职能也许需要重新分配……重新分配职能的目的应是如何产生更多的权力——可以扭转形势的权力。我们的目标应是更多的权力，而非权力的划分。"[2] 因此，这种共享的权力实际上并没有使管理者的权力削减，相反，它可以帮助管理者更好地把握方向，整合资源。并且，管理者的适时介入也不会剥夺工人的权力，而是为工人提供更多的机会，使他们更有效地行使自己的权力。

福列特提出的共享的权力观点，一方面，通过权力的配置从根本上撼动了层级制的管理结构，将"你多我少"的权力斗争态势变为"有权就有责"的责任意识，让权力与职责相当，一个人拥有权力并不意味着他有更多发号施令的资本，而是他更有责任为共同体的目标贡献价值。另一方面，共享的权力是共享经济时代的必要产物，也是必然产物，当前，组织所面临的外部环境的开放复杂性和内部资源的多维变化性对管理实践提出了更高的要求，共同体中的每个个体都需要有权依据职责和情境规律作出快速、有效的反应，这就使共享的权力成为必然呼唤；另外，共享的权力激发了个体的主人翁意识，使每个个体之于共同体都有一种"与有荣焉"的荣誉

---

[1] Follett M P, *Creative Experience*（New York: Peter Smith, 1924）.

[2] Follett M P, *Creative Experience*（New York: Peter Smith, 1924）.

感和使命感，这是激发个体活力的关键。

德鲁克说，管理的未来将是有组织无结构。福列特从"他者"的立场出发，以价值观共同体为实体支撑，以共享的权力为关键要素，将组织视为关系思维下的融合统一体的管理思维转型，为组织有效应对变革、激活个体、引领创新提供了新的路径选择。

中国特色社会主义行政价值与世界共同行政价值的关系探究 *

薛刚 **

摘要：世界共同行政价值是人类对公共行政的共识性期望与追求，包含民主、公平、法治、公开等价值理念。中国特色社会主义行政价值在社会主义核心价值观的统领下，在探索中国特色社会主义道路和我国行政实践经验的基础上得以形成，是人民至上、民主、公平和法治等理念的统一。世界共同行政价值与中国特色社会主义行政价值在总体上形成了共性与个性的关系，在具体内涵上既有重合，又相互补充。处理好二者关系应分类探讨、差异施策：持续贯彻民主公平观，落实行政法治理念；吸收共同行政价值的公开理念，丰富中国特色社会主义行政价值内涵；坚持人民至上观，为世界共同行政价值增添中国智慧。

关键词：中国特色社会主义行政价值；世界共同行政价值；共性与个性；行政价值观

  党的十九届六中全会总结了党领导人民进行伟大奋斗过程中所积累的宝贵历史经验，其中重要的一条便是"坚持胸怀天下"[①]。在开启实现第二个百年奋斗目标的新征程中坚持胸怀天下的历史经验，要求我们进一步思考中国与世界的关系问题，放在行政价值的视野下就是中国特色社会主义行政价值与世界共同行政价值的关系问题。如何理解世界共同行政价值与中国特色社会主义行政价值，如何看待并处理中国特色社会主义行政价值

  * 基金项目：2021年度中国行政体制改革研究会行政改革研究基金资助项目"深化中国特色社会主义行政文化建设研究"（2021CSOARJJKT011）。

  ** 作者简介：薛刚，中央党校（国家行政学院）副教授，中国行政体制改革研究会行政文化委员会副主任，研究方向为反贫困政策、公共决策、行政文化。

  ① 《中共十九届六中全会在京举行》，《人民日报》2021年11月12日。

与世界共同行政价值的关系，如何在世界行政价值潮流中实现中国特色社会主义行政价值观的与时俱进和丰富发展，如何为世界共同行政价值贡献中国元素和中国智慧，都值得深入思考和探索。

一、世界共同行政价值的提出

2015年9月，习近平同志在出席第七十届联合国大会一般性辩论时首次提出，"和平、发展、公平、正义、民主、自由，是全人类的共同价值"[①]。此后，习近平同志在纪念中国人民志愿军抗美援朝出国作战70周年大会、世界经济论坛、博鳌亚洲论坛、庆祝中国共产党成立100周年大会等国内国际不同场合多次对"全人类共同价值"思想进行深刻阐述。习近平同志强调，"人类生活在同一个地球村里，生活在历史和现实交汇的同一个时空里，越来越成为你中有我、我中有你的命运共同体"[②]。人类文明具有多样性，每一种文明都是独特而不可替代的，但不同文明之间一定存在着共同的价值观念和价值认同。"全人类共同价值"是从"人类命运共同体"出发，在承认不同民族、不同国家地区的人们具有不同价值观的基础上，基于人类共同利益所提出的符合时代发展潮流的理论创新，是不同文明中价值追求的最大公约数，是推动构建人类命运共同体的思想基石，是全人类的共同追求目标[③]和建设美好世界的正确理念指引。

公共行政是国家行政机构依法管理社会公共事务的有效活动。价值是公共行政的灵魂。[④]行政价值定位是指导性与倾向性的，尽管不是物理存在，但却时时刻刻影响与主导着政府公务员的诸多看法和做法。因此，行政价值理念是政府治理考量和运行的动力和精神内核，为政府治理现代化提供了基本的价值遵循。行政价值贯穿行政管理认识与实践的全过程，政府治

---

① 习近平：《携手构建合作共赢新伙伴　同心打造人类命运共同体》，《人民日报》2015年9月29日。

② 习近平：《顺应时代前进潮流　促进世界和平发展》，《人民日报》2013年3月24日。

③ 叶险明：《"共同价值"与"中国价值"关系辨析》，《哲学研究》2017年第6期。

④ 弗雷德里克森：《公共行政的精神》，张成福等译，中国人民大学出版社2013年版，第107页。

理始终围绕着行政价值选择而展开与进行。以公共行政价值观演变为例，古典公共行政理论将公共行政看作一种技术化、工具化的工作，用以实现政治意志，从而倡导以效率为主的公共行政价值取向；20世纪60年代末至70年代初的新公共行政时期，学者们对效率至上的行政价值观进行反思，倡导公共行政的公共性和平等性，强调公平的行政价值观；20世纪70年代至80年代，以管理主义思想为主要特征的新公共管理运动又将效率优先视为公共行政的价值追求；自20世纪90年代至21世纪之初，新公共服务理论认为公共性、服务性、民主性是公共行政应具备的价值观念。

不难发现，在人类的公共行政历史中，不同的发展阶段、不同的国家和地区有着不同的行政价值偏好。但不可否认，"人类命运共同体"对于公共行政有着共性利益需求，这种共同的利益取向孕育出了行政价值共识，世界共同行政价值在现实社会的广泛实践和学界的长久讨论中得以形成，包含了民主、公平、法治、公开等价值理念，它既是全人类对公共行政的共识性期望与追求，也是公共行政主体开展公共行政活动的价值指导和理性后盾。①

二、中国特色社会主义行政价值内涵

改革开放以来，在探索中国特色社会主义道路的征程中，在社会主义核心价值观的统领下，在我国政府治理实践和经验的基础上，中国特色社会主义行政价值得以形成发展。中国特色社会主义行政价值包含人民至上、民主、公平、法治等理念，是我国行政价值领域的最大公约数，始终服务于建设中国特色社会主义的伟大事业。

（一）人民至上理念

人民是我国政府权力的来源。我国宪法明确规定，中华人民共和国的一切权力属于人民。中华传统智慧中就言"民惟邦本，本固邦宁"。人民至上是中国共产党百年辉煌历程的主旋律和宝贵经验总结，是党的根本政治立场，是新时代党的初心使命、核心价值旨归和以人民为中心的发展思想

---

① 金太军：《西方公共行政价值取向的历史演变》，《江海学刊》2000年第6期。

的生动表达，更是党领导下的政府一切行政活动的根本遵循。从"全心全意为人民服务"、"三个代表"重要思想、"立党为公，执政为民"、"权为民所用，情为民所系，利为民所谋"到"人民至上"，党和政府始终高度重视和关注人心向背，始终本着对人民群众的深厚情怀，坚持人民主体地位，以最广大人民的根本利益为最高标准，将人民的生命利益、财产利益和发展利益放在至高无上的位置。人民至上的政府治理理念是中国特色社会主义行政价值的核心内涵，影响和规范着政府官员的思想活动和行政实践全过程。新时代新征程，坚持和实践好这一理念，密切关注、深入了解和及时回应广大人民群众对美好生活的向往和追求，人民政府的旗帜就会高高飘扬，"人民政府为人民"的深厚底蕴本色就不会须臾黯淡。

（二）民主理念

民主是全人类共同价值，也是世界共同行政价值。民主理念是自新民主主义革命以来，中国共产党便始终不渝坚持的重要理念。中国的民主是人民当家作主，人民是国家的主人。在中国共产党的领导下，各级政府将民主理念倡导并贯彻于行政实践之中。尤其是党的十八大以来，将全过程人民民主作为新时代人民民主的新形态予以大力推进落实，实现包含政策议程设置、制定、执行和评估等各个环节在内的全过程全链条民主参与。各级政府转变唯上是从、高高在上等封建残余思想和做法，通过开门问计、决策咨询等多种形式，进一步拓宽畅通公众参与公共决策的渠道，广泛听取并尊重专家学者意见和广大民众意愿诉求，使行政、经济、社会、技术、法律等知识信息能够更为充分地输入政策制定过程，提升政策制定质量。更为重要的是，政府秉持的民主理念和切实欢迎公众参与和监督的实际做法，极大地增强了公众的获得感、满意度和原动力，真正让人民群众从内心深处感受到自己在政策制定和公共治理中有参与权、表达权和发言权，感受到自己是国家和社会的主人，是在当家作主，而不只是一味地被动服从政府管理和响应政府号召。

（三）公平理念

孔子在2000多年前就深刻地洞察到，人们"不患寡而患不均"。而在当代，大量的实验研究结果表明，人们在自利偏好之外还具有公平偏好，在追求经济收益时还会关注收益分配或行为动机是否公平。中国共产党以马克思主义基本原理为基础，植根中华优秀传统文化，立足中国具体国情，将维护社会公平正义作为治国理政的重要价值取向。在党的全面领导下的政府治理体系也在行政制度和行为中将公平理念作为指导性理念予以贯彻落实，通过对经济体制、社会体制、行政司法体制等方面的深入改革，不断协调、整合和合理分配公民的各项权利和各种利益，以切实保障每个社会成员有效行使平等权利，均衡实现不同行政客体应有的利益需求，满足所有个体生存和全面发展的基本需要。[①] 政府贵在公平，公平正义是以理服人化解各方矛盾、维护社会长期稳定和保持可持续高质量发展的基本前提和重要基石。党的十八大以来，各级政府在继续努力使全体人民共享改革发展成果的同时，更加重视新时代消除不平衡的问题，更加注意在全面推进现代化进程中着力维护社会公平正义，促进社会和谐稳定。

（四）法治理念

法治理念在对"文化大革命"中法律意识丧失的深刻总结与反思下得以形成和发展。1978年12月，邓小平同志在党的十一届三中全会上讲话指出，"为了保障人民民主，必须加强法制。必须使民主制度化、法律化，使这种制度和法律不因领导人的改变而改变"[②]。1993年，"依法行政"第一次写入了《政府工作报告》。1997年，"一切政府机关都必须依法行政"写入了党的十五大报告。1999年，"依法治国，建设社会主义法治国家"写入《宪法》，标志着国家治理理念的重要转变，国家不但要强化法律法规建设，而且要从根本上摒弃人治传统的治理方式。党的十八大以来，习近平总书记指出要全力推进"法治中国"建设。2015年印发实施的《法治政府建设实施纲要（2015—2020年）》和2021年印发实施的《法治政府建设实施纲要（2021—2025年）》为进一步牢固树立依法行政理念、在新发展阶段持续推进依法行政发挥了重要作用。可以说，法治理念始终伴随着中国特色

---

① 周庆国：《行政公平的基本涵义和内在意蕴》，《中国行政管理》2010年第2期。
② 《邓小平文选》第2卷，人民出版社1994年版，第146页。

社会主义行政价值形成发展的全过程。

三、世界共同行政价值和中国特色社会主义行政价值的关系

（一）总体关系：共性与个性

当前，世界各国存在着多种多样的政府体制，行政实践也各有差异。世界共同行政价值乃自全人类共同利益着眼、超越政府治理区别、包容众多国家民族行政文化的价值显示，承载着人类关于政府治理的共同思考。笔者认为，世界共同行政价值和中国特色社会主义行政价值是共性和个性的关系，对世界共同行政价值与中国特色社会主义行政价值的关系可以作如下理解。

首先，世界共同行政价值乃于各国政府治理价值中凝聚共识而成的具备普及性价值的理念，世界共同行政价值在世界各国行政价值中存在并体现其共性。也就是说，以中国特色社会主义行政价值为例的世界各国行政价值所包含的共通意蕴产生了世界共同行政价值，这便表示出各国行政价值产生于前，世界共同行政价值凝结共识于后。中国特色社会主义行政价值一方面体现了世界共同行政价值意蕴，另一方面同时具有中国风格气派的独特理念，实现世界共同行政价值的路径也会依据中国国情而选择。包含于中华优秀传统文化与国家治理体系中的中国特色社会主义行政价值若能持续充实升华，形成具备普及性价值的理念，也可以给世界共同行政价值增添新的构成要素，为世界共同行政价值增添清源洁流，充实世界共同行政价值的意蕴，更充分发挥其价值准则与引领功能。与此同时，在对法治、民主、公平等世界共同行政价值的施行过程中，可以促进世界共同行政价值产生更高层次更深境界的感召力，在同其他国家行政价值观的沟通和交往中，可以实现更广泛的共识，增强世界共同行政价值的存在根底。

其次，中国特色社会主义行政价值也非弃脱于世界共同行政价值而孑立独存的，中国特色社会主义行政价值的意蕴与前行应了解、参考与汲取世界共同行政价值理念；疏离了对世界共同行政价值的存眷与向往，我们

或许有偏离人类行政文明前进全局定位的可能。世界共同行政价值的创设根本乃世界人民。当主张世界共同行政价值时，要珍视各国人民对价值意蕴的理解与对价值达成方式的寻求，鼓励各国行政价值特色百花齐放。我国的政府治理实践正是吸纳了民主、法治、公平等先进理念，积极倡导共同行政价值理想，并与我国历史和现实国情相结合，才更好地向世界开放、融入世界，取得了政府治理领域和改革开放的伟大成就。

最后，世界共同行政价值和中国特色社会主义行政价值的共性和个性的关系，决定了两者的辩证性与统一性。提倡世界共同行政价值，不应削足适履变成死板的教条主义；弘扬中国特色社会主义行政价值，也不应停滞不前变成局限的经验主义。中国特色社会主义行政价值一方面展现了社会主义的中国特点，另一方面也显示了世界共同行政价值的总体宗旨。

（二）内涵关系：重合与补充

从具体内涵上看，世界共同行政价值与中国特色社会主义行政价值既有重合，又可互为补充。

民主、公平、法治是世界共同行政价值与中国特色社会主义行政价值所共同包含的价值理念，属于二者重合的部分。民主、公平、法治的行政价值观是世界各国在自身行政历史实践中所形成的具有人类共性的价值，同时又为中国特色社会主义行政实践所倡导。值得注意的是，中国特色社会主义行政实践中所倡导的民主、公平、法治理念在具体的落实中又有所区分。其中，民主观和公平观能够在我国政府治理中实现倡导和落实的统一，全过程人民民主实现了过程民主和成果民主、程序民主和实质民主、直接民主和间接民主、人民民主和国家意志相统一，实现了全链条、全方位、全覆盖的人民当家作主。[①] 同时，人民依法平等享有广泛的权利和自由，广大人民群众公平共享改革发展所带来的物质财富、文化成果、公共服务和良好生态等。法治观念长期以来一直为党和国家所大力倡导，但在基层政府工作中落实仍显不足，人治思想依旧在或多或少地影响着政府治理实

---

① 《中国的民主》白皮书，中国国务院新闻办公室网站，http://www.scio.gov.cn/zfbps/2fps_2279/202207/t20220704_130713.htm。

践，领导的看法优于高于法律法规、法律法规是用以管理社会的手段而非规范政府行为的规定等思想残余仍存在于部分政府官员的价值认识中，领导干部心中无法、以言代法、以权压法的现象依旧存在于基层行政工作之中，基层政府以法治思维与法治方式推进改革开放、促进发展、消弭矛盾纠纷的能力还亟须进一步提高和增强。

公开是世界共同行政价值的重要组成部分，能够为中国特色社会主义行政价值提供有益而必要的补充。信息公开在现代政府治理中具有非常重要的位置，被普遍看作现代政府的基本理念与底层制度安排，当今已有50多个国家和地区通过立法的形式确立了政府信息公开制度。① 我国自2008年5月《中华人民共和国政府信息公开条例》施行以来②，政府信息公开工作走上了制度化、规范化的发展大道，政府信息公开取得了长足的进步，广大公众获取政府信息较之前广泛便利快捷了很多。然而，受管理思想和行政主体自利性的影响，我国政府信息公开实践一直体现着浓厚的保密意识③，公开理念尚未成为政府治理体系中被广大公务员所内在认同和大力践行的行政价值观，以公开为常态、不公开为例外原则的要求并未得到充分贯彻，公开越多、做事越难的纠结顾虑与管制型思维仍较为普遍地存在着。公开是现代政府治理的核心，是主权在民的内在要求，是保障政府权力合乎法与德的要求④，是建设人民满意的服务型政府的必然要求，也是政府自信担当的基本体现。对于为人民服务、对人民负责、受人民监督的人民政府来说，中国特色社会主义行政价值应借鉴吸收世界共同行政价值中的公开理念，进一步深刻认识公开理念在实现政府治理现代化中的重要地位和作用，在行政管理实践中更好践行和体现公开理念，从而实现自身的超越、丰富与发展。

人民至上，不仅是中国共产党团结和带领中国人民进行百年伟大奋斗

---

① 薛刚：《我国现代政府制度建设的问题与对策》，《中州学刊》2016年第8期。

② 2019年4月3日中华人民共和国国务院会议第711号修订，修订后的《中华人民共和国政府信息公开条例》自2019年5月15日起施行。

③ 王锡锌：《政府信息公开制度十年：迈向治理导向的公开》，《中国行政管理》2018年第5期。

④ 郭艳：《公开与保密：政府信息制度战略平衡研究》，《情报杂志》2018年第5期。

的宝贵历史经验和原则坚守之一，也是新时代中国特色社会主义制度的根本价值取向和中国特色社会主义行政价值中所包含的极具特色的内容，它向世界各国和人民展示了"中国之治"的人民自觉、人民承诺、历史文化底蕴和话语强音。坚持人民至上，就是深刻体认人民群众是历史的创造者，坚持民心指向至上、人民地位至上、人民生命至上、人民标准至上、人民利益至上等，始终维护最广大人民群众的根本现实利益。这一现代文明理念所充分凸显的民重官轻思想、民本民先意识和家国叙事与境界担当本身就蕴含着能够由中国"特色"发展为世界"共同"、被世界各国政府和人民所普遍接受与广泛认同的理念元素和中国智慧。这需要各级政府在新发展阶段继续坚守人民至上的崇高理念，敬畏人民赋予的领导权力，虚心接受人民对自己工作的评判，进一步丰富发展其理念内涵并切实转化为治理效能，按照守正创新的要求创新内容表达和传播方式，在对外交流互动中以世界其他国家所容易理解和认同的灵活多样的方式对其进行充分贴切的传播与解读，将人民至上的声音和实践传播得更广更远，在为世界共同行政价值增添新的价值元素和中国智慧的基础上推动世界共同行政价值继续向前发展。

四、处理好世界共同行政价值与中国特色社会主义行政价值的关系

（一）持续贯彻民主公平观，落实行政法治理念

民主观和公平观是世界共同行政价值和中国特色社会主义行政价值所共同倡导的积极理念，并在中国政府治理体系中行政主体的具体行政行为中得以落实。为持续实现民主公平观的落地实效，推动民主公平观在世界范围内形成更大范围和更大程度上的影响力，强化其存在基础，各级政府应在符合中国国情、根植中国大地的政府治理实践中巩固发展民主和公平的价值追求。一方面，进一步丰富拓展人民权利的内涵与外延，确保人民真正享有广泛权利；坚持全过程人民民主，扩大人民有序政治参与，保证人民依法实行民主选举、民主协商、民主决策、民主管理、民主监督；努

力拓展政策空间，让普通大众在公共事务中拥有更多的选择权与余地。另一方面，持续构建切实有效的公平正义制度保障，持续倡导共享发展理念，改革收入分配制度，扎实稳妥推动全体人民共同富裕；大力推进基本公共服务均等化，推进教育、医疗与养老公平；深化行政司法体制改革，努力让人民群众在每一个司法案件中都感受到公平正义，切实维护好社会公平正义的最后一道防线。

法律是公权力控制和政策稳定的基础，是公共权威的象征。行政法律法规用以规范政府公权力运用，保护个人合法权利不受政府及其工作人员非法侵犯，行政法治观念是一切良好行政行为的前提。自改革开放以来，党和国家便不断树立和倡导法治思想，历经40余年，依法治国观念深入人心，行政法治理念也得以不断发展。然而，法治理念的贯彻落实仍需要各级政府的不懈努力。要坚持法律主治的根本原则，法律内容应精细精确、具有可操作性，防止法律内容空泛；法律的规范结构应尽可能完整，法律责任也应允当完备，维护法律的至上性，对公权力实行真正有效的约束。政府公职人员应秉持依法行政的基本理念，成为立法、普法以及守法的实践者和领头人，信法、学法、守法、用法，增强对法律的信仰和敬畏，强化规则程序意识，真正理解法律对自身公权力的规范约束作用，加强法治政府建设。各级政府及其工作人员应进一步将法律精神内化于思想、外化于自觉的政府治理行为之中，不断提高运用法治思维与法治方式解决问题化解矛盾的能力，在教育"双减"、市场监管、征地拆迁等各项工作中应严格按照法定权限、法律规则和程序办事，不能懒政怠政层层加码，不能违法减损公民法人和其他组织的合法权益或者增加其义务，坚守住依法行政理念和现代法治政府的底线红线。

（二）吸收公开理念，丰富中国特色社会主义行政价值内涵

习近平同志在庆祝中国共产党成立100周年大会上的讲话中指出："我们积极学习借鉴人类文明的一切有益成果。"[①] 在世界共同行政价值的基础

---

① 习近平：《在庆祝中国共产党成立100周年大会上的讲话》，《人民日报》2021年7月2日。

上，不同国家都有根据自身国情解释和践行世界共同行政价值的权利，都有在践行共同行政价值的过程中形成自身特色的自由。中国特色社会主义行政价值的形成基于中国的政府治理实践经验，具有自身特色，但中国特色社会主义行政价值的"特色"只有在世界行政价值发展的潮流中才能真正牢固地确立起来。我们应以中国智慧之眼观世界各国行政文明之长，各级政府应树立开放和包容意识，以虚心学习的态度借鉴人类行政文明有益成果，批判性吸收世界共同行政价值所包含的、行政主体自身所欠缺的行政理念。我们不应拒绝对世界共同行政价值的了解、学习和借鉴。要特别注意防止把学习发达国家有益文明成果批评为崇洋媚外甚至投降主义，这种错误的思想倾向不仅与新时代全面深化改革和推进更高水平的开放精神相违背，更阻碍了不同文明之间的交流互鉴，阻碍了人类命运共同体的构建与发展。

公开理念作为中国特色社会主义行政价值所凸显不足的世界共同行政价值内容，需要各级政府进一步主动倡导并落实，将公开理念具体地体现到实现人民利益的现代化政府治理实践之中。习近平同志要求，用权必须透明，在阳光下运行，各级干部最好的用权方法就是推进权力运行的公开化、规范化，落实党务公开、政务公开、司法公开和各领域办事公开的制度。[①] 在信息时代，政府数据和信息是重要而宝贵的公共资源，对其进行充分利用具有良好的社会效益。政府数据开放和信息公开直接有利于促进责任政府和廉洁政府的建设，表明了政府在不断走向现代化和成熟，更有力彰显了中国共产党领导下的人民政府的自信与担当。一方面，政府公职人员要进一步提高对公开透明理念的认同度和重视度，将公开透明理念逐步内化于心，才能自觉外化于行。另一方面，应进一步贯彻落实好政府信息公开制度，在不危害国家安全、商业秘密和个人隐私的前提下，及时发布和更新权威信息，积极回应社会关切。行政执法依据要及时充分公开，在实施行政处罚等具体执法行为时，应明确说明具体适用条款，并明示申诉的具体渠道、方式和时限等。不仅要主动公开政府数据和信息，更要在对

---

① 《习近平：严以用权的十个要求》，新华网，http://www.xinhuanet.com/politics/2015-08/11/c_1116212997.htm。

待"依申请公开"时，及时有效回应公众需求，使申请主体能够获取其所需信息，在更深层次上保障公民的知情权和参与权，提高政府公信力、人民群众满意度和公众政策遵从意愿，推进政府治理现代化与提升政府治理能力。同时，应理顺公开与保密的边界，实现保密范围具体化、细致化，避免影响政府信息公开的实际功能与效果。当前，"互联网+"和数字政府的迅速发展为制定政府信息公开法提供了良好的契机，我国多年来的政府信息公开实践和发达国家信息公开法实施经验等，则为着手研究制定政府信息公开法奠定了良好根基。

（三）坚持人民至上观，为世界共同行政价值增添中国智慧

全球正处于大发展、大变动、大调适时代，同时也正处于一个挑战不一而足、风险与日俱增的时期，地球上的国家与民族已被纳入一个相互依存、休戚与共的人类命运共同体。中国特色社会主义行政价值不仅要体现世界行政文明发展的方向，推动世界行政价值向前发展，而且要努力为世界共同行政价值增添中国元素和贡献中国智慧，努力以中国先进政府治理理念感召和引领世界各国政府前行，这应成为中国特色社会主义行政价值的建设目标之一。人民至上的行政观既是体现中国特色社会主义事业的特色理念，也是能够发展成为世界共同行政价值内涵之一的中国元素、中国话语和中国智慧。人民群众是历史的主体、实践的主体、价值的主体和权力的主体[1]，人民至上的价值取向不仅体现为为中国人民谋幸福，更体现为为世界人民谋发展、为人类进步事业而奋斗。[2]各级政府应坚持人民主体地位，把人民对美好生活的向往作为奋斗目标，同时将中国人民的利益与世界各国人民的共同利益相结合，构建人类命运共同体，努力"把世界各国人民对美好生活的向往变成现实"[3]。

习近平同志在中华人民共和国恢复联合国合法席位50周年纪念会议上的讲话中指出："文明没有高下、优劣之分，只有特色、地域之别，只有在

---

① 余永跃：《坚持人民至上：伟大奋斗的宝贵经验》，《人民论坛》2021年第32期。

② 吴志成、李佳轩：《中国共产党世界观的百年探索与思考》，《世界经济与政治》2021年第7期。

③ 《习近平谈治国理政》第3卷，外文出版社2020年版，第433页。

交流中才能融合，在融合中才能进步。"① 在面向未来奋力满足中国人民对美好生活的向往与实现人类文明的发展进步的同时，要倡导和积极推动不同行政价值文明之间的交流互鉴，搭建不同层次的行政文化价值交流对话平台。在继续大力加强官方对话与沟通交流和主流媒体宣传介绍的同时，应本着交往与和合、开放、包容、合作、共赢的精神，重视发挥社会和民间在这方面的积极作用，鼓励和支持通过学术交流、海外志愿服务、民间互动等灵活多样的形式多层次、多维度、全方位将中国共产党领导下的中国政府人民至上的治理故事讲好、讲充分、讲形象、讲丰富。特别应高度重视"民心相通"的贯彻落实，重视跨文化传播规律的研究、学习和把握，重视外语教学和国际化人才的培养，重视传播和交流策略与实际效果，针对不同外国受众风俗习惯和文化特点等选择合适的交流方式、话语和符号表征，尽力避免独白式的、宣告式的、说服式的、自说自话式的单向表达和阐释；注意突出交流主体之间的平等对话与沟通，有理有据，及时回应理解偏差、质疑与解答疑虑，切实提高对外传播力，增进我国与其他国家人民之间的行政价值互识互信，在广泛友好交流互鉴中更好更有效地传播人民至上等中国行政价值理念，以其合理性与正当性赢得他国人民和政府的内心认同、支持和尊敬，在推动加快构建人类命运共同体和全球治理创新中为世界共同行政价值不断增添中国元素、中国概念、中国话语和中国智慧。

---

① 习近平：《在中华人民共和国恢复联合国合法席位50周年纪念会议上的讲话》，《人民日报》2021年10月26日。

关于中国和荷兰公务员价值偏好的
探索性实证研究

杨黎婧 *

摘要： 本文通过对中国和荷兰公务员价值偏好的实证研究，呈现了两国公务员价值的重要性排序。通过对760份（中国525份，荷兰235份）问卷的分析，我们发现在理想状态下对中荷两国公务员来说最重要的价值分别是公正和专业；在实际工作中最重要的价值分别是合作和专业。本文还结合中国和荷兰两国的不同政治文化，分析价值排序是否能够体现出相对应的行政传统的特点。结果显示，文化在一定程度上对价值排序有着解释力，但是这种差异已经不再显著。这既说明在全球治理背景下公共管理模式和价值倡导存在融合，也提出了更多价值排序背后隐藏的问题。这要求我们对价值的研究需要在量化的基础上做进一步的质性分析。本研究是结合行政传统和价值排序进行的新尝试，不仅对传统、价值等相关理论有新的贡献，对公务员道德建设和行为规范也有现实意义。

关键词： 行政传统；公务员；价值排序

　　当提到"东方"或"西方"公务员，他们是否有明显的不同？如何描述这种不同？什么样的公务员才是一个"好"的公务员，对于东方和西方国家的公务员来说，究竟有区别吗？有哪些区别？这种因为文化和传统的差异造成的不同，是否正如我们认为的那样？在全球化的今天，东西方公务员价值观是不是趋同了呢？公务员自己怎么看？

　　带着这些疑问，本文提出这样的研究问题：对于身处不同行政文化的公务员来说，最重要的价值分别有哪些，这些价值能否反映出相应的行政传统？此问题衍生出三个子问题：（1）对于一个好的公务员来说，理想状

---

　　* 作者简介：杨黎婧，南京大学政府管理学院副研究员。

态下，最重要的价值有哪些？（2）对于一个好的公务员来说，理想状态下最不重要的价值有哪些？（3）对于一个好的公务员来说，实际工作中，最重要的价值有哪些？对理想状态下和现实工作中的价值排序进行区分，一是因为要考察行政传统的影响，需要分析传统更多地体现在"应然"上还是"实然"上；二是区分公务员在两种状态下价值选择的不一致（也有可能相一致），避免在选择时出现"应该是"和"实际是"的矛盾。

对于如何更好地处理公共事务，公共管理范式经历了从传统公共行政到管理主义，从新公共行政到新公共管理，从治理到公共价值管理等的变革。① 在这些范式转变和公共管理改革的过程中，可以说，争论的核心就在于"价值"：是效率还是民主？是专业和中立，还是正义和公平？越来越多的学者和公共行政的实践者意识到公共部门的角色绝不仅仅是提供可见的公共产品和服务，还在于创造和引导公共价值。从表面上看，公共管理的可见研究对象是事实（facts），比如行为、组织、规则、效果等。公共管理领域非可见的研究对象则是价值（values）。价值隐藏在行为和规则背后，是促使某人作出某种决定的动机。正如赫克洛（Heclo）曾举出的例子，公共管理实践行为带有"官方"（official）的特质，但是官方行为其实是官方予以肯定的行为，"官方性"体现的正是公共组织服务方式背后所隐含的价值。② 所以，公共管理中的具体行为，本质上是作出这种行为的人的偏好和选择。正如弗雷德里克森（Frederickson）指出的那样，公务员的信仰、价值和习惯构成了公共管理的本质。③

从公共部门和公共管理的角度探讨价值的研究不在少数，但是从微观和个体层面针对公共部门人员的价值取向的研究却不多。通过对国内有关公共价值的研究的梳理，我们发现大多集中在应然性规范研究和理论研究的范围内（分别占比32.9%），实证研究仅占14%左右。根据贝克·约根森（Beck Jorgensen）和波兹曼（Bozeman）所描绘的公共价值图谱（public

---

① 谭功荣：《西方公共行政学思想与流派》，北京大学出版社2008年版。何艳玲：《"公共价值管理"：一个新的公共行政学范式》，《政治学研究》2009年第6期。

② Heclo H, "The Spirit of Public Administration," *PS: Political Science & Politics* 35, No. 4（2002）: 689–694.

③ Frederickson H G, *The Spirit of Public Administration*（New York : Jossey-Bass , 1997）, p.2.

value universe），公共价值涉及公共管理领域内的七个方面，其中，关于公共部门人员的价值，即涉及个体层面的价值取向①，国内现有公共价值研究中涉及此领域的仅有1.2%。从这个意义上说，本文不仅充实了公共价值的实证研究成果，也填补了国内关于微观层面对公务人员价值进行的定量和定性研究空白。

虽然国内相关研究较少，但欧美学者近10年来已经开展了成果丰富的公共价值研究。前文提到的公共价值图谱依据公共行政涉及的领域将公共价值分类为不同的价值集，共包含了72种价值，提出了从公共价值的结构性和系统性角度进行研究，并将公共价值看作贯穿公共行政过程的非静态的规范和原则共识（public values 而不是 public value）。②马克·R.罗格斯（Mark R.Rutgers）也曾用列举的方式总结了63种价值，但同时他认为任何一种价值的列举或分类方式都不可能完整，因为价值与其具体行政实践和语境有密切关系，因此价值列举就只能因不同的研究角度和适用范围而定。③范德沃尔（Van der Wal）等人用定量研究方法，根据公共部门和私人部门人员对价值重要性的排序，得出公私部门的核心价值（既有重叠，又有显著不同）。④ Beck Jorgensen 和索伦森（Sorensen）曾经对15个国家和国际组织的16种公共服务守则进行分析，得出100种价值，并且发现这些价值最频繁地分布在公共价值图谱中的"与公共部门人员相关的价值"领域⑤，这也从另一个角度说明公务人员的素质是公共行政中最重要的因素。

综合国内和国外的研究成果，我们发现有些关注文化与价值；有些从儒家文化角度研究公务员动机；有些将公共价值与具体公共行政实践结合，

---

① Beck Jorgensen T, B. Bozeman, "Public Values: An Inventory," *Administration & Society* 39, No.3（2007）: 354–381.

② 王学军、张弘：《公共价值的研究路径与前沿问题》，《公共管理学报》2013年第2期。

③ Rutgers M R, "Sorting out Public Values? On the Contingency of Value Classification in Public Administration," *Administrative Theory & Praxis* 30, No.1（2008）: 92–113.

④ Van der Wal Z, *"Value Solidity: Differences, Similarities and Conflicts between the Organizational Values and Government and Business"*（Amsterdam: VU University Amsterdam, 2008）, p. 64.

⑤ Beck Jorgensen T, Sorensen D L, " Codes of Good Governance: National or Global Public Values?" *Public Integrity* 15, No.1（2012）: 71–96.

比如绩效管理；有些关注公共部门的价值。但是，尚未有研究将行政传统与公共价值结合起来，更缺乏对公务员价值的跨国比较，而用实证方法进行公务员价值研究的就更加罕见。本文在这些研究的基础上，基于其理论成果，借鉴其研究方法，从行政传统和跨文化比较的角度，以公务员作为研究对象，旨在探索不同行政文化背景下的公务员价值偏好差异，这具有学术和实践上的双重意义。

鉴于目前国内相关研究中，对价值等概念的辨析并不充分，本文首先对价值和行政传统这两个核心概念进行阐释；接下来介绍本文的研究方法和样本选择；第三部分呈现调研数据和分析结果，最后一部分基于研究发现进行探讨和总结。

一、概念辨析

价值（values）一词包含多重含义，尤其是在不同领域内，它的定义甚至截然不同。本文将其限定在公共管理领域内，因此使用时不涉及美学、经济学等角度的内容。综合各种不同的定义，价值这一概念，至少包含三个方面的含义。第一，价值意味着一种偏好和需求，而这种偏好和需求"是可以按照其重要性进行排序的"[①]。价值涉及"兴趣、愉悦、喜好、偏好、道德责任……"[②]，或者"一系列态度的集合，而这些态度是关于那些用于判断喜欢不喜欢、需不需要、应不应该的道德标准"[③]。第二，价值这一概念中包含的偏好或需求等内容，意味着价值在行动的选择过程中发挥一定的作用，也就是说，它影响着一个人选择某种行为方式而不是其他的方式，并且在选择过程中体现着主体关于这种方式比其他方式"更好"的判断。从这个意义上说，价值与道德密不可分，它不仅影响着主体的行为，

---

① Schwartz S H W Bilsky, "Toward a Universal Psychological Structure of Human Values," *Journal of Personality and Social Psychology* 53, No.3（1987）：550–562.

② Williams Robin M, "Values," in *International Encyclopedia of the Social Sciences*（London：Macmillan and Free Press, 1968）, pp.283–287.

③ Cherrington D J. *Organizational Behavior, the Management of Individual and Organizational Performance*（Boston：Allyn & Bacon, 1989）, p. 297.

而且决定着其对于"好"与"坏"的区分。莱昂斯（Lyons）、突克斯伯里（Duxbury）和希金（Higgin）就把价值看作是促使我们采取某种行动的标准、目标或动机①；类似地，Van der Wal 在他的著作中，也将价值定义为在"选择采取某种行动时具有一定影响力的品质和标准"②。第三，价值并不纯粹是个人的或主观的偏好而已，因为任何人都不可能无故或随意就"提出或发明了某种价值"③，相反，去评估某种行为的价值是在社会中习得和建立的，也就是说，价值是在与人互动的过程中形成的，并且同时体现个人所在的群体的文化特征。正如范瓦特（Van Wart）所说："价值是组织和文明的黏合剂，是一个组织最基本的文化基石。"④因此，对公务员价值的研究，也就与行政文化和行政传统有着密切的关系。每个组织之间、群体之间、国家之间以及文化之间，都传达和体现着不同的价值偏好，而对价值的研究，是无法脱离文化背景的，因此跨文化的价值研究才有重要的意义，比如霍夫斯泰德（Hofstede）和施瓦茨（Schwartz）一系列的研究成果。

综合以上，本文将价值定义为：相对持久和稳定的信念、态度和标准，这些信念、态度和标准对于个人或群体来说是重要的或满意的，并在选择某种行为时起到描述性或评价性的作用。

公共部门人员的信仰、价值和行为习惯构成了"公共管理的精神"⑤，并受行政传统的强烈影响。传统首先是一种文化的延续，是一种概念的联结或者"最低限度的一贯性"⑥一代一代的传承。因此，行政传统就是"一系

---

① Lyons S T , Duxbury L E , Higgins C A, "A Comparison of the Values and Commitment of Private Sector , Public Sector , and Para-public Sector Employees," *Public Administration Review* 66, No.4（2006）: 605-618.

② Van der Wal Z, "Value Solidity: Differences, Similarities and Conflicts between the Organizational Values and Government and Business"（Amsterdam: Vu University Amsterdam, 2008）, p.64.

③ Rutgers M R, "As Good as It Gets? On the Meaning of Public Value in the Study of Policy and Management," *American Review of Public Administration* 45, No.1（2015）: 29 – 45.

④ Van Wart M, *Changing Public Sector Values*（New York : Garland Publishing , 1998）, p.163.

⑤ Frederickson H G, *The Spirit of Public Administration*（New York: Jossey-Bass, 1997）, p.2.

⑥ Bevir M , Rhodes R A W, Weller P, "Traditions of Governance: Interpreting the Changing Role of the Public Sector," *Public Administration* 81, No.1（2003）: pp.1-17.

列被继承下来的关于体制和政府历史发展的信仰"①。佩因特（Painter）和彼得斯（Peters）在其著作中将行政传统划分为9种：英美式、拿破仑式、德意志式、斯堪的纳维亚式、拉丁美洲式、后殖民南亚和非洲式、东亚式、苏维埃式和伊斯兰式。（前4种被称为西方行政传统）②本文使用了更为宽泛的分类，即东西方分别以道德和法律为核心概念而进行文化区分的"德治"和"法治"。在东亚国家，包括中国，有着最重要影响的行政传统，即儒家的政治理想，即依靠道德的君王和官员大臣来实现良好的国家统治。儒家相信"和谐与和平并不能通过武力或者法律的威力，而是通过美德和道德力量来实现"③。最高统治者应该是一个理想的圣人，即所谓内圣外王这一古代中国政治思想的基本概念。儒家的道德分为"普通人的道德和学士的道德"④，或者说，分为道德儒学和政治儒学⑤。总之，道德和政治在儒家那里是密不可分的。如果儒家政治是"道德在行动"，西方行政传统则可以看作是"法律在行动"⑥。早期哲学家如柏拉图和亚里士多德都把法律看作约束民众行为的方式，以此建立起道德的个人和政治／国家之间的关系。在欧洲大陆，这种法治文化有一个专门的词语"Rechtsstaat"，意为法律治国（state of law），其基本思想是"行政行为的理性化和严格合法化"⑦。Painter和Peters在描述德意志式的行政传统时说，这种法治的特点就是"一个非常强有力和全方位的法律体系管理着所有的公共事务领域"⑧。

---

① Rhodes R A, "Traditions And Public Sector Reform : Comparing Britain And Denmark ," *Scandinavian Political Studies* 22, No.4（1999）: 341-370.

② Painter M , Peters B G（eds. ）, *Tradition and Public Administration*（Basingstoke : Palgrave Macmillan, 2010）.

③ Yao X, *An Introduction to Confucianism*（Cambridge : Cambridge University Press , 2000）.

④ Hwang K-K, "Filial Piety and Loyalty : Two Types of Social Identification in Confucianism," *Asian Journal of Social Psychology* 2, No.1（1999）: 163-183.

⑤ 蒋庆：《政治儒学：当代儒学的转向、特质与发展》，生活·读书·新知三联书店2003年版。

⑥ Frederickson H G, " Confucius and the Moral Basis of Bureaucracy," *Administration & Society* 33, No.6（2002）: 610-628.

⑦ Morlino L & Palombella G（eds.）, *Rule of Law and Democracy: Inquiries into Internal and External Issues*（Leiden [etc.] : Brill , 2010）.

⑧ Painter M , Peters B G（eds. ）, *Tradition And Public Administration*（Basingstoke : Palgrave Macmillan , 2010）.

但是我们无从得知现在的公共服务精神和伦理还能否体现不同国家对应的行政传统，除了缺乏相关的研究之外，还有以下几点原因。第一，儒家的治国传统在我国政治现代化过程中经历了反复扬弃的阶段①，到现如今全面实现依法治国的理念，都使得"法"的价值似乎更加重要。在这种背景下，政府的行政伦理和公务员的价值取向更加具有模糊性。第二，在世界范围内产生影响的公共行政改革，比如20世纪80年代开始的新公共管理，同样不例外地影响着中国。② 不断更迭的公共价值范式、治理等理念，都已经超越了国别，改变着不同国家的政府管理方式。但有些学者指出这些改革的全球性和趋同性"被夸大了"③，所有试图寻找一种同一性的公共行政范式，不管是官僚制还是新公共管理，抑或后公共管理时代的趋同，都会因公共行政实践的复杂性而受到挑战，而在实践中，差异性和视情况而变动才是最常见的。④ 因此，全球性的公共行政改革是否以及多大程度上改变着政府的价值追求？是否会造成价值趋同？传统的行政价值是否还有影响力？这些问题尚未有研究可以解答。本文正是出于对这些问题的思考，试图进行一种学术上的尝试，运用实证研究的方法探究规范性的问题。

当然，在继续介绍本研究的更多内容之前，需要特别说明一点，众所周知，将"德治"和"法治"割裂开来是不明智的，正如东西方的划分，也是过于简单化。本文在承认和意识到使用这些术语可能造成误解或疑问的前提下，依然谨慎地进行这样的划分，是出于三个原因：第一，不可否认两种文化有本质上的区别；第二，为了表述上的方便；第三，这种行政传统的影响力是否还在，是否能够通过公务员价值偏好体现出来，正是本文的研究目的之一。

---

① Zhang T, Schwartz B, "Confucius and the Cultural Revolution：A Study in Collective Memory," *International Journal of Politics, Culture, and Society* 11, No.2（1997）：189–212.

② Kettl D F, *The Global Public Management Revolution (2nd Ed.)*（Washington DC：Brookings, 2005），pp.1–2.

Hood C, "A Public Management for All Seasons？" *Public Administration* 69, No.1（1991）：3–20.

③ Hood C, "The 'New Public Management' in the 1980s：Variations on a Theme," *Accounting, Organizations and Society* 20, No.2–3（1995）：93–109.

④ Goldfinch S, Wallis J, "Two Myths of Convergence in Public Management Reform," *Public Administration* 88, No.4（2010）：1099–1115.

二、研究方法

（一）方法和样本概况

作为东亚行政文化的典型，现代中国在传承儒家政治理想的过程中，虽然经历了对儒家传统的继承、批判、再继承等摆动的过程，"德治"的治国理想始终没有消失。与"德治"相对应的另一种行政传统——西方语境下的"法治"，通常被学者称为"日耳曼"或"德意志"传统。① 荷兰因为地理位置和文化根源等原因，深受这一传统影响，成为德意志行政文化的典型国家之一。除了符合对行政传统的要求之外，因为本文使用的数据是作者在荷兰从事相关研究项目中的一部分，选择荷兰公务员作为样本使数据的获得具有可行性。另外，现有的公共管理领域内跨国或跨文化研究中，关于荷兰的研究数量有限，更多是因为语言的阻碍，并不代表中荷比较意义不大。作者充分利用研究团队成员的中文和荷兰语的母语优势，尽量减少因为语言翻译带来的偏差。从这几个因素考虑，作者选择荷兰是一种类似便利抽样（convenience sampling）和目的性抽样（purposive sampling）的结合。②

本研究采用问卷形式收集数据，发放问卷的对象是中国和荷兰的公共管理硕士（MPA）培训班的学员。之所以采用这个样本来源，一是 MPA 在两个国家都是面向公务员或者准公务员，二是在两个国家都缺乏包含全样本的数据库，因此需要选择一个次优方式。综合考虑样本在年龄、性别、部门等方面的多样性，以及在公务员这一职业上的同质性，MPA 是比较理想的样本来源，学员的部门、性别、年龄、级别、地区不同，是一个比较

① 谭功荣：《西方公共行政学思想与流派》，北京大学出版社2008年版。

Painter M ，Peters B G（eds. ），*Tradition And Public Administration*（Basingstoke：Palgrave Macmillan ，2010）.

② 虽然目的性抽样更多用于质性研究（后续的质性访谈也确实用了这个方法），但是在本研究中具有适用性，因为目的性抽样的优势在于获取具有足够相关知识、经验、信息和交流意愿的参与者（Etikan Musa & Alkassim ，2016：2），而本研究需要的不仅是特定的对象——公务员，还需要对价值这一相对抽象的概念有所理解和比较。

均衡的随机混合样本。在城市的选择上，依然使用随机抽样和便利抽样、聚类抽样和目的性抽样结合的方式，作者在荷兰的阿姆斯特丹、莱顿和鹿特丹分发问卷，这三个城市的 MPA 学员来自荷兰的不同城市，共收集有效问卷235份，回收率75%；而中国因为地域太广，样本很难涵盖所有城市的公务员，但是选择了东西南北中的不同城市，既包括上海、北京、深圳和成都这样的大城市，也包括江苏、安徽、四川三个省的中小城市，一共收集了525份有效问卷，回收率86%。在中荷两个国家所有有效问卷的填写者中，大多数都是较年轻的初级和中级公务员——超过75%的人年龄都在45岁以下；65%以上在公务员岗位工作不超过15年（荷兰为82.5%）；超过一半的人都是没有领导职务的公务员（中荷分别为57.9%和66.0%）；男性参与者多于女性；其工作的部门，最大的比例集中在政策执行方面（中荷分别为41.3%和35.3%），但是具体职权职责领域，荷兰参与者从事政策制定相关工作的明显多于中国参与者（中荷分别为5.1%和31.9%），而中国参与者中从事行政性事务的明显多于荷兰参与者（20.7%和2.6%），其他领域的比例都较接近，比如执法和法律相关、技术和 IT 支持、金融和经济建议、管理和监督等。

（二）预调研和价值列表的建立

在正式开展主体调研之前，最主要的任务是设计一份高质量的问卷，而问卷的核心部分就是价值列表，有了这个价值列表，公务员才可以从中挑选出他们认为最重要的价值并进行排序。这个列表要包含能够体现东西方行政传统的价值，但不可能包罗所有价值，必须进行筛选。

在进行了前期的文献阅读的基础上，对已有研究中关于公务员价值和传统行政价值的成果进行综合分析，我们分别列出了两个不同的价值列表。一个是建立在其他学者对儒家文化、儒家政治思想和道德价值的研究基础上[①]，并参考古典文献、官箴书等，提取出11个儒家道德概念，以及分别相对应的价值，共计35个[②]。另一个列表是在西方行政语境下较重要的价值，

---

① 比如"四维""五常""八德""新八德"等。

② Yang L & Van der Wal Z, "Rule of Morality vs . Rule of Law ? An Exploratory Survey Study of Civil Servant Values in China and the Netherlands," *Public Integrity* 16, No.2（2014）: 5–23.

由于关于此类研究的英文文献相对较成熟，因此我们直接使用了 Van der Wal 总结的在行政伦理和道德的英文文献中最常提到的 30 个价值[①]。以上两个列表在上海和阿姆斯特丹进行了预备调研。我们首先请两地的公务员对每一个价值依据重要性进行打分（从 1 到 10，10 分表示重要性最高），然后再从这些价值中选择最重要的 5 个价值，并排序和赋值。根据每一个价值的重要性得分，产生了价值评分表（rating）；根据对最重要的 5 个价值的赋值，产生了价值排序（ranking）。除此之外，我们还对公务员行为准则[②]进行分析，得出最常被提及的价值[③]。

结合预备调研结果（评分表和排序）和行为准则中的价值，我们依据五个原则得出表 1 中的第一列和第二列，并结合起来形成最终的价值列表用于主体调研（见表 1 中的第三列）[④]。（1）选择在三个列表中都排在前十的价值。（2）选择在三个列表中的两个都排名较高的：在评分表和排序中排名都较高，在评分表和行为准则中排名都较高，或者在排序中和行为准则中排名都较高的。（3）选择同时出现在至少两个列表中的。（4）选择只出现在一个列表中但排名较高的。（5）剔除在列表中排名较低的。

表1　预调研结果和价值列表的建立

预调研结果（中国）	预调研结果（荷兰）	最终价值列表
1. 合作	1. 问责	1. 问责
2. 勤奋	2. 勇敢	2. 合作

① Van der Wal Z. *Organizational Ethics across Sectors: Comparing Values and Value Dilemmas between Government and Business Organizations*（Saarbrücken：Lap Lambert Academic Publishing，2013）.

② 又称行为规范、道德规范、道德准则等。

③ 数据来自对中国的 2 个国家级、10 个省级和 14 个市级的行为规范进行分析，Van der Wal 对 59 个省级和地方的行为规范的调研（2013 年），以及经济合作组织（OECD）发表的相关数据（2000 年）。按照被提及的频率，中国公务员行为规范中的重要价值依次为：合法、创新、民本、勤奋、效率、清廉、适当、忠诚、合作、负责、服务、诚实、可靠、正直、正义、勇敢、实际、专业和勤俭。荷兰公务员行为规范中的重要价值依次为：诚信、透明/公开、负责、可信、认真、独立、可靠、专业、约束、功能性和公信力。

④ Yang L &Van der Wal Z，"Rule of Morality vs . Rule of Law ? An Exploratory Survey Study of Civil Servant Values in China and the Netherlands，" *Public Integrity* 16，No.2（2014）：5–23.

预调研结果（中国）	预调研结果（荷兰）	最终价值列表
3. 效率	3. 效果	3. 勇敢
4. 平等	4. 效率	4. 勤奋
5. 专业	5. 平等	5. 效果
6. 诚实	6. 专业	6. 效率
7. 清廉	7. 诚实	7. 平等
8. 创新	8. 公正	8. 专业
9. 正义	9. 清廉	9. 诚实
10. 合法	10. 正义	10. 公正
11. 忠诚	11. 合法	11. 清廉
12. 民本	12. 审慎	12. 创新
13. 服从	13. 可靠	13. 正义
14. 适当	14. 负责	14. 合法
15. 可靠	15. 回应性	15. 忠诚
16. 负责	16. 透明	16. 服从
17. 正直		17. 民本
18. 服务性		18. 适当
		19. 审慎
		20. 可靠
		21. 负责
		22. 回应性
		23. 正直
		24. 服务性
		25. 透明

这个列表既包含典型的儒家价值，也包含所谓的西方价值；既包含传统价值，也包含现今公共管理领域流行的"新价值"。表2中包含了对每一个价值的定义。中国和荷兰的调查使用相同的问卷，在中国使用中文版本，在荷兰使用荷兰文版本，都翻译自同一个英文版本。

表2　用于主体调研的价值及其定义

1.问责：愿意向利益相关者证明行为的正当性并对这些行为进行解释（accountability）
2.合作：乐于与他人共同工作并协调分歧意见从而达成共识（cooperativeness）
3.勇敢：为了追求真理坚持正义，勇于面对危险，敢于承担风险（courage）
4.勤奋：用坚持不懈的努力和付出来完成任务、承担责任（diligence）
5.效果：解决实际问题，达到预期结果（effectiveness）
6.效率：以最小的代价取得既定的成果（efficiency）
7.平等：无差别、不偏不倚地对待拥有相同权利的人们（equality）
8.专业：具备实际工作所需要的理论知识、专业技能和工作能力（expertise）
9.诚实：符合事实、遵守承诺（honesty）
10.公正：不偏袒、不倾向任何特定团体利益（impartiality）
11.清廉：不因个人私利而有所偏袒或有失公正（incorruptibility）
12.创新：具有首创精神和创造性（发明新产品、引进新的政策）（innovativeness）
13.合法：行为举止与现有的法律、规范和准则相一致（lawfulness）
14.忠诚：对上级领导或者单位组织忠贞不移（loyalty）
15.服从：严格遵守并按照（上级和组织的）指令与政策而行动（obedience）
16.民本：努力实现公共利益，以人民大众共同关心的事为导向（people-oriented）
17.适当：行为举止得体恰当，符合个人身份（propriety）
18.审慎：按照合理判断而谨慎行事，具有远见和智慧（prudence）
19.可靠：值得利益相关者信任和依靠、始终如一（reliability）
20.负责：乐于作出决策和判断，并勇于承担自己的责任（responsibility）
21.回应性：了解并根据市民和顾客的偏好而作出相应的反应（responsiveness）
22.正直：言行坦率、真诚无所愧疚，以道德高尚、作风正派为信念（righteousness）
23.服务性：乐于帮助他人并愿意为公民和顾客提供高质量的服务（service ability）
24.（社会）正义：遵守对公正社会的承诺，坚持符合道德伦理的行为（social justice）
25.透明：行为举止公开可见，并且具有可控性（transparency）

（三）问卷和测量

问卷填写者需要从列表中的 25 个价值中选择他们认为最重要的 5 个，并依照重要性的程度进行排序。我们会问三个问题：第一个问题是"你认为理想状态下，对一个好的公务员来说最重要的价值有哪 5 个，并依照重要性的程度进行排序"；第二个问题是"你认为理想状态下，对一个好的公务员来说最不重要的价值有哪 3 个"；第三个问题是"你认为在实际工作中，对一个好的公务员来说最重要的价值有哪 5 个"。这种问题设计方式，使规范（应然）和事实（实然）区别开来；同时，我们要求参与者挑选出 5 个价值，而不是对每个价值都打分，是为了避免因不同的价值可能被赋予相同的分值，而忽略这些价值其实可能是相互冲突的[①]，从而难以测量出到底哪个价值更重要。参与者在选择的时候，必须对这些价值进行仔细考量，结合自己的实际工作，反复比对才能作出选择。同时，这也是排序的一个缺点，即给问卷填写者提出更高的要求，可能会带来拒绝填写的后果。

当问卷填写者选出 5 个最重要的价值之后，对最重要的价值赋值 5 分，次重要的赋值 4 分，以此类推，第五重要的被赋值 1 分。我们计算每一个价值被选中的次数（N）、得分平均值（M），两者相乘得出总分（Σ），并用总和除以样本总数（Σ/n）用以比较同一个价值在两个国家的公务员群体之间的重要性差异[②]。问卷还包括三个开放式的问题，分别涉及导致理想和实际中的价值差异的原因、过去 12 年价值取向的变化，以及中国和荷兰公务员对两种行政文化的认识。

三、数据和结果[③]

这一部分将展示价值排序的结果。要说明的是，除了国籍不同，其他

---

① Hitlin S, Piliavin J A, "Values : A Review of Recent Research and Theory," *Annual Review of Sociolog* 30（2004）：359–393.

② Schwartz S H, "A Theory of Cultural Values and Some Implications for Work," *Applied Psychology: An International Review* 48, No.1（1999）：23–47.

③ 本部分数据曾在作者公开发表的英文文章中使用。

各特征类别的组间差异绝大多数都不明显，这很可能是因为分配到各类别的样本数量较少，并不意味着在统计学意义上差异不显著。结合现有的差异性结果和本文的主要目的，着重分析中国和荷兰两个国家的比较，而不一一分析其他类别之间的差别。表3是在理想状态下，中国和荷兰的公务员对于最重要的价值进行选择和排序之后的结果；表4则是在他们的实际工作中最重要的价值排序的结果。

表3　理想状态下的价值排序

序号	中国（n=520）					荷兰（n=228）				
	价值	Σ	M	SD	N	Σ/n	价值	Σ	M	SD	N	Σ/n
1	公正	861	3.6	1.28	239	1.7	专业	355	3.14	1.53	113	1.6
2	清廉	784	3.23	1.36	243	1.5	可靠	284	3.3	1.36	86	1.3
3	民本	592	3.34	1.47	177	1.1	透明	274	2.88	1.31	95	1.2
4	合法	552	3.45	1.42	160	1.1	合法	251	3.18	1.42	79	1.1
5	专业	422	2.85	1.31	148	0.8	公正	190	3.17	1.43	60	0.8
6	效率	383	2.55	1.27	150	0.7	效果	181	2.83	1.32	64	0.8
7	负责	375	2.68	1.42	140	0.7	问责	168	3.11	1.54	54	0.7
8	勤奋	358	2.93	1.32	122	0.7	清廉	167	3.3	1.42	51	0.7
9	合作	348	2.78	1.38	125	0.7	负责	165	3.11	1.38	53	0.7
10	服务性	347	2.8	1.37	124	0.7	民本	162	3.60	1.51	45	0.7
11	正直	330	3.3	1.43	100	0.6	诚实	154	3.02	1.44	51	0.7
12	诚实	315	3.58	1.29	88	0.6	审慎	145	2.96	1.27	49	0.6
13	效果	299	2.96	1.50	101	0.6	正直	116	3.74	1.41	31	0.5
14	平等	276	3.10	1.44	89	0.5	正义	105	3.00	1.45	35	0.5
15	创新	251	2.46	1.20	102	0.5	效率	104	2.48	1.35	42	0.5
16	问责	248	2.99	1.55	82	0.5	勤奋	100	2.70	1.47	37	0.4
17	正义	219	2.77	1.39	79	0.4	服务性	100	2.33	1.27	43	0.4
18	透明	196	2.31	1.32	85	0.4	平等	76	3.04	1.43	25	0.3
19	忠诚	168	3.23	1.46	52	0.3	适当	74	2.55	1.30	29	0.3
20	服从	141	2.88	1.39	49	0.3	忠诚	69	2.38	1.05	29	0.3
21	勇敢	128	2.61	1.43	49	0.3	合作	62	2.58	1.32	24	0.3
22	审慎	91	2.33	1.06	39	0.2	创新	60	2.24	1.15	25	0.3

续表

序号	中国（n=520）					荷兰（n=228）				
	价值	Σ	M	SD	N	Σ/n	价值	Σ	M	SD	N	Σ/n
23	可靠	53	2.21	1.25	24	0.1	勇敢	31	3.44	1.51	9	0.1
24	适当	28	1.87	1.13	15	0.1	回应性	23	2.88	1.25	8	0.1
25	回应性	24	2.00	1.13	12	0.1	服从	1	1.00	0	1	0

表4 实际工作中的价值排序

序号	中国（n=512）					荷兰（n=221）				
	价值	Σ	M	SD	N	Σ/n	价值	Σ	M	SD	N	Σ/n
1	合作	621	3.01	1.4	206	1.2	专业	382	3.35	1.46	114	1.7
2	清廉	547	3.16	1.45	173	1.1	合法	315	3.42	1.41	92	1.4
3	服从	546	3.46	1.42	158	1.1	效果	253	3.29	1.36	77	1.2
4	合法	509	3.2	1.36	159	1.0	效率	201	3.05	1.39	66	0.9
5	专业	482	3.19	1.28	151	0.9	忠诚	169	3.07	1.11	55	0.8
6	效率	474	3.08	1.32	154	0.9	审慎	169	2.77	1.46	61	0.8
7	效果	471	3.2	1.47	147	0.9	可靠	155	2.87	1.33	54	0.7
8	公正	448	3.32	1.27	135	0.9	透明	147	2.63	1.47	56	0.7
9	服务性	382	2.67	1.43	143	0.7	负责	138	2.65	1.40	52	0.6
10	勤奋	380	3.02	1.41	126	0.7	服务性	120	2.67	1.35	45	0.5
11	负责	322	2.66	1.36	121	0.6	创新	119	3.50	1.31	34	0.5
12	创新	317	2.78	1.39	114	0.6	问责	113	2.76	1.43	41	0.5
13	忠诚	316	3.72	1.39	85	0.6	勤奋	111	2.85	1.63	39	0.5
14	民本	314	3.34	1.32	94	0.6	适当	101	3.06	1.40	33	0.5
15	正直	249	2.93	1.48	85	0.5	合作	100	2.56	1.37	39	0.5
16	审慎	213	2.63	1.21	81	0.4	民本	96	3.31	1.57	29	0.4
17	问责	198	2.71	1.52	72	0.4	公正	90	3.00	1.50	30	0.4
18	透明	187	2.25	2.31	83	0.4	回应性	82	2.65	1.14	31	0.4
19	诚实	183	2.95	1.35	62	0.4	服从	70	2.69	1.44	26	0.3
20	平等	175	3.07	1.43	57	0.3	清廉	63	3.15	1.39	20	0.3
21	可靠	122	2.39	1.17	51	0.2	平等	56	2.67	1.32	21	0.3
22	正义	114	2.43	1.38	47	0.2	诚实	55	3.06	1.39	18	0.3

续表

序号	中国（n=512）					荷兰（n=221）				
	价值	Σ	M	SD	N	Σ/n	价值	Σ	M	SD	N	Σ/n
23	适当	102	2.22	1.21	46	0.2	勇敢	52	2.74	1.48	19	0.2
24	勇敢	85	2.93	1.41	29	0.2	正直	42	3.23	1.48	13	0.2
25	回应性	44	2.20	1.4	20	0.1	正义	41	2.73	1.39	15	0.2

（一）理想状态下的价值排序

从表3中，我们可以看出，对中国和荷兰的公务来说，排在第1位的分别是"公正"（荷兰公务员把它排在第5位）和"专业"（中国公务员把它排在第5位），而且大约一半的问卷填写者都选择了"公正"和"专业"作为5个最重要的价值之一。"合法"在两国价值排序结果中都排在第4位。总体来看，排在前15位的价值中，有10个都是重复的，也就是说，这些价值对于中国和荷兰公务员来说都非常重要，比如"清廉""诚实""民本""负责"等。在排名比较靠后的价值中，"忠诚""服从""回应性""勇敢"等对于两组参与者来说，都是比较不重要的。有意思的是，"服从"这一价值对荷兰公务员来说排在最后一位，而对中国公务员来说，排名也比较靠后。"回应性"这个价值要求的是对重要的利益相关者的需求进行回应和满足，但是对于两国公务员来说却都排在了几乎最后的位置。

这两组价值排序，也体现了一些明显的不同。比如，"可靠"对于中国公务员来说没有那么重要（排在第23位），而荷兰公务员却把它排在了第2位。"效率"和"服务性"这两个价值对于荷兰公务员来说，没有我们预期的那样重要，排名比较靠后，相对地，中国公务员却把它们列到了比较重要的位置。荷兰公务员明显比中国公务员更看重"透明"和"问责"这两个价值，分别排在了第3位和第7位，这与西欧的行政文化和民主政府的要求是相吻合的。而在中国只排到了第18位和第16位。

（二）实际工作中的价值排序

与理想状态下相似，在实际工作中，对中荷公务员来说，重要的价值依然是有重叠的。排在前15位的，有10个价值是一样的，比如"合法""专业""效率""效果""服务性"等。与荷兰公务员相比，中国公务员依然把"公正"排在很重要的位置（第8位），但是显然并不像在理想状态下的那么重要。对荷兰公务员来说，"专业"依旧排在第1位，有一半的人选择它，并且获得平均3.35分。与理想状态下相似，荷兰公务员把"问责"和"透明"排在很重要的位置，但是对于中国公务员来说，其重要程度依然相对较低（分别是第17位和第18位）。在荷兰公务员的实际工作中，"忠诚"这个价值明显比在理想状态下重要得多，其排名从第20位上升到第5位。对中国公务员来说，也有类似这种理想与现实之间产生较大差距的价值，即"服从"，从理想状态下的第20位上升到实际工作中的第3位。"服从"这一价值对中国公务员来说如此重要，并不让人诧异，是与儒家的行政传统相吻合的。而与"服从"密切相关的价值"忠诚"，其重要性对于荷兰公务员来说更大。另外一个值得关注的结果是"清廉"，作为世界上清廉的国家之一，荷兰的公务员把它排在了较低的位置（第20位），而中国公务员把它排在了非常重要的位置（第2位）。根据后续的访谈，这与两个因素有关：第一，荷兰公务员表示"清廉"已经不是他们需要顾虑的问题了，因为荷兰政府足够清廉，而且他们腐败的可能性也非常小；第二，对中国公务员的调查可能存在社会期待偏差（social desirablility bias）[1]，即按照被期望的答案来回答。不过，从平均值来看，荷兰公务员对"清廉"的重要性的评估与中国公务员相差无几，在理想状态下依然高于中国公务员。

（三）t 检验结果

在对每一个价值进行两个国家间的独立样本 t 检验之后（见表5），我们发现在理想状态下，中国和荷兰的公务员在对于"忠诚""服从""可靠""勇敢"等6个价值的评价差异很显著。其中因为荷兰公务员仅有一人选择"服从"，因此并无数据显示，但是从上面的价值排序中可以看出，两

---

[1]　King M F，Bruner G C，"Social Desirability Bias：A Neglected Aspect of Validity Testing，" *Psychology & Marketing* 17，No.2（2000）：79 –103.

Van der Wal Z，"Mandarins VS. Machiavellians? On Differences between Work Motivations of Political and Administrative Elites，" *Public Administration Review* 73，No.5（2013）：749– 759.

国对此价值的偏好差别还是很大的。在实际工作中，中荷两国的公务员差别比理想状态下稍微小一些，仅在"忠诚""服从""创新""适当"这4个价值上有显著差异。

表5　中国和荷兰两国独立样本 t 检验结果

序号	t 检验——Sig.（双侧）					
	价值	df.（中－荷）	理想状态下	价值	df.（中－荷）	实际工作中
1	问责	−0.12	0.594	问责	−0.05	0.863
2	合作	0.20	0.291	合作	0.45	0.072
3	勇敢	−0.83	0.006	勇敢	0.19	0.668
4	勤奋	0.23	0.484	勤奋	0.17	0.565
5	效果	0.13	0.787	效果	−0.09	0.650
6	效率	0.07	0.777	效率	−0.03	0.883
7	平等	0.06	0.799	平等	0.40	0.268
8	专业	−0.29	0.270	专业	−0.16	0.355
9	诚实	0.56	0.092	诚实	−0.11	0.775
10	公正	0.43	0.053	公正	0.32	0.294
11	清廉	−0.07	0.731	清廉	0.01	0.977
12	创新	0.22	0.280	创新	−0.72	0.010
13	合法	0.27	0.385	合法	−0.22	0.232
14	忠诚	0.85	0.001	忠诚	0.65	0.004
15	服从	1.88		服从	0.77	0.020
16	民本	−0.26	0.403	民本	0.03	0.927
17	适当	−0.68	0.059	适当	−0.84	0.010
18	审慎	−0.63	0.039	审慎	−0.14	0.548
19	可靠	−1.09	0.001	可靠	−0.48	0.056
20	负责	−0.43	0.061	负责	0.01	0.966
21	回应性	−0.88	0.169	回应性	−0.45	0.241
22	正直	−0.44	0.146	正直	−0.30	0.523
23	服务性	0.47	0.049	服务性	0.00	1.000
24	正义	−0.23	0.434	正义	−0.30	0.489
25	透明	−0.57	0.760	透明	−0.38	0.243

荷兰样本 N=1，M=1.00；中国样本 N=49，M=2.88。

　　将两国的样本分开,分别对两国在理想和实际工作两种状态的价值进
行独立样本 t 检验后(见表6),我们发现,对于中国的公务员来说,"服
从"和"效率"在实际工作中的重要性显著提高,而"诚实"和"公正"
在实际工作中的重要性显著降低。对于荷兰的公务员来说,具有显著差异
的4个价值——"效果""效率""创新""服从",其在实际工作中的重要性
都显著提高。

　　两种状态下价值的重要性程度反映出公务员在工作中可能面临的一些
现实问题,那些事关公务员本人道德品质的价值,比如诚实、正直,甚至
清廉的重要性都比理想状态下要低,而效率、忠诚、服从等却有所上升。
这些差别是如何造成的,哪些原因导致了理想与实际状态下的价值取向的
变化,以及两国公务员的价值选择有什么不同,都是值得探究的。我们接
下来的三个开放式问题,或许可以给出一部分答案。

表6　理想和实际两种状态的独立样本 t 检验结果

序号	中国				荷兰			
	价值	Mean(理想)	Mean(实际)	Sig.	价值	Mean(理想)	Mean(实际)	Sig.
1	问责	2.99	2.71	0.262	问责	3.11	2.76	0.260
2	合作	2.78	3.01	0.145	勇敢	2.58	2.56	0.954
3	勇敢	2.61	2.93	0.349	合作	3.44	2.74	0.268
4	勤奋	2.93	3.02	0.605	勤奋	2.70	2.85	0.676
5	效果	2.96	3.20	0.214	效果	2.83	3.29	0.046
6	效率	2.55	3.08	0.000	效率	2.48	3.05	0.038
7	平等	3.10	3.07	0.903	平等	3.04	2.67	0.379
8	专业	2.85	3.19	0.853	专业	3.14	3.35	0.921
9	诚实	3.58	2.95	0.006	诚实	3.02	3.06	0.920
10	公正	3.60	3.32	0.043	公正	3.17	3.00	0.611
11	清廉	3.23	3.16	0.620	清廉	3.30	3.15	0.694
12	创新	2.46	2.78	0.072	创新	2.24	3.50	0.000
13	合法	3.45	3.20	0.110	合法	3.18	3.42	0.272
14	忠诚	3.23	3.72	0.056	忠诚	2.38	3.07	0.007

序号	中国				荷兰			
	价值	Mean（理想）	Mean（实际）	Sig.	价值	Mean（理想）	Mean（实际）	Sig.
15	服从	2.88	3.46	0.012	服从	1.00	2.69	0.000
16	民本	3.34	3.34	1.000	民本	3.60	3.31	0.443
17	适当	1.87	2.22	0.312	适当	2.55	3.06	0.147
18	审慎	2.33	2.63	0.170	审慎	2.96	2.77	0.469
19	可靠	2.21	2.39	0.555	可靠	3.30	2.87	0.070
20	负责	2.68	2.66	0.908	负责	3.11	2.65	0.096
21	回应性	2.00	2.20	0.670	回应性	2.88	2.65	0.658
22	正直	3.30	2.93	0.090	正直	3.74	3.23	0.325
23	服务性	2.80	2.67	0.450	服务性	2.33	2.67	0.230
24	正义	2.77	2.43	0.192	正义	3.00	2.73	0.554
25	透明	2.31	2.25	0.837	透明	2.88	2.63	0.298

（四）中国公务员怎么说

在问卷中，针对第一个问题"是什么导致了理想和现实之间的价值偏好的差异"，有300名中国公务员给出了答案，其中36%的人认为体制和社会状况限制了理想价值的实现。为了适应"残酷的现实"或"职位职能的要求"，一些价值不得不被调整或者牺牲。他们提到"理想状况下，是在一个相对和谐和稳定的环境中，但是现实中却受到很多影响甚至干涉"；而且"理想价值是与对公务员的要求相通的那些价值，而现实中的价值是公务员根据社会的需求、他们的职位和职责所要具备的"。这其中有很大一部分公务员指出理想价值难以实现是因为体制、法律法规不够完善，"中国政治生态"的限制。有13%的人认为导致理想和实际价值差异的，是"个人道德""能力""教育""文化素质""对个人利益的追求"等原因。还有13%的公务员认为理想中的那些价值之所以和实际中的价值不同，是因为理想的价值根本没有可操作性，是不现实的。除此之外，还有一部分公务员认为他们更关注民众的期待，即民众希望公务员来解决实际问题，达到预期的结果，因此他们在实际中更看重的价值与理想中是不同的。比如，他们认为"在现实中，更注重负责和有效的结果。对于民众来说，解决实际问题是最重要的。他们只需要结果而不是解释。理想的价值从理论上来说是很重要，但是那些价值没有涵盖实际工作中面对的问题"。还有大约3%~4%的公务员表示他们不得不妥协，因为他们必须面对来自"上级领导的压力"和"公务员考核体系"的要求，还要顾虑实际工作中"人际关系的重要性"以及"传统文化的影响"等。另外，值得注意的一点是，所有的回答中都提到了对上级的"服从"和"为人民服务"或"民众的期待"之间的冲突。最后，还有7%的人认为理想和现实之间的价值没有差异，或者应该没有什么不同。

第二个问题是"你认为过去20年中，对一个好的公务员来说最重要的价值有没有变化？如果有的话，哪些价值变了呢"。出乎意料的，中国公务员中有23%的人认为没有什么变化。他们认为最核心的价值就是"为人民服务"，这一点始终没变。其中一小部分指出，虽然服务的方式、技巧等有所变化，但是"基本的""理论上的"价值是没有变化的。但是，有大约75%的人认为最重要的价值确实发生了变化。有55位提到了"服务性"，其中45位认为现在的公务员服务意识更强，而10位认为服务意识变得更差。在提到"民本"这一价值的公务员中，也分为两派：一组人认为"民本"变得越来越重要；另一组（人数更少）却认为恰恰相反，"最重要的价值已经从'以民为本'转向'以领导为本'"，"20年前，公务员是为了公共事务在工作，但是现在是为了私人利益"。公务员们还认为受新公共管理影响的一些价值，比如创新，还有法治特色的价值，比如合法、专业和透明等，比20年前要更加重要（这几个价值被提到了至少25次）。

针对第三个问题"你认为东西方行政文化中，对于一个好的公务员来说最重要的价值有没有什么不同？如果有的话，请简单描述一下最大的不同是什么"，认为两种文化下的价值取向应该是相通的，比如都是要服务于民众、社会或公共利益，公务员都应该达到"公正""清廉""民本"等基本的要求。在认为两种文化下的价值有所不同的公务员中，有29%的人认为中国公务员通常是要"服务上级领导"或"特定群体"的，但是西方公务员是"对市民负责"和"服务于公众"的。比如，有公务员写道："最大的区别在于公务员是以民为本、最大化地实现公共利益，还是认为自己只需要向自己的领导负责"；"东方的标准是满足自己的单位和领导的需要，而西方的标准是满足服务对象的要求"。还有21%的人指出东西方最大的区别在于"法治"和"德治"："东方文化是一种君子和圣贤文化，要求一个道德完美的圣人；而西方文化更强调个体，尊重个人的个性和自由。到了公务员的行为方面，就是东方更看重个人的道德修养，而西方公务员更看重是否能够按照法律和制度来把工作做好。"还有一组公务员认为体制和体系的差别也是不容忽视的，比如他们提到西方的"民主"制度、"行政独立"和"政治中立"，东方"更多的政治影响"和"一党领导下的公务员体制"等。

（五）荷兰公务员怎么说

一共有231名荷兰公务员回答了问卷中的第一个开放式问题，其中26%的人指出了现实和具体情况的不同导致了理想和现实中的价值差异，比如时间上的限制、资源的有限性等。他们说"理想状况下，所有好的计划都是可以实现的，但是实际工作中，很多资源都是稀缺的，所以必须作出选择"，还有"可利用的资源是有限的：时间和金钱"等。其中一位荷兰公务员说："理想的状况只能是一个我们期望达到却很难达到的乌托邦式的目标，因为在实现的过程中有很多个人化的情绪、私利掺杂着，而且缺乏必要的知识。"排在第二的一组公务员（占24%）不约而同地提到了具体的价值，这些价值在理想和现实中有着明显的差异。最常被提到的是效率、效果和专业性。荷兰公务员特别提到"效率"这个价值，其实是一种希望实现但却很难实现的价值，比如他们说"很多新的工作程序都是效率导向的，但其实根本没什么用"，或者"效率是个好目标但在实际工作中实现不了"。出乎我们意料的，跟前面价值排序结果不同，"专业性"这个价值在这里被部分公务员认为在实际工作中"并没有理想中那么重要"，"不是最重要的影响因素"，或者"不是最优的价值"。这可能是因为"专业性"并不是一个难以实现的价值，因此不存在理想与现实之间的"无奈"或差距。排在第三的一组公务员的观点（21%）认为"在理想状态中，你可以不受外界或者其他方的干涉来开展工作"，或者说"来自政治和管理层的控制"

造成了公务员理想价值和实际行动之间的矛盾。

对第二个问题的回答，荷兰公务员与中国公务员有很大的差异，最明显的是，回答"没有变化"的人只有4个。对于在过去20年有变化的价值，荷兰公务员提到最多的是效率、效果、透明和问责，尤其是前3个价值，分别被提到的次数都达到50次以上。他们还认为"创新"和"独立的想法"增加，相对应地，"服从""忠诚""适当"的重要性就下降了。也有一部分公务员是从组织和文化的角度来看待价值的变化，比如他们强调新公共管理确实让公共服务变得更具"商业性"特点，更加"结果导向"和"服务顾客化"。一方面，公务员的工作更看重效率和最终的结果，"现在更多强调产出（output）而不是效果（outcome），而过去更多是以实际产生的效果为主要考量"；另一方面，这种价值导向又确实让公务员可以脱离死板的规则、规范和官僚制的限制，让他们在对政策解读和实施上有更多的灵活性和自主性，提高了效率。还有数量更少的一组观点提到了公务员个人和公民的变化导致的价值偏好的改变。

关于第三个问题，有一半参与调查的荷兰公务员认为东西方行政文化使得公务员价值不同，而且他们的描述也很相似。比如他们说道，东方的公务员"可以自由表达自己的自主性更少"，因为"具有强大控制力的组织"和"为国家服务"的文化。他们还认为西方的公务员相对更自由、更不易于服从他人："（我们）更倾向于自由思考，而东方公务员更倾向于听从指令"；"在东方文化背景下，上司的指令会被更精确地执行，但西方文化中，有更多的空间加入个人的观点和想法"。从数量上来看，排在第二位的观点强调了西方文化中的个人主义，相对于东方文化中的集体主义，他们认为西方公务员"更少去考虑团体或者社会这样的整体"，更具体地来说，东方集体倾向的文化会使公务员"更加遵守纪律""更加配合"，而且"有奉献精神和责任感"。这里面有一个非常引人深思的论述：对特定组织或团体的"忠诚"，在某些国家是一种对公务员的期待或者要求，但是在中国，这可能会被认为是"腐败"。此外，有10%左右的问卷填写者认为在西方"更多的透明和公开要求让他们更加平等、公正和负责"，但是在中国有"更浓的政治氛围"，而且"腐败是个很严重的问题"。最后，只有5%的荷兰公务员认为东西方并不存在价值差异。

四、分析和讨论

（一）调研结果分析

首先，理想的价值排序比实际的价值排序体现了更多的差异。虽然价值排序的前10位中大部分差异不明显，但是两国之间差异较显著的理想价值比实际工作中的价值要多。这在一定程度上符合我们对于价值偏好和对应的行政传统的假设。他们在解释理想和现实价值差异的时候，也把文化差异当作很重要的原因，表述得非常明确。比如通过他们对开放问题的回答，可以看出中国公务员很担忧自上而下的政府管理风格，惧怕对上级坦诚说出自己的观点，尤其是对法律和政府体系中的漏洞和缺陷（表述为"缺乏法治"）的担心等，都让他们在行为上无法按照自己内心的价值偏好进行选择。荷兰公务员也提到了政治和组织部门上的一些限制，但是他们更明确地指出由于过度强调"效率"（理想状态下排序较低）而与有限的时间和资源之间的冲突；对商业化风格的政府管理也削弱了公务员提供高质量公共服务的能力，因为必须估计效率带来的要求，比如低成本和高产出，但却不注重服务的效果。法治对于不同行政文化来说都是政府管理应该要达到的要求[①]，这一点在中荷两国公务员的回答中也得到了印证。因此，我们在调研之前假设中国和荷兰的公务员价值偏好可以反映出两种不同的行政文化，这一点从调研结果中可以得到一定程度的确认，至少在理想状态的价值排序中可以体现。但是分国别来看，中国公务员的理想价值与传统的等级政治并不完全吻合，而荷兰公务员价值排序也并没有突出体现管理主义，相反，有一些道德价值却被排在很突出的位置。这一点也说明非传统价值的重要性值得关注。

其次，实际工作中的价值偏好只是一定程度上反映了行政传统的特

---

① Van der Meer F M，Dijkstra G S A，"The Civil Service System of The Netherlands，" in *Civil Service Systems in Western Europe*（2nd Edition），ed. F M Vander Meer（Cheltenham：Edward Elgar，2011），pp.149–183.

征，所以从这个角度上看，传统的延续性有时似乎只是表面上的。①一方面，中国的问卷参与者表达出了明显对于等级的顺从，比如对于上级或个人的"尊重"，以及将职场人际关系看作职业发展的关键因素等。"服从"的重要性和经常被提及的"领导""上级"等都与典型的"权力距离"（power distance）的描述相吻合②。此外，清廉、公正等价值也是儒家传统政治文化中着重强调的官员道德。另一方面，我们也可以看到两国公务员都对韦伯式的价值十分重视，比如遵从法律和规则、专业性等，而相对来说，却意识到商业化的新公共管理是需要质疑的，比如效率、创新、服务顾客等。另外，中国的公务员几乎不约而同地提到了"为人民服务"这个说法，认为自己是代表人民的共同利益。这是马克思列宁思想的观点，即行使被人民授予的权利和让渡的权力，代表大多数人的利益等。③但是回答问卷问题的公务员们将与民主直接相关的价值排在很低的位置，比如问责、透明、服务性等，我们或许可以把他们对"为人民服务"的多次提及理解为一种工具性的价值。对荷兰公务员来说，实际工作中的重要价值是韦伯式官僚价值、法治传统的价值和新公共管理价值的综合，前两种包括问责、专业、法治、忠诚、可靠等，后一种包括创新、效果、效率、透明和服务。这一结果与近期西欧的一些关于公共部门价值的研究结果是相似的④，但是也有一些出入，比如公正、清廉和诚实的重要性，在这份研究中被荷兰公务员排在了较低的位置。在进一步的质性访谈中，这一问题将被提出，以作出更深入的探讨。

---

① Gross D, *The Past in Ruins: Tradition and the Critique of Modernity*（Amherst，MA：University of Massachusetts Press，1992）.

② Schwartz S H，"A Theory of Cultural Values and Some Implications for Work,"*Applied Psychology: An International Review* 48，No.1（1999）：23 – 47.

③ 蒋德海：《马克思的权为民所赋思想及对我国法治建设的意义》，《同济大学学报》（社会科学版）2011年第5期。

④ Van der Wal Z. *Organizational Ethics across Sectors: Comparing Values and Value Dilemmas between Government and Business Organizations*（Saarbrücken：Lap Lambert Academic Publishing，2013）.

Van der Wal Z，Pevkur A & Vrangbaek K，"Public Sector Value Congruence Among Old and New EU Member-states? Empirical Evidence from the Netherlands，Denmark，and Estonia,"*Public Integrity* 10，No.4（2008）：317– 333.

最后，中荷两国公务员对东西方行政文化和对对方价值偏好的看法，比价值排序本身更多地体现了文化和传统的差异。这些观点更强化了一些典型而刻板的印象。大部分的问卷参与者，不管是中国的还是荷兰的，都提到了东西方公务员价值的差异就在于中国公务员对上级领导的服从、难以避免的组织和政治的控制，而荷兰公务员更加有自主权、更加个人主义，公共服务更加透明。值得一提的是，认为东西方公务员价值没有（或者应该没有）差别的，中国公务员的人数是荷兰的 5 倍。这也许是中国公务员期待与其他国家可以在价值上趋同的体现，尤其是与政府管理和公务员体系较为完善的国家更靠近这一点。中国公务员也意识到"德治"文化与西方"法治"文化之间的差异，相比较来看，荷兰公务员更愿意用"集体主义"和"个人主义"这样的文字来表达东西方的差别。总之，两国问卷填写者相互的认知比价值排序更多地体现了两国公务员的差异。这也说明了，关于价值，不仅需要从数据上呈现其重要性，更需要通过质性的问题和访谈来获取更多的信息。

（二）研究局限性

本研究存在三个局限性，这些局限性需要读者在阅读和评估研究结果时考虑到。首先，将公务员的价值排序和回答完全等同于他们所处的行政文化和公共服务精神，这不仅是不负责任的也是天真的，因为任何针对个人的问卷、访谈、调查，尤其是关于他们的行为、价值、动机、选择等方面的内容，不可避免地要考虑到社会期许偏差的影响[①]，即当调研参与者在对价值的重要性进行排序的时候，他们选择的这个价值可能只是在当时的特定条件和社会环境下更被认可或更被强调的价值。比如，中国的公务员将"清廉"这个价值排在很高的位置，可能因为他们意识到腐败是一个严重的问题，且被社会广泛关注。类似的，荷兰公务员并没有把"清廉"放在很重要的位置，可能是因为荷兰政府在反腐败工作上已经做得足够好，

---

① King M F，Bruner G C，"Social Desirability Bias：A Neglected Aspect of Validity Testing，" *Psychology & Marketing* 17，No.2（2000）：79 –103.

Van der Wal Z，"Mandarins vs. Machiavellians? On Differences between Work Motivations of Political and Administrative Elites，" *Public Administration Review* 73，No.5（2013）：749– 759.

公务员既没有腐败的空间，也没有腐败的需要，因此不需要过多考虑这个问题，所以其重要性排序并不高（虽然"清廉"这一价值的平均值高于和基本等于在中国的平均值）。但是对于一个研究来说，社会期许的价值并不见得是"不需要的"[①]，而研究者不是要彻底消除期许偏差，而是要意识和辨别出来。

其次，由于翻译带来的表达和理解上的偏差，也是跨语言或跨文化的研究不可避免的问题，因为具体背景、历史和文化会影响文字所表达的含义，所以当一个概念被翻译成不同的语言时，总是会有意思上的丢失、添加或者改变。[②] 当一个概念的文化背景越是复杂，就越有可能造成一些问题。比如，对儒家一些概念的英文翻译"很有可能既不能表达出它的思想上的力量也不能表达它的实际含义"[③]。因此，在中文、英文和荷兰文之间的翻译并不是完全逐字直接翻译，而是尽可能准确地表达原语言的意思，即便需要对原文进行改变或者解释。

最后一个必须面对的局限性就是本研究参与者的代表性（representativeness）问题。在样本的选取上，没有任何一个数据库包含了荷兰30万和中国700万左右的公务员，因此最具代表性的样本是很难获取的，所以本研究采用了聚类抽样和目的性抽样相结合的办法[④]，参与者们来自一个相对均衡混合的公务员群体，包括不同地区、不同职能部门、不同级别、不同任职年限、不同性别和年龄等。另外，定量调研的质量也很大程度上来自较合理的研究工具，即价值列表。总之，本研究的参与者组成了一个宽泛而综合的样本，有助于实现研究的目的，即收集基线数据以呈现两国公务员依照重要性对价值的优先选择。不过还是需要强调，本研究并不致力于将数据结果和发现上升到可以完全代表两国所有公务员的"普遍性"（generalization）

---

① Hofstede G H, *Culture's Consequences: Comparing Values, Behaviors, Institutions and Organizations across Nations*（London：Sage Publications，2001）.

② Rutgers M R, "Comparative Public Administration：Navigating Scylla and Charybdis Global Comparison as a Translation Problem," *Administrative Theory & Praxi* 26, No.2（2004）：150–168.

③ Frederickson H G, "Confucius and the Moral Basis of Bureaucracy," *Administration & Society* 33, No.6（2002）：610–628.

④ Black T R, *Doing Quantitative Research in the Social Sciences: An Integrated Approach to Research Design, Measurement and Statistics*（London：Sage，1999）.

的高度，而且绝对的代表性和概括性在调查研究中也并不存在，我们只是
提供一个可能的开端。

（三）现实意义

政府在行使其基本功能时，公共服务的提供者，比如公务员，他们的
价值选择和行为方式决定了公共服务的质量，因此，人的因素是根本的、
不容忽视的。再者，不管是法律还是制度，都对公务人员提供了外在的约
束力，但是法律法规本身不可能涵盖所有的公共管理领域，更不可能预知
所有的具体行政行为所发生的情境；法治也并不是自动运作的，法律更不
是"自动执行的"（self-executing）[①]，因此，公务员的价值和道德成为更本
质和更具决定作用的约束因素。研究公共价值，特别是公务员的价值具有
特别重要的现实意义，为相关政策的制定和公务员道德建设体系的建立提
供参考和借鉴。

首先，公务员行为准则（又称道德规范、行为规范、道德准则等）的
制定，不仅提供一个原则性的指导，更要发挥对公务员行为进行规范和价
值引导的作用。对于政府部门来说，尤其是基层职能部门，为了避免行为
准则流于形式，就应该尽量使组织文化和倡导的价值具体化，而非仅仅罗
列抽象的名词。这不仅要求行为准则的制定者对本部门的职能职责有充分
的了解，从而确定哪些应当是组织的核心价值（哪些不是），也要求预知实
际工作中可能产生冲突的价值，并对这些价值的优先性有明确的划分，以
帮助那些从事具体工作的公务员在面临价值冲突时作出适当的决定。

其次，对于我国的反腐建设来说，党员干部和政府公务人员的思想道
德是廉政的根本保障，因此应该建立专业、客观、持久的道德建设体系，
着重可操作性和有效性。我国的党风廉政建设力度一再加大，但是实际上
却无法避免政府部门利用反腐政策为自身谋利益的情况，法律、政策和体
制，只要依靠人来执行，就会存在灰色区域，因此从根本上来说，"人"本
身才是反腐的关键。在清廉度较高的国家，比如荷兰，除了制度上减少了

---

① Kairyst D, "Searching for the Rule of Law," *Suffolk University Law Review* 36, No.2（2003）:
307 - 329.

腐败的可能，更重要的是公务员对自身职责和服务民众意识的明确，他们将提供高质量的公共服务作为一种职业，从能力（比如专业性、效率）、职业伦理（比如公平、公正、透明、负责）和个人道德（比如清廉、可靠、忠诚）方面，将"服务"内化为职责，将守法内化为道德，再将道德外显为行为。因此，对于党员干部和政府公职人员的道德、伦理或诚信教育，需要有一套完整的制度体系予以保障。荷兰就专门成立了"国家诚信促进组织"，将提高公共部门制定诚信政策的能力和促进公务员伦理道德作为其目标，从三个方面帮助组织提升诚信和伦理建设的有效性：促进道德规范和诚信政策的制定与实施；收集、传播和交流关于诚信政府的知识，包括荷兰和国际范围内的研究成果和实践经验；发展出自己的一套促进诚信的方法（工具），用以探讨、检测和提高政府诚信度。针对这三大任务，荷兰国家诚信促进组织发展出了对应的方法，分别是诚信基础框架、诚信魔方和自我评估平台。诚信基础框架是一个帮助组织制定诚信政策的模型，包含诚信政策的几乎所有方面，比如组织管理层、组织的核心价值和道德标准、组织结构、公务员的行为、组织文化等；诚信魔方实际上是一个电脑程序，收集了基于真实工作实践的案例，在使用时邀请专家或职业咨询师帮助政府公务员分析道德困境，探讨哪些价值和标准是应该主要考量的；自我评估的平台是用来评估诚信政策中的问题，主要是组织自我审核和员工根据自己的经验和工作自下而上地评估，同时邀请专业人员作为仲裁人提供中立客观的建议。我国可借鉴他国经验，运用学术研究、公共服务实践和政府资源，将廉政和道德建设实操化，而不仅仅是"政策化"或"文件化"。

最后，此项研究还有一个实践意义，就是呈现了不同国家公务员的价值偏好，这有助于我们了解其他国家公务员的行为和其背后的文化因素，从而在交流过程中更好地理解彼此，减少误会和偏见，增加沟通的有效性；更重要的是，在借鉴他国经验时，可以有效区分哪些是适合我国的，哪些是因为带有强烈的文化和传统属性不适宜直接照搬，或者在借鉴时应作出合理的改变或调整。

五、总结

本研究的核心问题是：对于中国和荷兰的公务员来说，理想中和实际工作中最重要的价值分别有什么不同，为什么有这些不同，这些不同是否能够反映出两个国家的行政文化差异？关于"有什么不同"的问题，我们的研究结果显示，不管是理想状况下还是实际工作中，两国公务员的价值偏好既有差异也有相似之处；比较来看，实际工作中的两国差异更明显一些。对于中荷两国的公务员来说，一些重要价值，比如合法、专业、公正、效果等确实可以体现出国际化背景下的价值"普适性"（universalistic），但是实际工作中出现了一些价值重要性的明显对比，比如服从、透明、问责等，又体现了两种行政文化的显著差异。

理论上来说，由于文化导致的差异理应更明显地反映在理想价值的偏好上，但是研究数据却显示出传统文化对于实际工作中的选择和决策的影响更多。这可以从两个角度来分析。一方面，文化不仅存在于思维和观念中，它与行为模式或习惯之间也是互成因果的关系，行动在不同程度上反映传统和文化；另一方面，理想的价值选择更加趋同，并不能必然证明行政传统的影响减弱，因为"理想"更可能反映着现实中难以实现的价值，或者不"应该"（should be）很重要的价值。比如中国公务员对一些西方法治价值和理性官僚价值的重视，以及对"服从""忠诚"较低的排序。因此，这也在一定程度上回答了核心研究问题中"为什么"的部分。理想中的重要价值被充分肯定，但是却很难实现的原因，既受制于根植于思想中的传统，更与现实中的各种限制紧密相关，比如中国公务员更多地将这种理想与现实之间的差距归因于制度或体制的约束，荷兰公务员则指出了中观层面的与组织文化相关的因素。

总结来说，根据本研究结果，中国和荷兰的公务员价值偏好既没有显著且严格地对应两种行政传统的差异，也没有因为国际化背景下的公共管理而导致价值的趋同。基于以上研究结果和分析讨论，本文提出以下几个发现，这既是阶段性的成果，也是开展进一步深入研究的起点：（1）中国和荷兰的公务员都非常重视法治文化特质的价值；（2）中国公务员将导致理想与实际状况下的价值差异的原因归结为体制或制度的限制，荷兰公务员将之归结为对新公共管理的过度强调和由此导致的组织文化的错位；（3）传统的德治文化和法治文化对于两国公务员理想价值偏好的差别仅有着有限的解释力，即传统仅在有限程度上体现在价值排序结果上；（4）两国公务员对对方的价值偏好的认识，比价值排序结果更加清晰地表达了两种行政传统之间的典型差异。

我们认为有必要提出这样一种观点，那就是所谓"东方"和"西方"公共价值和行政文化的差异并不能被确切而轻易地分辨出来，或者说"德治"和"法治"虽然本质上是不同的，但是并不是单一地或者割裂地表现在公务员价值偏好上。贝维尔（Bevir）等人的研究曾经指出过，传统在代际传承的过程中会有新的特征出现，而不仅仅是毫无变化地保留过去的内容，而本研究结果恰恰也为此提供了佐证。[①] 不过接下来还有更多的工作要做，比如为了解价值的具体内涵——尤其是不同情境和文化背景下的内涵——做更多质性研究，或者更加严格、涵盖更多参与者的调研，更加关注实际工作中的伦理和价值（value in use）等。这是作者的研究目标，也期待此研究可以为其他研究者带来灵感，共同充实有关公务员价值的学术研究。与此同时，本研究再一次提醒了确立公务员道德、价值和行为准则的重要性。法律和体制的约束固然不可或缺，但是任何法律都不可能是完美的，尤其是在我国缺乏有效的党外监督和体制外监督的情况下，党员干部和公务员的个人道德就变得尤其重要。这既符合党注重自身道德作风建设的传统，也是公务员队伍和廉政建设的客观需求。

---

① Bevir M，Rhodes R A W，Weller P，"Traditions of Governance：Interpreting the Changing Role of the Public Sector，"*Public Administration* 81, No.1（2003）：1–17.

公共行政的多元叙事：
克里斯托弗·胡德团体文化理论述评

徐扬　赵有声 *

摘要： 自行政学创立以来，单一线性的"辉格叙事"便在公共行政的理论发展中占据重要地位。多数学者坚信，公共行政学也能形成一门"普世性"的学科，全球范围内的政府行政也将走向趋同的范式。作为英美公共行政学研究的代表人物，克里斯托弗·胡德通过引入"网格－团体"文化理论，对行政学理论进行了多元主义的历史谱系，进而探究了当下政府行政改革的核心实践问题，在此基础上史论结合，表达了公共行政的多元叙事主张。针对学界流行的公共行政"现代化"的独断观点，胡德给出了明确的反对意见。这种求实和批判的学术精神，有助于我们客观看待西方行政改革的理论辞藻，也为中国本土行政叙事的建构提供了理论空间和学术可能。

关键词： 克里斯托弗·胡德；团体文化理论；多元叙事

20世纪80年代以来，由于长期实行"福利政策"所造成的严重财政负担和社会问题，加上经济全球化、信息技术革命的加剧以及传统官僚体制的失效，西方各国政府先后掀起了市场化改革的浪潮。这场改革的主题被概括为"私有化、分权化、竞争机制、企业精神、去监管化"②，改革的主要内容包括公共服务的提供方式的转变、公共部门管理（包括监管）方式的转变以及公共部门组织结构的嬗变等。这场改革波及范围广阔，时间

---

　　* 作者简介：徐扬，重庆大学人文社会科学高等研究院博士研究生，美国密歇根大学法学院"格老秀斯"访问学者（2015—2016年）；赵有声，重庆大学公共管理学院教授。

　　① Thompson P，"Public Sector Management in a Period of Radical Change，1970-1992，" in *Change in the Civil Service: A Public Finance Foundation Reader,* ed. Flynn N（London：Chartered Institute of Public Finance & Accountancy，1994）.

长久且影响深远。在这一背景下，公共行政的学科理论也经历了从"公共行政"向"公共管理"的巨大转变。在管理主义改革的冲击下，传统意义上的行政学理论框架被否定、摒弃和"超越"①，新的企业导向的管理理论试图取而代之，"公共行政的学术研究处于埋葬传统的理论与提供新的替代品之间"②。作为英语世界政府行政研究的代表人物，克里斯托弗·胡德（Christopher Hood）提出了"新公共管理"的学术命名并作出系统的理论表述③，引起了学界的持续关注。但是，不同于一些明星学者对市场化改革的单纯赞美，胡德以审慎冷静的学术态度对管理主义改革展开了深刻的反思。通过引入"网格－团体"（Grid-Group）文化理论④的多元分析路径，胡德从新的视角全面梳理了政府行政的历史理论，同时也对当下行政改革的实践问题进行了深入探析，从理论和实践的双重角度提出了对公共行政"现代化"趋同论的批判，主张不同国度应该有不同的行政发展模式，系统表达了公共行政的多元叙事主张。近年来，胡德本人更是相继获得多项学术大奖和崇高荣誉⑤，成为欧洲公共行政学界的代表人物。鉴于此，有必要对胡德的团体文化理论一探究竟。

一、叙事背景：传统行政学"辉格叙事"的理论危机

"科学总是向前发展"，这一信条背后所蕴含的是对知识线性发展所

---

① Hood C, "Public Administration : Lost an Empire , Not Yet Found a Role, " in *New Developments in Political Science: An International Review of Achievements and Prospects*, ed. Leftwich A（Cheltenham：Edward Elgar Publishing, 1990），p.107.

② 福克斯、米勒：《后现代公共行政》，楚艳红等译，人民大学出版社2002年版，第4页。

③ Bertelli A, Lynn L, *Madison's Managers: Public Administration and the Constitution*（Baltimore：John Hopkins University Press, 2006），p.67.

④ "网格－团体"文化理论不仅是胡德代表作《国家的艺术》一书的主题，同时也是贯穿胡德公共行政研究的理论基石，集中地表达了他在公共行政理论方面的学术思想和理论贡献。在政府监管、公共政策、政府工具等研究领域的分析中都有所体现，是基础性的理论工具。

⑤ 胡德2001年获牛津大学格莱斯通教授席位，当选牛津大学万灵学院高级学者和英国国家人文与社会科学院院士；2007年被授予弗雷德里克森奖，2008年悉尼大学设立胡德公共政策奖，2010年获得罗德里奇奖，2011年获得莫舍奖，同时被授予大英勋章；2015年以《一个花钱少效率高的政府？英国中央政府三十年改革评估》一书同时获麦肯齐图书奖和布朗洛图书奖。

持的乐观"辉格"观念①。根据这种论点，随着时间的流逝，知识总会取代无知，好的理论总会取代不好的，公共行政也应该有从"传统"走向"现代"、从"落后"走向"先进"的单一线性发展经历。②在这一过程中，多种兼容、对立甚至相互矛盾的观念应该被逐渐统摄于某一个最"现代"的理论中。

从历史上看，很多重要的行政学家也都表述过一种辉格式的学科理论和发展愿景。威尔逊（Woodrow Wilson）针对政党政治的混乱局面，将国家意志的高效执行作为行政学研究目标③。虽然他意识到欧洲和美国行政环境的巨大不同，但却仍然坚信"所有类似的政府都只有一种良好行政的规则"④。韦伯（Max Weber）认可了价值祛魅的社会科学，从历史分类学的角度强化了官僚制的制度普世基础⑤，将欧洲大陆绝对国家的行政经验视为现代国家的范式标准⑥。厄威克（L. Urwick）致力于挖掘政府行政中的"科学"原则，认为可以"不必考虑其目的如何，也不必考虑宪法、政治和社会理论基础"⑦。在公共行政学"如日中天"⑧的正统时代，威特（Leonard D. White）、古立克（Luther Gulick）、布朗洛（Louis Brownlow）等人一直致力

---

① 广义的"辉格叙事"源于17世纪的英国，随后成为一种颇具影响的普遍性历史解释方法，著名历史学家巴特尔特（Herbert Butterfield）曾于1931年对其进行明确的学术解释。由于该历史观强调单一线性的解读路径，忽视了历史发展的多样性和潜在可能性，近年来也受到多方批判。详情可参考巴特菲尔特的著作《历史的辉格解释》。

② 胡德：《国家的艺术：文化、修辞与公共管理》，彭勃、邵春霞译，上海人民出版社2009年版，第151页。

③ 沃尔多：《美国的行政学研究：起源，二十年代—四十年代》，王秋实译，《国外社会科学文摘》1984年第1期。

④ Wilson W, "The Study of Public Administration," *Political Science Quarterly* 2, No.2（1887）：218.

⑤ Gerth H H, Mills C W, *From Max Weber: Essays in Sociology*（Oxford：Oxford University Press，1958）.

⑥ Novak W, "The Myth of the 'Weak' American State," *The American Historical Review* 113, No.3（2008）：752–772.

⑦ Gulick L, "Science, Values and Public Administration," in *Papers on the Science of Public Administration*, ed. Gulick L & Urwick L（New York：Columbia University Press, 1937），p.49.

⑧ 亨利：《公共行政与公共事务》，孙迎春译，中国人民大学出版社2011年版，第72—73页。

于创立一门专属于行政学的"行政科学",确保公共行政学"必须有科学的理论基础"[1],以此将官僚制、效率准则、民主价值含糊地统一于这种"科学"之中[2]。西蒙(Herbert A. Simon)虽然敏锐地察觉到这种努力内在所包含的各种价值取向的悖论,拒绝接受官僚制与效率准则的同一性,但仍然寻求通过"科学"的方式拯救公共行政学[3],并将效率作为统筹公共行政价值判断的"科学"依据。

但是,这种单一的"辉格叙事"并未为传统行政学争取到体面的学科身份,反而在第二次世界大战之后酿成至今都悬而未决的"学科危机"。科学术语表达的强烈愿望与科学方法的匮乏之间存在巨大悖论。虽然人们普遍希望公共行政也能像自然科学一样,形成普遍有效的原则,并按照这些原则"科学"地处理各种技术问题。但该学科问题本身的"超科学"特征却使得严格的科学方法在事实上不可行,导致了各种"科学"原则的自相矛盾。"无论对哪个原则来讲,几乎都能找到另一个看来同样可信、可接受的对立原则"[4]。西蒙对此直言不讳地批判道:"往好的说,我们是靠谚语过日子。更坦白地说,靠的是满嘴的胡言。"[5]在这种情况下,不仅一些过去看起来似乎有效的"科学解释",而且以前被人们所持有的所有"世界观"都已经表明具有致命的缺陷。[6]在成为一门名副其实的科学的理想面临困境的情况下,公共行政的学科地位饱受质疑[7]。沃尔多(Dwight Waldo)称公共行

---

① 怀特、亚当斯:《公共行政研究:对理论与实践的反思》,刘亚平、高洁译,清华大学出版社2005年版,第31页。

② Urwick F, "Organization as a Technical Problem," in *Papers on the Science of Public Administration*, ed. Gulick L & Urwick L (New York: Columbia University Press, 1937), p.192.

③ 颜昌武:《作为行政科学的公共行政学:西蒙行政思想述评》,《公共管理研究》2009年第7期。

④ Simon H A, "The Proverbs of Administration," *Public Administration Review* 6, No.1 (1946): 53.

⑤ Simon H, *Administrative Behavior* (London: Macmillan Publishers, 1957), p.xiv.

⑥ 罗伯特·B.登哈特、珍妮特·V.登哈特:《新公共服务》,丁煌译,中国人民大学出版社2004年版,第39页。

⑦ Dubnick M, "Demons, Spirits, and Elephants: Reflections on the Failure of Public Administration Theory," accessed December 10, 2017, http://mjdubnick.dubnick.net/papersrw/1999/apsa1999.pdf.

政是一个"寻找学科的论题",认为该学科的"身份危机并未得到令人满意的解决。公共行政的大多数重要的理论问题与这一持续的危机相关,与可用于解决这一危机的方法有关,也与可能的解决方案的意蕴和结果有关"①。

颇为吊诡的是,当公共行政学在"西沃之争"后进入20世纪六七十年代的动荡反思期时,公共行政"辉格叙事"的影响不减反增。自20世纪80年代以来,新公共管理改革的风靡使得奥斯本(David Osborne)、盖布勒(Ted Gaebler)、休斯(Owen E. Hughes)、奥库安(Peter Aucoin)等市场化改革的追随者重塑了以"新公共管理"为基点构建新的学科范式的信心,大力推动从"公共行政"到"公共管理"的学科范式转变。但是,由于市场化改革方案自身理论的贫困及其对多元改革路径的忽视,伴随着市场化逻辑在世界范围内行政改革实践支配地位的产生,公共行政学呈现更为严重的思想危机,对私有化的美化和对官僚制的批判使得公共行政作为一个研究领域的思想信誉、规范性和完整性都受到了巨大的挑战。②传统行政学似乎"丧失了自己的帝国,未能找到新的角色"③。

市场化改革的饱受诟病迫使人们认真反思"辉格叙事"的线性学科观念,转而思考和探索公共行政的多元建构图景。从"所有类似的政府只有一种良好行政的规则"④,到可能存在组织公共服务的多元方式和"世界观"⑤。对公共行政学科危机的回应开始展现出与传统截然不同的道路。与西蒙试图抛弃"行政谚语"、重构行政科学的努力不同,一些学者开始摆脱"辉格叙事"的阴影,通过表达多样性的叙事主张来建构属于公共行政的

---

① Waldo D, "Scope of the Theory of Public Administration," in *Theory and Practice of Public Administration: Scope, Objectives, and Methods*, ed. Charlesworth, J. (Philadelphia : American Academy of Political and Social Science, 1968), p.5.

② Haque M S, "The Intellectual Crisis in Public Administration in the Current Epoch of Privatization," *Administration& Society* 27, No.4 (1996): 510–536.

③ Hood C, "Public Administration : Lost an Empire , Not Yet Found a Role," in *New Developments in Political Science: An International Review of Achievements and Prospects*, ed. Leftwich A (Cheltenham: Edward Elgar Publishing, 1990), p.109–110.

④ Wilson W, "The Study of Public Administration," *Political Science Quarterly* 2, No.2 (1887): 218.

⑤ Rutgers M, "Paradigm Lost : Crisis as Identity of the Study of Public Administration," *International Review of Administrative Sciences* 64, No.4 (1998): 553–564.

基础理论。① 他们以现代相对主义为哲学基础，以社会科学研究对象的异质性为依据，反对在社会领域推行同质的一元论观点。② 达尔（Robert A. Dahl）提出不存在适用于一切政体的所谓"最好"行政准则，公共行政的准则必然随着选定价值的变化而变化③。沃尔多表达了著名的"沃尔多分析路径"④，强调使用多元主义辩证分析的重要性。怀特和亚当斯也认为，公共行政的知识和理论发展应该以多种方式进行。"多元分析有助于整合不同学术领域的研究成果，对于有着跨学科研究必要的公共行政而言也是尤其重要的目标"⑤。弗莱伊（Brian R. Fry）则将公共行政学比作政府行政研究的"大帐篷"⑥，倡导广泛接纳各种不同的研究路径和思维方式。胡德在吸收总结多元主义分析倡议的基础上，创造性地将人类学家道格拉斯（Mary Douglas）的"网格－团体"文化理论引入公共行政学，进一步发展了多样性的组织主张，系统地表达了公共行政的多元文化理论⑦，为学科的理论积累与实践探析提供了全新的解读视角。

---

① Campbell A, " Old and New Public Administration in the 1970s, " *Public Administration Review* 32, No.4（1972）: 751–65.

② 从历史发展角度而言，组织多样性分析最早可以溯源至亚里士多德的政体分析。韦伯区分了传统型、魅力型和法理型三种不同的组织权威类型。明兹伯格（Henry Mintzberg）、怀尔逊（James Q.Wilson）以及罗斯－阿克曼（Susan Rose–Ackerman）也表达了多元分类方法。但亚里士多德和韦伯所使用的多元分析方法内在隐含了一种优劣判定的线性发展倾向。亚里士多德以公共利益是否为政体目标为据划定了政体优劣之区分。在韦伯的权威分类中，也表达了法理型统治权威的优越性和现代性。而这一倾向却是团体文化理论所坚决反对的。

③ Dahl R A, "The Science of Public Administration : Three Problems, " *Public Administration Review* 7, No.1（1947）: 1–11 .

④ Carroll J D, Frederickson H G, "Dwight Waldo 1913–2000, " *Public Administration Review* 61, No.1（2001）: 2.

⑤ 怀特、亚当斯：《公共行政研究：对理论与实践的反思》，刘亚平、高洁译，清华大学出版社2005年版，第87页。

⑥ Fry B, Raadschelders J, *Mastering Public Administration: From Max Weber to Dwight Waldo*（Thousand Oaks：SAGE/CQ Press, 2014）, p.462.

⑦ 值得一提的是，胡德在早期的学术研究中就已经展现出多元价值的分析方法。他根据三种不同的基本价值观（σ = 效率、θ = 公平、λ = 安全）将公共行政的世界观分为三个类型，继而提出了多元文化的解读框架。在《国家的艺术》中，胡德通过引入道格拉斯的团体文化理论，进一步完善了多元分析的解释模型，系统地展现了 2 × 2 的矩阵分析模式。详见 Hood C, "A Public Management for all Seasons?" *Public Administration* 69, No.1（1991）: 3 –20.

二、从"现状"到"艺术"：公共行政历史理论的多元谱系

著名非理性主义哲学家费耶阿本德（Paul Feyerabend）曾言，"知识需要真实，真实需要可能的真实，而可能的真实需要互不相容"①。根据这种非线性的认识论，知识的积累不是无限接近科学真理的连贯递进发展进程，而是多种思想观念相互碰撞的结果。胡德认为，"当代学者更多地是在讨论公共行政的'现状'（the state of the art），却缺少对公共行政'艺术'（the art of the state）的关注"②，这导致公共行政理论视角的狭隘与智识资源的贫瘠。胡德基于"网格－团体"文化理论（以下简称"团体文化理论"）所进行的公共行政研究，则显示出一种超越单一真实论断的研究方向。该理论工具采用"双维度－多元"的分析模式，将多样性视为基本准则，将争论视作管理舞台的核心要素，力图避免理论的单一性和独断性。团体文化理论紧扣人类生活方式的不同偏好，将这些偏好与可能存在的各种组织联系起来，组成一个分析框架对公共行政中的各类观念进行比较分析。所谓"网格"，是表示我们的生活被习俗和规则所限制的程度，其功能是缩小以个人协商为基础的生活范围；"团体"则表示个人选择受团体限制的程度，其结果是将个人整合到集体中。③通过将网格和团体这两个组织向度与其程度的高低纳入一个四极矩阵，胡德划分出"等级主义"、"平等主义"、"个人主义"和"宿命论"四种基本的公共行政模型。其中每个类型都支撑起一种更具广泛意义的公共行政哲学，内含整套组织结构与价值信念的相互支持关系，表达了公共行政不同的"世界观"。

---

① Feyerabend P, *Against Method: Outline of an Anarchistic Theory of Knowledge*（London：Humanities Press, 1975），p.30.

② 胡德：《国家的艺术：文化、修辞与公共管理》，彭勃、邵春霞译，上海人民出版社2009年版，第1页。

③ 胡德：《国家的艺术：文化、修辞与公共管理》，彭勃、邵春霞译，上海人民出版社2009年版。

表1 "网格—团体"文化理论分析框架

网格	团体	
	低	高
高	宿命论 （低合作，以规则制约的组织方式）	等级主义 （社会一致，以规则制约的组织方式）
低	个人主义 （组织处理协商和交易的原子化方式）	平等主义 （控制每一项决策的高度参与结构）

资料来源：胡德《国家的艺术：文化、修辞与公共管理》，彭勃、邵春霞译，上海人民出版社2009年版，第8页。

　　传统行政学"辉格叙事"构建"行政科学"的挫败以及学科危机的衍生，反映出该学科"自我意识——从自身历史中学习的能力"的匮乏。[①] 胡德指出，政府行政的理论思考源远流长，而非在19世纪80年代威尔逊提出所谓的"正统"行政学叙事才开始，其历史发展的脉络也是多元而非单一线性的，并松散地对应于团体文化理论所确立的四极分类。[②] 这些相互对立的观念具有很深的历史根基，伴随着一种鲜明而持久的公共行政哲学，包含了不同的价值关怀。[③] 具体而言，"等级主义"强调权威、等级以及制度在政府行政中的"掌舵"控制作用，这一思想在政府行政理论的历史中一直占有统治地位，也是传统行政的理论支柱。中国古代的儒家父权思想、欧洲历史上的官房学派和"政策学派"、韦伯的现代官僚制思想、强调"专家行政"的进步主义与费边学说都可视为其理论变种。"个人主义"倡导以原子化个人为基础的市场管理方法，该理论框架涵盖了两方面主要内容：一是针对个人的绩效奖励，二是公共服务提供中的竞争机制。这种思想可以追溯至斯密（Adam Smith）、边沁（Jeremy Bentham）、休谟（David Hume）等人的思想中。对于专注公共行政理论历史的人来说，其代表性思想有泰勒（Frederick W.Taylor）的科学管理理论与法约尔（Henri Fayol）的一般管

　　[①] Brown B，Stillman II R，*A Search for Public Administration: The Ideas and Career of Dwight Waldo*（Texas: Texas A & M University Press, 2006），p.2.

　　[②] 值得一提的是，在进行理论历史回溯的过程中，胡德没有固守传统行政学的学科框架，而是超越了威尔逊的正统行政学叙事，转而从人类政府行政的历史出发，对诸多政府行政和公共服务观念进行了整合，具有广泛的涵盖性和公共行政哲学的品格。

　　[③] Hood C，"A Public Management for all Seasons?"*Public Administration* 69, No.1（1991）: 3–19.

理理论、公共选择理论和新制度经济学。近年来，随着新公共管理改革的深化和扩张，"个人主义"世界观又重新成为政府改革的时尚理论。"平等主义"既反对市场又反对官僚制，倡导团体的自我参与式管理和相互控制，并以激进的分权自治结构来替代政府权威和市场信条。社群主义、无政府主义、绿色政治和女权主义，乃至马克思国家学说中的国家消亡与社会自治思想都可以归入这一理论框架，"新公共行政"、"新公共服务"以及近来所流行的"公共治理"理论也有此种内涵。"宿命论"则是一个相对消极和陌生的管理思想，其主要特征表现为对强烈的"反组织"管理倾向和"混沌"管理的分析，亚当斯（Scott Adams）、易斯汀（Helena Eilstein）以及"新时代主义"管理思想都有此种内涵，但这种行政观念很难成为真正具有操作性的公共行政信条。

行政史专家拉施尔德斯（Jas C. N. Raadschelders）提出：没有地理和历史的相关知识，我们就无法评估社会现象的独特性和相对性；过去的知识有助于我们增长见识，并有助于我们深入了解当代行政架构和过程是怎样的，为什么会这样以及它们的起源。[1] 历史知识可以治疗盲目接受新观念的幼稚病，将历史的视角整合到文化理论的分析框架中，可以避免我们成为"流行时尚的奴隶"[2]。通过"将视线穿越当今政治与行政的时尚与新潮"[3]，胡德跳出传统行政学研究的视阈，从历史和文化的双重维度进行思考，将各种古典与现代的政府行政观念按照四种组织模式结构进行了整合梳理和历史谱系，开启了政府行政理论的多样性解读。[4] 基于与历史相关联的文化多样性，胡德明确了公共行政理论历史的非单一性和非同质性，为公共行政的多元话语留下了表达空间。"即使是在用于分析公共管理的基础知识方

---

[1]　Raadschelders J, "Administrative History: Contents , Meaning and Usefulness," *International Review of Administrative Sciences* 60, No.1（1994）: 117–129 .

[2]　胡德：《国家的艺术：文化、修辞与公共管理》，彭勃、邵春霞译，上海人民出版社2009年版，第15页。

[3]　Raadschelders J, "Administrative History : Contents , Meaning and Usefulness," *International Review of Administrative Sciences* 60, No.1（1994）: 123.

[4]　Hoppe R, "The Art of the State. Culture , Rhetoric, and Public Management by Christopher Hood," *Geo Journal* 47, No.3（1999）: 498–500.

面，也没有达成普遍的共识。"① 在政府行政理论的历史发展中，并不存在一成不变的"中心 - 边缘"思想发展结构，而是体现了文化的多样性和差异性。无论是传统的官僚制理论还是当下流行的市场化理论，抑或是试图重返"规范价值"的民主行政理论，都仅仅是政府行政历史的一个支流而非全部，这些流派各有其历史源泉，也有其理论的适应条件和局限性。公共行政的"真实世界不存在单一的、占主导地位的价值或规范。因而公共行政的任务是高度政治性的、碎片化的和流变的"②。

"此外，由于行政学本身是一个交叉学科，它依赖于政治学、经济学、法学、社会学、企业管理等一系列学科，这也阻碍了该学科形成一种无可争议的方式和普遍认可的方法论"③。即使在同一种行政世界观的内部，也会由于不同国度政治文化和社会环境的差异，在实践中产生出个人迥异的政府管理模式。④ 因此，所谓的"埋葬官僚制"并不意味着要摒弃整个行政学的历史理论，也不意味着新的市场化改革将一统天下。而且，某些所谓的"新"理论（尤指以新公共管理为代表的市场化理论），其实也只是行政理论史上反复出现的"个人主义"世界观在新保守主义盛行时代下的具体体现，其思想渊源早在几个世纪之前就已出现，远非它的推崇者所声称的那般"新"和"现代"⑤。新公共管理作为"个人主义"管理哲学的一个范式，其影响主要在实践上而非学术上，它没有也不可能从根本上对政府行政进行"再造"。在一定程度上，它没有凌驾于传统行政学正统理论的知识优势。⑥ 据

---

① 胡德：《国家的艺术：文化、修辞与公共管理》，彭勃、邵春霞译，上海人民出版社2009年版，第 iv 页。

② Riccucci N, *Public Administration: Traditions of Inquiry and Philosophies of Knowledge* (Washington, DC: Georgetown University Press, 2010), p.25.

③ Riccucci N, *Public Administration: Traditions of Inquiry and Philosophies of Knowledge* (Washington, DC: Georgetown University Press, 2010), p.25.

④ Hood C, "Control, Bargains, and Cheating: The Politics of Public-service Reform," *Journal of Public Administration Research and Theory*: J-PART 12, No.3 (2002): 309–332.

⑤ Hood C, "A Public Management for all Seasons?" *Public Administration* 69, No.1 (1991): 3–19.

⑥ Hood C, "Public Administration: Lost an Empire, Not Yet Found a Role," in *New Developments in Political Science: An International Review of Achievements and Prospects*, ed. Leftwich A (Cheltenham: Edward Elgar Publishing, 1990).

此，胡德找到了其历史分析的核心要旨，在对新公共管理进行有历史深度的反思的基础上，又为公共行政的理论历史提供了一种多样的阐释。

三、从"失败"到"监管"：公共行政改革核心问题探析

在从多元维度梳理公共行政历史理论的基础上，胡德对时下全球范围内行政改革实践中的核心问题进行了具体分析。新公共管理作为当下最负盛名的公共行政模式，起源于对传统官僚制失败研究的需要。20世纪60年代末开始，以美国为代表的西方国家相继出现持续的政治、经济和社会危机，政府改革的呼声此起彼伏，这迫使人们慎重反思政府行政的失败问题，并以有效的监管改革作为应对。在以撒切尔、里根为代表的"新保守主义"强势兴起的背景下，市场化改革模式成为各国政府应对危机的主流选择。人们普遍将公共行政的失败归罪于传统官僚制模式的封闭和僵化，试图通过引入市场化方案来补救。[①] 这种应对模式尽管风靡一时并广受青睐，却缺少以多元视角为基础的审慎反思。透过文化理论这一规范性和阐释性分析路径，胡德提出了失败和监管的多样化解读，为理解公共行政改革中失败与监管两大核心问题提供了多元思考。

与市场化改革所倡导的单一市场化解读不同，胡德认为，在公共行政失败和瓦解的认识上，不同世界观持有者的解读方式是截然不同的。等级主义者认为政府行政失败的原因在于没有建立严格科学分工的等级制度，因此给出的药方是强化严格的权威控制和职业化的专家管理，巩固规则、纪律和等级制度结构，确保控制制度的有效和强力；平等主义者将失败归结于政府上层的权力滥用和行政官员的腐败，认为官僚制的内部黑箱和与社会的隔离促成了公共目标的偏离和失败，因此号召通过集体参与和民主自治来避免失败；个人主义者将其归罪于过分的集体化和个人自由的缺失，以及缺乏价格信号的激励机制，故而推崇引入市场竞争和绩效考核来解决政府失败问题，奉行"开化的自利"的管理信仰；宿命论者一贯强调管理

---

① Lynn L E, *Public Management: Old and New*（New York：Routledge Press, 2006）.

的不可预测性和不可预期，他们将失败归结于人类自身能力范围之外的因素，倡导最低介入和临时反应。

胡德认为，这四种组织类型对政府行政失败的分析和改进对策各有其长处，也都有其"阿喀琉斯之踵"。"等级主义"主要失败于对权威和专家过分信任，这种信任使人们产生一种自欺欺人的期望，导致行政计划与现实脱节的幻想式失败；同时，在长期等级控制的条件下，组织的封闭僵化也难以避免，官僚制组织难以适应整个社会的发展和变迁。"平等主义"的问题在于过分宽泛的大众参与和冗长的公共讨论很难形成快速明确的决策，缺乏解决冲突和发挥有效权威的能力；它无法有效避免搭便车和责任逃避问题，对分割问题和同事共存关系的恶化显得无能为力，难以适应现代生活的复杂性和大型政府背景。"个人主义"容易导致将个人利益置于集体利益之上，组织内难以形成有效的合作，人们纷纷追求个人狭隘的私人利益，最终容易导致行政公共性的缺失和"哈丁悲剧"（Tragedy of Commons）式的失败。"宿命论"的失败则源于过分的消极和惰性，对履行责任和规划明显可以预测的未来事件缺乏部署和远见。

公共行政的失败有赖政府通过控制和监管加以弥补，胡德随后将团体文化理论运用于解决政府行政改革中的第二个核心问题——控制和问责制。胡德认为，每一种控制与监管的基本模式，都与不同团体赖以保持团结的观念联系在一起，同时也松散地同文化理论所界定的组织生活极化模式相关联。根据文化理论的四种类型，相应生成四种主要的控制手段。其中："等级主义"倡导监督型控制，其特点在于相信职业专家以及精英公务员，并强化控制的权威、检查的权力以及许可和惩罚；"个人主义"与竞争型控制相关，主要探究如何通过个人主义方式进行控制，倡导学习私营部门和工商企业管理方法，建立竞争性和激励性的监管机制，新公共管理就蕴含了此种内涵；"平等主义"与相互型控制有关，一般倾向于团体自我管理，希望通过大众参与民主控制来建立正式有效的责任机制；"宿命论"则与人为的随机性有关，其基本论点则是不可预料的偶然事件或巧合，因此倡导通过"随机性"策略加强政府行政的控制。

胡德指出，"有效的行政理论的中心任务之一就是要对行政瓦解和失败作出评估，而这又是当今该学科研究的空白"①。之所以称为空白，并非因为学界对此毫无回应，而是由于当下的市场化回应论调过分单一。通过对政府行政失败与监管问题的对比分析，胡德指出，"不存在解释失败和应对监管的公认理论，任何组织方案都有自身的内在局限性，都面临'两难'甚至'多难'的困境"。没有一种组织可以避免瓦解和失败的所有风险，也没有一种组织可以宣称实现完美的控制和监管，"每种行政模式都有自己所趋向的病态形式"②。作为对传统官僚制范式失败问题的回应，以新公共管理为代表的"个人主义"改革方案非所谓的"唯一最优"选择。不同的文化理论持有者，都有对行政失败的不同认识，也有与之相对应的特殊监管补救途径。"管理主义改革可能确实增强了节俭和效率，但这些成就的获得却是以牺牲诚实、公正与安全为代价的"③。正如美国学者多贝尔（J. Patrick Dobel）所言，"传统的信念夸大了不同范式观念之间的争论，使他们无暇相互学习和磨合。然而现实则是另一番景象。我们始终都难以互相分割，借助于不同学派的观念进行工作。我们应该彼此互相学习，共同吸取过去的经验和智慧，发挥当下的激情和精力"④。在界定失败和寻找解决方案的问题上，公共行政远没有形成共识。市场化改革路径对传统官僚制失败问题的回应，有赖于一切具体的环境条件，其有效程度取决于参与者的想法和信念，以及它在多大程度上能够适应现行的政府结构。

四、修辞的泛滥与"祛魅"：公共行政"现代化"趋同论批判

由于公共行政不能像自然科学一样通过逻辑推论、对照实验以及系统的个案研究来证明自身理论的合理性，因而公共行政的各种理论有赖于通

---

① 胡德：《国家的艺术：文化、修辞与公共管理》，彭勃、邵春霞译，上海人民出版社2009年版，第40页。

② Dunleavy P, Hood C, "From old Public Administration to New Public Management," *Public Money & Management* 14, No.3（1994）：9–16.

③ Hood C, "A Public Management for all Seasons?" *Public Administration* 69, No.1（1991）：16.

④ Dobel J P, "Paradigms, Traditions, and Keeping the Faith," *Public Administration Review* 61（2001）：170–171.

过文化的"修辞"①（劝服性主张）来进行自身论证。基于行政学的历史理论谱系和改革实践分析，胡德对公共行政文化修辞中最强有力的论题"现代化"趋同说进行了批判。作为目前公共行政学界颇为时尚和流行的理论，"现代化"趋同修辞说认为全世界的组织形态都将逐渐趋同于单一的市场化改革范式，且这种变迁是深层的、不可逆的、趋同的和善的。很多市场化改革的倡导者以管理主义改革的深度和广度为由，认定其已超越传统的韦伯式官僚制而成为一种新的"现代"范式。加拿大学者奥库安认为：一种普适性的公共管理范式已经形成，私有化、去管制和财政预算限制将成为全球改革的潮流。②英国学者莱恩（Jane-Erik Lane）指出，"如果有一个标签可以来概括所有公共部门改革，这个标签就是'新公共管理'"③。澳大利亚学者休斯提出，"新公共管理模式的应用意味着在公共部门中出现了一种全新的范式"④。美国学者奥斯本和盖布勒明确提出，企业家政府模式"是一场不可避免的转变而非一时流行风尚的话，人们可以期待这场转变也会在其他国家发生。事实上整个发达世界已经在惊人的程度上发生了相似的变革进程"⑤。巴泽雷（Michoel Barzelay）亦指出，"'后官僚范式'已经取代早先的'官僚制范式'"⑥。此外，一些权威性的全球或政府组织（如世界银行、经济合作与发展组织、美国国家绩效评估委员会等）也主张世界范围内的公共行政改革正在向趋同的方向发展。⑦在这种修辞的鼓噪下，很多学

① "修辞"一词最早起源于古希腊智者学派，亚里士多德将其严格定义为"观察可能的劝服方式的工具"。胡德进行了行政学意涵上的概念界定，主要指公共行政各类世界观借以证明自身命题合理性所使用的劝服性主张。该用法与西蒙所提出的"行政谚语"（administrative proverb）有相似内涵。

② Aucoin P，"Administrative Reform in Public Management：Paradigms，Principles，Paradoxes and Pendulums，" *Governance* 3，No.2（1990）：115—137.

③ 莱恩：《新公共管理》，赵成根译，中国青年出版社2004年版，第6—7页。

④ 休斯：《公共管理导论》，张成福译，中国人民大学出版社2007年版，第1页。

⑤ 奥斯本、盖布勒：《改革政府：企业家精神如何改革着公营部门》，周敦仁等译，上海译文出版社2013年版，第310页。

⑥ Barzelay M，*Breaking through Bureaucracy: A New Vision for Managing in Government*（Berkeley：University of California Press，1992），p.118.

⑦ OECD，*The Reform of Health Care Systems: A Review of Seventeen OECD Countries*（Paris：Organisation for Economic Cooperation and Development，1994）.

者提出管理主义改革已经超越了政治上右倾的趋势，并成为强有力的分析工具①，人们开始"普遍相信20世纪80年代是全球行政改革的分水岭"②。

胡德指出，作为一种"现代化"的新论题，全球范式论主要建立在两个支撑依据之上：一是可移植性和可传播性（portability and diffusion），即新公共管理作为一种被普通认可和接受的管理原则，其基本理论适用于各种不同国家、不同层级的政府组织和政策领域，可以被广泛移植和接受，并具有普世意义的先进性；二是政治中立（political neutrality），由于保持了政治中立的理论框架，新公共管理理论可以超越意识形态的框架成为一种超越政治范畴的普遍观点。胡德对此保持了一种审慎的学术立场，指出此类"现代化"论题更多的是一种追赶时髦的修辞浮夸命题而非实事求是的现状描述。"在单一管理模式上实现趋同，不仅难以想象，而且也缺乏可能性"③。与"现代化"流行说法不同，团体文化理论认为存在着推进公共行政改革的多元方法。将文化理论视角连同历史视角引入论证的修辞维度中，胡德形成有关组织"现代化"目标的多样和相互对立的分析视角，并提出了自己的反对依据："（1）传统方式的部分失效并不必然表明任何新的公共行政模式将不可避免在全球范围内接受；（2）全球范式论忽视了当前地方政府'路径依赖'的独特性和典型性；（3）全球范式论高估了当前市场化改革的持续性，也低估了传统行政原则自我平衡和自我修复的能力"④，也没有证据表明"公共行政的传统方法在全球范围内遭到全部失败"⑤。

除了在理论上进行范式反思，胡德还揭示出新公共管理运动在改革实践中的内在悖论。很多市场化改革的倡导者认为，新公共管理运动以纠正

---

① Pollitt C, "Antistatist Reforms and New Administrative Directions：Public Administration in the United Kingdom," *Public Administration Review* 56, No.1（1996）：81–87.

② Lynn L E, " A Critical Analysis of the New Public Management," *International Public Management Journal* 1, No.1（1998）：107–108 .

③ 胡德：《国家的艺术：文化、修辞与公共管理》，彭勃、邵春霞译，上海人民出版社2009年版，第17页。

④ Hood C, " The 'New Public Management' in the 1980s：Variations on a Theme," *Accounting Organizations & Society* 20, No.2–3（1995）：105–107.

⑤ Hood C, "Contemporary Public Management：A New Global Paradigm?" *Public Policy & Administration* 10, No.2（1995）：106.

传统公共组织在效率和公共服务供给方面的缺陷为目标，其内在具有"国际化"与"全球化"的逻辑面向，有让其他国家"普遍接受"的潜在内涵。但是胡德认为，所谓"普遍接受"的真理往往值得进一步考察。借助于公共服务协约（public service bargain）的理论角度，胡德指出了新公共管理改革明显存在的三个悖论。（1）全球化悖论（paradox of globalization）：虽然世界范围内关于公共服务提供的新全球化范式的观点非常流行，然而不同国家所采取的改革措施在速度和风格上存在显著差异。（2）不良改革景象悖论（paradox of successful failure）：已经取得公共服务有效性和真实性成就的国家往往是最初和最激进的改革国家，而那些最需要改革的国家却一直未被改革所触动。（3）管理主义悖论（paradox of half-hearted managerialism）：新公共管理宣称以管理主义作为改革的主旋律，但"公共部门管理主义却普遍遭遇了惊人的不受重视的现象"[①]。

在英国政府改革实践进行30年之际，胡德对英国新公共管理改革运动进行了系统的总结，指出所谓的市场化改革并没有实现创造一个花钱少效率高的政府的改革目标。[②]英国政府的行政成本总体上没有得到持续降低，行政效率也处在上下波动状态，政府管理的公平性和持续性都饱受质疑。作为新公共管理的命名者，胡德这种实事求是的学术批判态度引起了整个公共行政学界的关注。甚至连新公共管理的鼓吹者休斯都不得不承认胡德是"'新公共管理'执着的批评家"，并对胡德所持的反对意见及论据进行了广泛引用和探讨。[③]同样作为英国公共行政学界代表的波利特（Pollitt Christopher）对胡德的反思和批判精神表示赞赏，认为目前"很少有人能意识到流行的公共管理原则的不可信"[④]。美国学者彼得斯（B. Guy Peters）沿用了胡德对"新公共管理"的界定，同时也对市场改革理论的适用性进行了批判性审视，认为当前政府的改革模式确有"变成了一种流行的时尚"

---

① Hood C, "Paradoxes of Public-Sector Managerialism，Old Public Management and Public Service Bargains," *Journal of National School of Administration* 3, No.1（2000）: 1-3.

② Hood C, Dlxon R, *A Government that Worked Better and Cost Less? Revaluating Three Decades of Reform and Change in UK Central Government*（Oxford: Oxford University Press, 2015）.

③ 休斯：《公共管理导论》，张成福译，中国人民大学出版社2007年版，第60页。

④ 波利特：《公共管理改革：比较分析》，夏镇平译，上海译文出版社2003年版，第180页。

的趋向①。林恩（Laurence E. Lynn）也赞赏胡德的批判精神，并预言"尽管新公共管理被其推崇者奉为一种典范，但也只是一个暂时的主题，它势必会逐渐退出历史舞台"②。

近年来，在"现代化"话语修辞浪潮的影响下，"一去不复返"的市场化观念席卷政府改革的各个角落，公共行政的"范式转换"已然成为老生常谈。管理主义的改革经验被当作一种全新范式加以膜拜，却少有清醒的理论反思，这导致公共行政的学科知识因缺少"可能的真实"而沦为流行的时尚。借助于团体文化理论的多元分析框架，胡德从政府行政观念的历史谱系、改革的核心问题分析以及修辞批判三个角度表达了对"现代化"论断的否定态度。透过胡德的多元文化分析可以看出，主张"现代化"在世界范围内具有坚定的发展趋势，很多时候更多的是一种欺骗性的观点，是依据其特有的修辞手段所展开的一种意向宣示。"公共行政改革的种种努力受制于特定国家的治理哲学和治理文化"③，而非趋同于单一的"现代"模式。

正如达尔所言，"从某一个国家的行政环境归纳出来的概论，不能够立刻给予普遍化，或被应用到另一个不同环境的行政管理中"④。由于宪法、政治和行政系统的差别，"适用于某个国家的政府改革模式可能很难在另一个国家实行"⑤。"正如韦伯依据普鲁士绝对主义管理模式所提出的现代国家组织范式并非公共行政的唯一选择，市场化的改革路径也不能代表当下政府行政的唯一模式。"⑥如果敢于放弃单一的范式思考，而将注意力集中在丰富

---

① 彼得斯：《政府未来的治理模式》，吴爱民、夏宏图译，中国人民大学出版社2001年版，第121页。

② Lynn L E, "A Critical Analysis of the New Public Management," *International Public Management Journal* 1, No.1（1998）：232.

③ 罗伯特·B. 登哈特、珍妮特·V. 登哈特：《新公共服务》，丁煌译，中国人民大学出版社2004年版，第13页。

④ Dahl R A, "The Science of Public Administration：Three Problems," *Public Administration Review* 7, No.1（1947）：11.

⑤ 波利特：《公共管理改革：比较分析》，夏镇平译，上海译文出版社2003年版，第176页。

⑥ Hood C, "The 'New Public Management' in the 1980s：Variations on a Theme," *Accounting Organizations & Society* 20, No.2–3（1995）：115.

多彩的行政实践上，我们就会发现，"鉴于政府行政很多时候无法避免价值问题，也依赖于不同的信仰，因此有理由相信存在截然不同的政府改革药方"①。作为公共行政的"解毒剂"，团体文化理论为学界盛行的"现代化"话语修辞及范式转换提供了清醒反思，有助于公共行政的研究者和实践者以批判的态度重新审视政府改革"现代化"趋同论的理论辞藻。

五、启示

诚如美国著名行政学家考夫曼（Herbert Kaufman）所言，"即使在一种主导思想占据支配地位的时期里，其他思想也从来不会被完全忽略"②。自行政学诞生之日起，公共行政的"辉格叙事"便一直占据统治地位。这种科学话语在20世纪80年代借助经济理性主义的叙事方式得到新的表述。新保守主义的"管理主义"改革浪潮大行其道，"全球社会的公共行政和公共服务似乎都踏上一条单行道"③。颇有意味的是，作为新公共管理的命名者和阐释者，胡德对这一潮流却采取了怀疑甚至是批判的态度。这种求实严谨的学术精神，让中国公共行政的学术研究备受启发。

首先，有助于破除对西方公共行政流行话语的崇拜，为构建中国行政学的本土叙事提供了理论空间。自20世纪80年代中国行政学重建以来，虽然行政学研究在中国学界取得了长足发展，积累了丰富的行政管理知识，提高了学科自身的理论水平，也积极地促进了中国国家治理能力的提升，但是，由于公共行政学在中国起步相对较晚，学科基础理论深受西方行政学主流话语的影响，致使中国本土行政学的构建与拓展还缺乏自身意识与学术自觉。诚如复旦大学敬乂嘉教授（2017年）所言，"在当前推进国家治理现代化的大环境中，中国行政学界应超越对西方理论的依附心态，敢于

① Rommel J, Christiaens J, "Beyond the Paradigm Clashes in Public Administration," *Administrative Theory & Praxis* 28, No.4（2006）: 615–616.

② Kaufman H, "Emerging Conflicts in the Doctrines of Public Administration," *American Political Science Review* 50, No.4（1956）: 1057.

③ 沃尔多：《美国的行政学研究：起源，二十年代—四十年代》，王秋实译，《国外社会科学文摘》1984年第1期。

自立门户，为中国行政学的持续发展奠定基础"。胡德从团体文化理论入手所展开的"管理主义"改革批判，使我们认识到政府行政不存在放之四海而皆准的"现代化模式"，不同国度也应该有不同的行政实践选择。多元行政叙事有助于我们以更为审慎和清醒的视角看待西方学界的流行"普世话语"，同时也为行政学"中国话语"的建构提供国际学术界认可的智识基础。

其次，有助于深化公共行政学的多元理论研究，为学科"身份危机"的思考贡献力量。自公共行政学"如日中天"的正统时代结束以后，有关公共行政学"危机"的讨论就不绝于耳。在这个时期，公共行政学"存在着两股完全独立的思想流派。一个强调公共的部分，一个强调行政的部分"①。但是，无论是强调效率导向的管理主义路径，还是回归政治价值的"新公共行政"或"新公共服务"，甚至黑堡学派的宪法身份路径，都无力单独解决萦绕公共行政学科发展的理论危机。胡德通过使用团体文化分析理论，试图说明每种行政哲学不仅有固有的局限性，而且还携带自身衰败的种子。"公共行政应该拥抱多样化的分析路径，而非求助于过分简化的单一范式"②。如果我们打破将某种特定的行政哲学作为公共行政核心命题的束缚，我们就会看到各种观点复杂共存的局面。胡德通过文化理论的建构维持了这种多元局面，寻找到一种支撑公共行政"传统 – 现代"的理论平衡，并对学界流行的"管理主义"崇拜作出了回应。这种多元主义的文化主张有利于统筹各种不同的行政研究方法③，为学科"身份危机"的解决提供新的思路。

最后，有助于反思正统的"威尔逊主流叙事"，重新思考政府行政的历史理论资源。自威尔逊在《行政学研究》中提出行政学独立的观点以来，

---

① Campbell A, " Old and New Public Administration in the 1970s, " *Public Administration Review* 32, No.4（1972）: 344.

② Hood C, " The 'New Public Management' in the 1980s : Variations on a Theme, " *Accounting Organizations & Society* 20, No.2–3 （1995）: 114.

③ Hood C, " Public Administration : Lost an Empire , Not Yet Found a Role, " in *New Developments in Political Science: An International Review of Achievements and Prospects*, ed. Leftwich A（Cheltenham: Edward Elgar Publishing, 1990）.

美国的行政学叙事就成为公共行政理论的"普通话"①，绝大多数的行政学者也都在威尔逊所设立的学科边界内进行研究。虽然威尔逊所设想的"政治－行政"二分在全球政府行政机构不断扩权的时代已经饱受质疑和批判，但1887年仍然成为学界公认的学科理论起点。作为英语世界行政研究的代表人物，胡德对人类历史上所有重要的政府行政思想都进行了历史归纳和梳理，打破了传统行政学故步自封的理论边界。尤其是他对德国17和18世纪兴起的官方学派和"政策科学"学派，以及对中国古代官僚制行政的理论研究，极大地拓展了行政学的学科边界，丰富了政府行政研究的智识渊源，有利于我们合理地认识行政理论的传承积淀和历史源泉。胡德明确提出，公共行政不仅应该关注实践层面的"现状"研究，同时也要思考"现状"之外的"艺术"问题，这对于"工具性的思维方式几乎占据了整个研究空间"②的中国行政学而言，无疑具有重要的启示意义。

---

① 张康之：《公共行政的非正典化》，中国社会科学出版社2014年版。
② 颜昌武：《沃尔多行政思想述评》，《公共管理研究》2008年第6期。

后　记

《文化治理与中国式现代化——行政文化研究优秀论文集》一书的选稿和编辑工作，是由中国行政体制改革研究会行政文化委员会主持开展的。

中国行政体制改革研究会行政文化委员会作为中国行政体制改革研究会的分支学会于2012年11月25日成立，是中国首个以行政文化命名的专业学术机构，主要负责组织开展文化研究，特别是行政文化研究。行政文化委员会成立后，在首任会长周文彰教授的领导下，先后成功举办了4届行政文化论坛。在2013—2016年，先后主编出版了5本行政文化研究著作。同时，围绕行政文化研究多次召开专家座谈会，为中国特色社会主义行政文化的研究和建设起到了重要的推动作用。

2019年，在中国行政体制改革研究会领导下，行政文化委员会领导班子进行了调整，由中央党校（国家行政学院）文史教研部教授、原国家行政学院社会和文化教研部主任祁述裕教授担任第二任会长。

新一届行政文化委员会领导班子重点围绕新时代文化建设和中国特色社会主义行政文化建设与发展，开展研讨交流、课题研究等学术活动。例如，成功举办了"学习贯彻党的十九届四中全会精神，推进行政文化现代化研讨会""贯彻落实习近平总书记'七一'重要讲话精神 深化中国特色社会主义行政文化建设研究座谈会""学习贯彻六中全会精神 推进中国特色社会主义行政文化建设专家座谈会""深化党和国家机构改革 推动行政文化建设——学习贯彻党的二十届二中全会和全国两会精神研讨会""庆祝建党100周年：中国特色社会主义文化制度建构历程、经验和启示学术研讨会""新时代行政文化与政风建设""学习贯彻党的二十届三中全会精神 深化文化体制机制改革"等学术研讨会。主持完成了中国行政体制改革研究会行政改革研究基金课题"深化中国特色社会主义行政文化建设研究"（2021CSOARJJKT011）、"深化文化市场综合行政执法改革研究"（2020CSOARJJKT011）、"国家文化公园建设研究"（2023CSOARJJKT009）等课题研究工作；主持完成了2021年度国家社科基金艺术学重大项目"文化和旅游融合视野下黄河文化保护传承弘扬研究"（21ZD03）；主持文化和旅游部委托课题"乡村旅游集聚区建设研究"、"《'十四五'文化产业发展规划》中期评估"等多项中央部委和地方政府委托课题，成果丰硕。

编辑出版《行政文化研究》论文集是行政文化委员会的一项重要工作。此项工作因中央党校与国家行政学院合并、新冠疫情暴发等原因中断了数年。2023年10月，行政文化委员会开始启动《文化治理与中国式现代化——行政文化研究优秀论文集》编辑出版工作，继续发挥好行政文化委员会在推进行政文化研究方面应有的作用。

考虑到行政文化委员会此前编辑的最后一本《行政文化研究》截止时间是2016年，本书文章收选时间从2017年开始，截止到2022年。编者对以行政文化研究为主题的公开发表的优秀论文、有决策参考价值的咨询建议、有学术价值的研究报告等研究成果进行了系统梳理，精心筛选出19篇文章（含代序）汇编成本书。

本论文集分为中国行政文化历史综述、中国行政文化建设路径和机制探索、中外行政文化比较研究三部分，从不同的视角对行政文化进行学术探讨，以期为进一步推动新时代行政文化建设、丰富行政文化的内涵、解决行政文化建设中的突出问题提供有益参考与借鉴。

中国行政体制改革研究会行政文化委员会副主任薛刚副教授、硕士生程靖然在文稿的搜集、筛选等方面做了大量的工作。国家行政学院出版社刘韫劼编审为本书的顺利出版付出了很多辛劳，在此一并表示衷心感谢。